合同法新论

HETONGFA XINLUN

李克武 聂 圣 著

華中師範大學出版社

新出图证(鄂)字 10 号
图书在版编目(CIP)数据

合同法新论/李克武,聂圣 著. — 武汉：华中师范大学出版社，2022.1(2024.1 重印)
ISBN 978-7-5622-9595-2

Ⅰ.①合… Ⅱ.①李… ②聂… Ⅲ.①合同法—研究—中国 Ⅳ.①D923.64

中国版本图书馆 CIP 数据核字(2021)第 257358 号

合同法新论
©李克武 聂 圣 著

责任编辑：梅 杰
责任校对：罗 艺　　封面设计：罗明波
编辑室：学术出版中心　　电话：027-67867792/3280
出版发行：华中师范大学出版社
社址：湖北省武汉市洪山区珞喻路 152 号　　电话：027-67863426(发行部)
网址：http://press.ccnu.edu.cn　　电子邮箱：press@mail.ccnu.edu.cn
印刷：广东虎彩云印刷有限公司　　督印：刘 敏
开本：710mm×1000mm 1/16　　印张：23.25
字数：372 千字
版次：2022 年 1 月第 1 版　　印次：2024 年 1 月第 2 次印刷
定价：78.00 元

欢迎上网查询、购书

前　言

合同是民事主体之间设立、变更、终止民事法律关系的协议。合同是商品经济的产物，是商品交易关系在法律上的表现形式，是商品交换的纽带，是维系市场交易秩序的工具和手段。在市场经济社会，合同几乎无处不在，被广泛应用于社会生产与生活的各个领域。可以说，作为商品交易关系，合同关系是市场经济社会最基本、最普遍的社会关系之一。一句话，市场经济社会不能离开合同。

合同法以合同关系为调整对象。从合同法发展的历史来看，合同法渊源久远；从合同法的内容体系看，合同法理论丰富，内容充实，体系完备。在大陆法系，自罗马法始，合同法一直被置于民法之中，作为民法的重要组成部分，纳入民法的债法范畴。在英美法系，由于没有统一的民法部门，合同法是一个独立的部门法，如同侵权法和财产法一样，是英国最古老的部门法之一，早在英国中世纪时期就已经出现。新中国的合同法经历了从无到有、从分别立法到统一立法再到《民法典》合同编、从不完善到逐步完善的过程。1981 年出台的《中华人民共和国经济合同法》是新中国的第一部真正的合同法。此后我国于 1985 年制定了《中华人民共和国涉外经济合同法》，于 1987 年颁布实施了《中华人民共和国技术合同法》，至此，我国合同法领域的所谓三大合同法“三足鼎立”的格局形成。三大合同法对于推动我国由计划经济体制向有计划的商品经济体制进而向社会主义市场经济体制转轨，对于推动我国的改革开放顺利进行功不可没。但是，三大合同法“三足鼎立”的格局无疑存在着很多问题，不能适应我国建立和进一步发展市场经济体制的需要。1999 年，《中华人民共和国合同法》（以下简称《合同法》）颁布实施，结束了合同法领域“三足鼎立”的格局，实现了我国合同法的统一，标志着新中国合同法的发展进入了一个新的阶段。2020 年 5 月 28 日，《中华人民共和国民法典》（以下简称《民法典》）在第十三届全国人民代表大会第三次会议上获得通过，自 2021 年 1 月 1 日起施行，《合同法》同时废止。《民法典》合同编在延续《合同法》内容的基础上，对合同法律制度进行了较大修改完善，将我国的合同立法提升到一个新的高度，标志着我国合同立法进入新的民法典时代。

本书由李克武和聂圣共同执笔完成。本书的内容以《合同法要论》为基础，融汇作者在合同法领域长期耕耘的积累，以《民法典》合同编为基本立法依据，充分体现民法典时代合同法的新规范、新精神、新动态。全书分为总论与分论两编，编下设章，贯通总论与分论依次排序。“总论编”主要研究合同法的一些基本原理，包括合同的订立、合同的效力、合同的履行、合同的变更、合同的转让与解除及违约责任等；“分论编”择要研究与介绍在现实生活中较为常见和较为重要的各种具体合同，包括《民法典》合同编规定的 19 种典型合同和未被列入《民法典》合同编的其他部分合同。为了方便读者在阅读本书时查阅有关法律条文，书后另附《民法典》合同编条文。本书既可以作为合同法学课程的教材使用，也可以作为合同法研究与适用的参考资料。

李克武　聂　圣

2021 年 8 月于桂子山

目 录

第一编 总 论

第二编　分　　论

第一编　总论

第一章　合同与合同法概论

一、合同的概念和特点

(一)合同的概念分析

什么是合同？回答这一问题似乎非常简单，因为随便翻开任何一本有关合同法的教科书，均能找到关于合同的定义。而且，在社会经济生活中，合同可以说是无处不在，无时不有，它实实在在地存在于我们的现实生活中，为我们一般人所熟悉。但是如果再深入一步，对于在法律范畴内的合同的具体内涵和外延，则不仅非法律专业人士不一定了解，就是法律专业人士也不一定能准确理解和把握。

1. 合同法中的合同的外延

如果就“合同”这一术语的使用范围来看，是非常广泛的，既有在法律范畴内使用的，也有在非法律领域内使用的。如在宗教领域，《圣经》曾将契约作为宗教概念使用；在政治学领域，启蒙思想家卢梭提出了“社会契约论”；在哲学领域内也经常能见到契约术语的使用。很显然，合同法中的合同，作为一个法律概念，应是指在法律范畴内的合同。因此，一切非法律领域内所使用的合同，均不是合同法中所谓的合同。那么，是否一切在法律范畴内的合同都是合同法中所谓的合同呢？也不是。在法律领域，既有民法中的民事合同，也有行政法中的行政合同、劳动法中的劳动合同、国际法中国家与国家所订立的国家合同以及其他合同。我们认为，合同法中的合同，在外延上仅指民法(或曰私法)中的民事合同，而不包括行政合同、劳动合同、国际法中的国家合同以及其他合同。理由主要有如下几点：

第一，从“合同”一词的词源上来看，合同的原意就在于体现主体之间的商品交易关系。“合同”一词，在英文中是“Contract”，在法文中为“Contrat”或“Pacte”，在德文中为“Uertrag”或“Kontrakt”。这些用语都来源于拉丁文"Contractus"。而据学者考证,"Contractus"一词由"Con"和"Tractus"二部分组成。"Con"由"Cum"转化而来,有"共"字的意思,"Tractus"有交易的意思。两者结合起来,即意为"共相交易"①。因此,从合同一词的原始含义来看,是指主体之间的商品交易关系。

第二,在罗马法中,"契约"概念是在私法范畴内使用的。学界一般认为,在西方法制史中,最早使用"契约"概念的是罗马法。罗马法有公法和私法之分,其中以私法最为发达。我们一般所谓的罗马法即指罗马私法。在罗马私法中,有"契约之债"和"准契约之债",其债被称为"法锁",契约被定义为"得到法律承认的债的协议"②。由此可见,在被公认为作为合同法源头的罗马法中,其契约被界定在私法(民法)的范畴内。

第三,从现实的立法来看,也需要将合同法中的合同限定为民事合同。法律依其性质和功能不同,有公法和私法之分,有民法、刑法、行政法、劳动法、国际法等部门法之分。如果将所有法律范畴内的合同都作为合同法中的合同,则合同关系同时包容了民事关系、行政关系、劳动关系和国际关系等完全不同性质的法律关系,这样一来,就使得作为一个部门法的合同法的调整对象变得并不是确定的,从而也就使得合同法变成无所不包、内容庞杂、体系混乱的法律。这显然不科学,也不符合各国的通例。

那么,对于非法律范畴内使用的合同概念以及在法律范畴内但非民法领域内所谓的合同,该作何解释呢?我们的解释是,在非法律范畴内所使用的合同概念,不具有合同应有的法律意义,它们只是对民法合同的某种或某些含义的借用。在法律范畴内,但非民法领域内所谓的合同,亦是对民法合同某些含义的借用,虽然这些合同也具有法律上的意义,但是已经有别于合同的原意。

另有一点需要说明的是,这里所谓的民事是广义的民事,这里所谓的民法是广义的民法,是以平等主体之间的法律关系为考察基点的。因此,这里的民事合同,当然包括所谓的商事合同。在学界有"民商分立"和"民商合一"两种主张,我们赞成"民商合一"说。我们认为,在现行社会,民事行为和商事行为、民法和商法、民法学和商法学,只有相对区分意义而没有

---

① 参见王家福主编:《中国民法学·民法债权》,法律出版社1991年版,第257页。

② [意]彼德罗·彭凡得:《罗马教科书》(中文版),中国政法大学出版社1992年版,第307页。

绝对区分意义。商法只是民事特别法。

2.两大法系关于合同内涵的不同理解和认识

如前所述,我们这里所谓的合同是指合同法中的合同,而合同法中的合同是民事合同。然而,即使在民事合同的范围内,由于法律传统等的不同,大陆法系和英美法系两大法系对合同内涵的认识和理解存在较大的差异。

大陆法系将合同理解为"合意"。大陆法系对合同含义的理解承袭了罗马法,是从"协议"的角度来理解的,将合同解释为当事人之间的"合意",其立法代表是《法国民法典》。《法国民法典》第1101条规定:契约"为一人或数人对另一人或数人承担给付某物、做或不做某事的义务的合意"。其他大陆法系国家民法(包括德国民法)则一般对合同定义不作规定,但理论上均依《法国民法典》的规定进行解释。例如,德国著名的法学大儒萨维尼就曾指出:"契约之本质在于意思之合致。"①

英美法系则将合同理解为"允诺"或"许诺"。英国《不列颠百科全书》将合同表述为:"合同是可以依法执行的诺言。这个诺言可以是作为,也可以是不作为。"《美国法律重述·合同》(第2版)则将合同定义为:"合同是一个或一系列允诺,违反该允诺将由法律给予救济,履行该允诺是法律所确认的义务。"②

比较两大法系关于合同含义的理解和表述,我们认为大陆法系的"合意说"更为科学和可取。因为"合意说"至少表明了合同的"双方性"和"协议性"特征。而英美法系将合同理解和表述为"允诺"或"诺言",则实际上只表明了当事人一方的意思,而未能体现出"双方性"和"协议性"。在此,我们想再补充说明两点:

其一,英美法系的"允诺说"只能存在并运行于英美法系特有的法律制度条件下,如果引入大陆法系中,则是难以成立和运行的。英美合同法中有所谓的对价制度。对价制度也称为约因制度,它是英美合同法中所特有的一项制度。在英国,根据对价制度,除"正式合同"(也称为"签字蜡封式合同")以外,其他合同必须具有对价才能在法律上被要求强制执行,所谓

---

① 胡长清:《中国民法债编总论》,商务印书馆1934年版,第16页。

② 转引自王利明、崔建远:《合同法新论·总则》,中国政法大学出版社2000年版,第2页。

无对价即无合同，虽然对价无需相等。这里的对价，可以简单地理解为针对允诺人的允诺，受允诺人应付出的对应的代价。由此可见，在英美法中，虽然将合同理解为允诺，却只表示出了一方当事人的意思，未能体现其“双方性”和“协议性”，但在对价制度的配合作用下，仍然能够得以运行。在大陆法中，则不仅于法理不通，而且由于没有对价制度的作用，也是难以实际运行的。

其二，对于英美法中的“允诺说”的不足，实际上近来已为英美法部分学者所认识，他们还试图引入大陆法中的“合意说”进行改造。例如英国学者特内脱(Treitel)在其所著《合同法》一书中将合同定义为：“合同是产生由法律强制执行或者认可的债务之合意。”①又如《美国统一商法典》在第1—201条中规定：“合同是指由双方依本法和其他有约束力的法律达成的合意而引起的全部法律上的债务。”再如，英国《牛津法律大词典》给合同作出如下定义：“契约是二人或多人之间为在相互之间设定合同义务而达成的具有法律强制力的协议。”②

由此可见，两大法系在关于合同含义理解上的差异正在逐渐缩小，正在朝着“合意”的方向趋同。

3. 我国合同法理论对合同含义的理解和立法对合同含义的规定

我国合同法理论对合同本质含义的理解，完全接受了大陆法的影响，即将合同理解为当事人之间的合意。这一点从我国现有的关于合同法的教科书和著作中很容易得到印证，在此勿需例举。但在立法上对合同定义的表述，则又明显受到苏联立法风格的影响。根据《苏联大百科全书》的规定，“合同是指两个或两个以上的公民或法人关于设定、变更或消灭民事权利和义务的协议”。我国《民法通则》基本上照搬了《苏联大百科全书》的规定，其第85条规定：“合同是当事人之间设立、变更、终止民事关系的协议。”我国《合同法》则在坚持对合同的本质含义作“合意”理解和保留苏联立法风格的同时，对《民法通则》的规定略作修改。其第2条第1款规定：“本法所称合同是平等主体的自然人、法人、其他组织之间设立、变更、终止民事权利义务关系的协议。”我国《民法典》第464条仍然坚持对合同的本

---

① 转引自王家福主编：《中国民法学·民法债权》，法律出版社1991年版，第258页。

② 《牛津法律大词典》(中译本)，光明日报出版社1988年版，第205页。

质含义作“合意”理解，并对《合同法》第 2 条的规定加以完善，规定：“合同是民事主体之间设立、变更、终止民事法律关系的协议。婚姻、收养、监护等有关身份关系的协议，适用有关该身份关系的法律规定；没有规定的，可以根据其性质参照适用本编规定。”

在不同的民法典体系结构和立法模式下，民法中的合同外延有所不同。例如，在德国民法典模式下，民事合同可以分为债务合同、物权合同和亲属法上的合同[①]。因而，民法中的合同概念在学理上有广义与狭义之分。王利明教授认为，合同泛指所有的民事合同，尽管主要是以发生债权债务关系为目的的债权合同，但并不以此为限，还包括物权合同、身份合同等[②]。崔建远教授则主张，民法尤其是合同法中的“合同”实质上专指债权合同[③]。根据《民法典》第 464 条的规定，我国民法中的合同主要是指以发生债权债务关系为目的的债权合同，也可以包括有关物权、知识产权等财产权和人格权的民事合同，但原则上不包括身份合同。有关身份关系的协议应当优先适用“有关该身份关系的法律规定”，只有法律对于身份合同没有规定时，才可以参照适用《民法典》合同编的规定。

分析我国合同法理论对合同的“合意”理解及立法所具有的苏联风格的原因，可从我国近现代法制发展的历程中找到答案。在漫长的封建时期，我国一直固守自己的法律传统。但是，在近代以后，由于西方列强的入侵，我国被迫打开国门，接受西方各方面的冲击，包括法律文化方面的冲击。从清末民初我国进行法制改革时起，即走上了以德国法为代表的大陆法传统之路。中华人民共和国成立后，曾一度转入全面学习苏联法。在苏联法中，至少包含了两个因素，其一是苏联作为社会主义国家法的一些创造，另一因素是对大陆法的部分承袭。因此，从 20 世纪 50 年代起我国一方面借鉴了苏联法的一些东西，包括其立法表达风格和某些法律观念；另一方面，我们仍在学习大陆法。改革开放以后，特别是自建立社会主义市场经济体制以来，我国民法学界转而又直接步入主要学习以德国法为代表

---

① 参见[德]卡尔·拉伦茨：《德国民法通论》，王晓晔等译，法律出版社 2003 年版，第 432—433 页。

② 参见王利明：《合同法研究》（第 1 卷），中国人民大学出版社 2015 年版，第 8—14 页。

③ 参见崔建远：《合同法》，北京大学出版社 2013 年版，第 1 页。

的大陆法之路。在这一过程中，我们从苏联法中学习的东西，有些被淘汰掉了，有些则仍旧被保留下来。由于以上我国自近代以来法制发展的特殊历程，从而直接影响了我国合同法理论、合同立法对合同含义的上述理解和立法表述。及至我国《民法典》制定，我国才真正形成了对合同概念独树一帜的理解和立法表达。

（二）合同与契约的关系

为了准确理解和把握合同的概念，有必要对合同与契约两个概念的关系进行分析和说明。

在我国，合同一词早在2000余年前即已出现，但一直未被广泛采用，倒是契约一词使用比较普遍。据贺卫方先生考证，在我国古代，“合同仅是契约形式之一种，严格地说，它是验证契约的一种标记，犹如今天的押缝标志，它本身不是当事人之间的协议”[①]。在我国近代以及现今的台湾地区，也有学者将两者作出区分，概括地说，其区别在于：契约是指当事人之间的逆向意思表示一致；合同则是指当事人之间的同向意思表示一致[②]。按此理解，当事人之间就货物买卖达成的合意是契约，而当事人之间就共同投资经营事业或就相互合伙经营事业达成的合意则是合同。在国外，自1892年德国学者孔兹提出合同行为为共同行为以来，也有学者对合同与契约加以区分，他们认为契约是双方的法律行为，而合同是双方的共同行为[③]。

但是，在我国大陆地区，学者一般将契约与合同两个概念的区别忽略不计，而将两者等同使用，认为将合同与契约分开既无实际价值，也容易引起用语上的混乱。故我国现行的一般教科书均解释说合同也称为契约。我国现行有关立法则统一采用合同一词。至于有部分学者在其著作或文章中仍采用契约一词，可能只代表这少部分学者的个人书写习惯而已，从学术的角度上讲，也是允许的。因此，我们主张对合同与契约不加区分，但应以合同作为正式用词，特别是立法上的正式用词。

---

① 贺卫方：《“契约”与“合同”的辨析》，载《法学研究》1992年第2期。

② 参见周林彬主编：《比较合同法》，兰州大学出版社1989年版，第79页。

③ 参见王利明、崔建远：《合同法新论·总则》，中国政法大学出版社2000年版，第12页。

(三)合同的特点分析

理解合同的含义,应把握其以下主要特点:

第一,合同在形式上表现为一种协议或“合意”。这是合同的本质含义的要求和体现。合同必须经由当事人互为意思表示并形成一致才能成立。如果只有一方当事人为意思表示,或者虽然当事人互为意思表示,但并未达成“合意”,形成协议,则无合同可言。

第二,合同是一种民事法律行为。其理由主要有两点,一是合同的成立是以意思表示为要素的,无当事人的意思表示并形成一致,则不能成立合同;二是合同对当事人具有法律约束力。因此,合同在性质上是民事法律行为,且是最为典型、最为重要的民事法律行为,而非事实行为。

第三,合同是一种双方或多方民事法律行为。这里主要包括两层含义:其一,合同的主体(即当事人)必须是两人或两人以上(依《民法典》第 2 条的规定,该主体可以是自然人、法人或非法人组织)。如果只有一方主体,则不能成其为合同。其二,合同必须是两个或者两个以上的当事人之间的意思表示一致。这一点是合同与单方法律行为相区别的主要标志。单方法律行为只需当事人一方的意思表示即可。

第四,合同的目的和功能在于设立、变更、终止民事权利义务关系。从这个意义上看,合同具有目的性、手段性和工具性特征。换句话说,合同不过是当事人为了达到或设立、变更、终止一定民事权利义务关系的目的的手段和工具。

第五,合同的当事人法律地位平等。这是民法对民事合同的基本要求,也为我国《民法典》第 4 条规定的平等原则所明确肯定。因此,尽管合同的当事人可能存在自然人、法人与非法人组织之分,存在规模大小和经济实力强弱之别,但其在法律上的人格是平等的。

二、合同的分类

合同广泛地存在和应用于社会经济生活的各个方面。由于社会经济生活的复杂性和多样性,因而导致了合同的多样性和复杂性。为了准确把握不同样态的合同的特性,正确适用法律以确定当事人之间的权利和义务，解决合同纠纷，并为理论研究和立法提供依据，根据不同的标准对合同进行分类是颇有意义的。合同主要可作如下分类：

（一）双务合同与单务合同

这是以合同的义务主体是单方或是双方为依据进行的划分。

双务合同，是指当事人各方在互享权利的同时，也相互负担义务的合同。双务合同的各方当事人互为债权人和债务人。一方当事人所享有的权利和负担的义务即另一方所负担的义务和享有的权利。买卖合同、租赁合同和承揽合同都是典型的双务合同。

单务合同，是指当事人一方只享有权利而不相应负担义务，另一方只承担义务而不相应享有权利的合同。典型的单务合同有赠与合同和借用合同。单务合同在一定情况下还可以作扩大解释，即在合同关系中，仅当事人一方负担合同约定的主要义务，另一方不负担主要义务，也不负担与对方相对应的义务，但要承担次要义务，此时也构成单务合同。如在附义务赠与中，赠与人负有将赠与物交付受赠人的义务，而受赠人也负有合同约定的某项义务，但其双方所负担的义务不是相互对应的。因此，附义务的赠与合同仍然是单务合同。

这种分类区分了合同当事人双方负担义务的不同状况，从而为在实践中公平确定当事人权利、义务和责任，为当事人提供不同的适当的救济模式提供了依据。因单务或双务合同的不同，存在是否可适用不安抗辩权、同时履行抗辩权不同，在风险的负担规则上不同以及对当事人承担过错责任的要求程度不同。以赠与合同为例，赠与财产有瑕疵的，赠与人不承担责任；但是，在附义务的赠与中，赠与人在附义务的限度内承担与出卖人相同的责任（《民法典》第 662 条）。

（二）有偿合同与无偿合同

这是以当事人取得合同权益是否支付相应代价为依据进行的划分。

有偿合同是指当事人双方均以向对方支付一定代价才能取得一定权益的合同。实践中绝大部分合同如买卖合同、租赁合同、承揽合同、保险合同、运输合同等，均是有偿合同。

无偿合同是指当事人一方享有一定权益而不向对方支付相应代价的

合同。赠与合同、借用合同是典型的无偿合同。但委托合同、保管合同、借款合同、寄存合同等，既可能是有偿合同，也可能是无偿合同，具体应依其内容而定。

法律上区分有偿合同与无偿合同具有重要的意义。例如，在无偿合同中，债务人所负担的注意义务程度较轻；在有偿合同中，则债务人的注意义务程度较高。在保管人造成保管物毁损、灭失的情形下，若为有偿保管则应当承认赔偿责任，但若为无偿保管，保管人证明自己没有故意或重大过失则不承担赔偿责任（《民法典》第 897 条）。再如，对订立合同的主体资格要求不完全相同。在有偿合同中，双方当事人均应为完全民事行为能力人，但在无偿合同中，债权人不必一定是完全民事行为能力人，无民事行为能力人可以作为赠与合同的受赠人。此外，如果债务人通过无偿合同将其财产转让给第三人，严重减少债务人责任财产，债权人可以直接请求撤销该无偿行为（《民法典》第 538 条）。而对于债务人通过有偿合同将其财产转让给第三人时，债权人行使撤销权须以债务人主观上存在恶意为要件（《民法典》第 539 条）。

（三）要式合同与不要式合同

这是以法律对合同的成立是否规定有一定的形式要求为依据进行的划分。

要式合同，是指法律规定必须采用一定的形式才能成立的合同。例如，根据有关法律规定，当事人订立中外合资经营企业合同必须报经有关主管部门批准方可成立。因此，中外合资经营企业合同即为要式合同。

不要式合同，是指对于合同的成立法律没有规定特定的形式要求的合同。由于法律对这种合同的成立没有规定特定的形式要求，因而对这种合同，当事人可以采取任何法律所认可的形式，无论何种形式均不影响合同的成立。

从现实的合同实践和有关立法看，基于市场经济交易便捷与安全的双重要求，不要式合同是大量的、普遍的，而要式合同只是少量的、特殊的。比较法上，现代合同法仅为保护交易安全，规定不动产买卖合同、重要的商事交易合同应当采取书面或者公证形式。我国《民法典》对合同的要式性采取了更加开放的态度，第 490 条第 2 款规定："法律、行政法规规定或者当事人约定合同应当采用书面形式订立，当事人未采用书面形式但是一方已经履行主要义务，对方接受时，该合同成立。”

(四)诺成合同与实践合同

这是以合同的成立除意思表示一致以外，是否还需要实际交付标的物作为要件为依据进行的划分。

诺成合同，也称为不要物合同，是指当事人各方的意思表示一致即成立的合同。如买卖合同、租赁合同、承揽合同、委托合同、雇佣合同等均属于诺成合同。诺成合同最主要的特点是合同的成立只需要当事人之间经意思表示并且达成一致即可，而无需在意思表示之外再实际交付某物或实施某行为。

实践合同，也称为要物合同，是指除当事人意思表示一致以外，还必须实际交付标的物或履行特定行为才能成立的合同。实践合同的最主要特点在于其“实践性”。在传统民法中，赠与合同、借用合同、保管合同、借贷合同、运送合同等属于实践合同。但是，随着商品经济的发展和法律观念的进步，为了稳定商品交易关系，更好地保障交易的安全，传统民法中的部分实践合同已在现代法中被规定为诺成合同，如赠与合同中的特殊赠与合同、保管合同中的仓储保管合同、借款合同中的银行借贷合同以及航空和铁路运输合同等，已不再属于实践合同，而是诺成合同。

这种分类为在理论上和实践中确定、判断合同是否成立提供了清晰的依据，特别是对于正确处理那些需要实际交付标的物或履行某行为才能成立的合同提供了依据。于诺成合同而言，当事人一旦达成合意则合同成立；但对于实践合同，在标的物实际交付或特定行为履行之前，合同未成立，当事人可撤回其意思表示。

(五)有名合同与无名合同

这是以法律、法规对某种合同是否作出了具体规定并给出了名称为依据进行的划分。

有名合同，是指法律、法规对其作出了具体规定并给出了名称的合同。我国《民法典》合同编第二分编规定的买卖合同、保证合同、租赁合同、保理合同、借款合同、技术合同、运输合同、物业服务合同、中介合同、合伙合同等19种合同均属于有名合同。除此之外，我国其他有关法律、法规中规定的如出版合同、保险合同等，也属于有名合同。对于有名合同，在合同实践和司法实践中应当首先适用有关的法律、法规的规定。

无名合同，是指法律、法规中未直接作出规定，也未给出名称，但在实践中客观存在的合同。如旅店住宿合同、存款合同、供应合同及医疗服务合同等，均属无名合同。一般来说，立法总是滞后于社会实践，社会现实生活中已出现的未必在法律中全部都有规定。因此，随着社会日新月异的变化和发展，可以想见，无名合同将会越来越多。对于无名合同，由于没有直接的法律规定，因而在合同实践和司法实践中，应当适用《民法典》合同编通则的规定，并可以参照适用最相类似合同的规定(《民法典》第467条)。

(六)典型合同与非典型合同

这是以合同应用的普遍性和合同权利义务关系的典型性为依据进行的划分。

典型合同是指应用普遍且权利义务关系具有典型的合同权利义务关系特征的合同。我国《民法典》合同编第二分编即采用了"典型合同"的表述。学界有人认为有名合同即典型合同，无名合同即非典型合同[①]。我们认为在学理上典型合同与有名合同非常相近，却也有所区别，其区别主要表现在两者区分的依据不同。一般来说，有名合同即是典型合同，但也有有名合同不是典型合同的情形，如我国《民法典》规定了融资租赁合同，故融资租赁合同是有名合同，但依融资租赁合同的权利义务关系特性，它不应属于典型合同，而是非典型合同。

非典型合同是指应用一般不普遍且权利义务关系不具有典型的合同权利义务关系特征的合同。一般认为，非典型合同可以归纳为纯粹非典型合同、合同联立和混合合同三类[②]。非典型合同与无名合同并非等同，如融资租赁合同、保理合同、信托合同、医疗服务合同等应属于非典型合同。

---

① 佟柔主编：《中国民法》，法律出版社1990年版，第344页；魏振瀛主编：《民法》，北京大学出版社、高教出版社2000年版，第384页；崔建远：《合同法学》，法律出版社2014年版，第15—17页。

② 参见陆青：《合同联立问题研究》，载《政治与法律》2014年第5期；黄和新：《保理合同：混合合同的首个立法样本》，载《清华法学》2020年第3期。

(七)主合同与从合同

这是以两个以上的合同之间是否有主要与从属的关系为依据进行的划分。

主合同是指确定当事人之间本体性的主要的权利和义务,不依赖其他合同而能够独立存在的合同;从合同则是指依赖其他合同的存在而存在的具有附属性的合同。例如设有担保的借款合同,其中,借款合同是主合同,而担保合同则是从合同。

由于主从合同关系的特殊性,一般而言,主合同不能成立,从合同就不能有效成立;主合同转让,从合同也不能单独存在;主合同被宣告无效或被撤销,从合同也随之失去效力;主合同终止,从合同亦随之终止。反之,从合同不成立或无效,一般并不影响主合同的成立或效力[①]。

(八)本约与预约

这是以合同的订立是否有事先的意向性约定为依据进行的划分。

所谓本约,也称为本合同,是指当事人之间所订立的合同的本身。本约对当事人之间的权利义务作出具体规定。预约,也称为预备合同,是指当事人为了订立本合同而预先就将来订立本合同的有关问题达成的意向性协议,包括认购书、订购书、预订书等(《民法典》第 495 条第 1 款)。

关于预约的性质及违反预约的法律责任,学界存在分歧[②]。我们的观点是,预约仅仅是为了订立本约而在此之前当事人之间就订立本约的有关问题达成的意向性协议。在实践中,并非所有合同的订立都必须经过预约,往往是在进行重大的合同交易时,当事人为了以示慎重才采用,而且,并非有预约就一定应有本约。违反预约合同的,对方可以请求其承担预约合同的违约责任(《民法典》第 495 条第 2 款)。从预约与本约的关系来看,违反预约合同产生的违约责任,应当与本约的缔约过失责任范围相当。

除上述分类以外,合同还可以作其他分类,如总合同与分合同、为自己

---

① 王利明、崔建远:《合同法新论·总则》,中国政法大学出版社 2000 年版,第 42—43 页。

② 耿利航:《预约合同效力和违约救济的实证考察与应然路径》,载《法学研究》2016 年第 5 期。

订立的合同与为他人订立的合同、实定合同与射幸合同、一时性合同与继续性合同、格式合同与一般合同、计划合同与非计划合同、即时清结的合同与非即时清结的合同等。

三、合同法的概念及其与相邻法律的关系

(一)合同法的概念和特点

1. 合同法的概念

对合同法概念的理解有广义和狭义之分。狭义的合同法也称为形式的合同法，是指专门的单行的合同法法典，在我国《民法典》颁行前是指《合同法》，之后则是指《民法典》合同编；广义的合同法则是指所有调整合同关系的法律规范的总称。广义的合同法也称为实质的合同法。依广义理解，我国的合同法除《民法典》合同编以外，还包括其他对合同关系有所规定的法律、行政法规、行政规章、地方性法规以及有关合同的国际公约、国际条约和有关合同的司法解释。本章所谓的合同法是指广义的合同法。

2. 我国现行合同法律规范体系的构成

根据对合同法概念的广义理解，合同法不仅包括合同基本法，而且包括其他对合同关系有所规定的法律、法规以及国际公约和条约等。具体而言，我国现行合同法律规范体系由以下部分构成：

(1)合同基本法。即《民法典》合同编，于 2020 年 5 月 28 日通过，自 2021 年 1 月 1 日起施行，由通则、典型合同和准合同三分编构成。《民法典》合同编是我国目前专门的集中对合同关系进行规定的法律，故是我国现行合同基本法。

(2)其他规范合同关系的法律。在我国，除《民法典》合同编对合同关系作出了规定以外，其他法律中亦有对合同关系作出规定的，如《保险法》《著作权法》《专利法》《消费者权益保护法》《海商法》等，这些法律均是我国现行合同法律体系的组成部分。

(3)我国缔结、参加或认可的有关调整合同关系的国际公约、国际条约和国际惯例。其中最为重要的是 1980 年通过的《联合国国际货物销售合同公约》、2004 年新修订的《国际商事合同通则》和 2020 年正式实施的《国

际贸易术语解释通则》。

(4)有关合同的行政法规、行政规章。国务院是我国的最高行政机关，依据全国人大的授权，国务院及其所属部委有权依法制定行政法规和行政规章。在合同法方面，在三大合同法时期，国务院曾制定并颁行了与原三大合同法相配套的一系列有关合同的条例，如《工矿产品购销合同条例》《农副产品购销合同条例》等。与此相应，国务院各部委也制定了一系列对条例的实施细则，如《工矿产品购销合同条例实施细则》等。当然，这些都是以原三大合同法为依据制定的，由于这三大合同法已经被废止，这些法规和规章应当废止。但如果国务院及其部委再根据《民法典》合同编制定了有关的"条例"和"细则"，则应当是我国合同法律规范体系的组成部分。

(5)有关合同的地方性法规，是指省(自治区、直辖市)及省会所在地市的人大及政府所制定的有关合同的法规和规章。这些地方性法规也应是我国合同法的组成部分。但是，地方性法规只能在某区域范围内有效，且不得与国家的有关法律和法规相冲突。

(6)有关合同的司法解释，是指最高人民法院对在司法审判工作中如何适用有关的合同法律所作的"解释"，通常包括"意见""批复""解答""规定"等，如《最高人民法院关于适用〈中华人民共和国合同法〉若干问题的解释(一)》(1999 年 12 月，以下简称《合同法司法解释(一)》)、《最高人民法院关于审理买卖合同纠纷案件适用法律问题的解释》(2012 年 3 月，以下简称《买卖合同司法解释》)、《最高人民法院关于审理民间借贷案件适用法律若干问题的规定》(2015 年 8 月，以下简称《民间借贷规定》)等。需要说明的是，根据我国宪法的规定，人民法院享有司法权，而不享有立法权。因此，从理论上讲，最高人民法院不是立法的主体，因而最高人民法院的司法解释不能作为法律。但考虑到我国长期以来坚持的立法指导思想是"宜粗不宜细"，立法往往比较抽象、简单，在司法中需要借助最高人民法院的解释予以明确，并已形成了司法解释的传统，特别是"司法解释"在我国各级法院的司法审判实践中受到高度重视，起着较大的作用，因此，我们姑且将其纳入我国合同法律规范体系之中。随着《合同法》的废止和《民法典》的生效，上述司法解释应当废止，由最高人民法院就《民法典》合同编的适用制定相应的新的司法解释。例如，2020 年 12 月 25 日通过，自 2021 年 1 月 1 日起施行的《最高人民法院关于适用〈中华人民共和国民法典〉有关担保制度的解释》(法释〔2020〕28号,以下简称《民法典担保制度解释》)。

3. 合同法的特点

关于合同法的特点,主要可概括为如下几个方面:

第一,合同法是交易法。“合同在本质上是商品交换的法律形式,商品交换是合同这种形式的经济内容。”[①]从合同概念在罗马时代的最初含义来看,其本意就在于“相互交易”。再从合同产生的社会经济基础来看,合同是以商品交易关系为其产生和存在背景的。虽然现代社会有些非商品交易关系也可以采用合同的形式,如在婚姻家庭关系、监护、收养等方面,但商品交易关系无疑一直是合同的最主要内容。合同法是调整合同关系的法律,因此,合同法被认为是交易法。有学者主张,合同法不仅在单次的交易中发挥着纽带功能,在关系性、合作性活动中也至关重要,具有组织复杂经济活动的功能[②]。作为交易法,合同法的基本功能和作用就在于通过规范交易行为、维护交易秩序,以达到鼓励和促进交易,从而促进社会财富增长的目的。

第二,合同法是财产法。由于合同关系主要体现为商品交易关系,而商品交易关系是商品经济社会最主要的经济关系,特别是在发达的市场经济社会更是如此。在发达的商品经济社会,财富的流转和创造主要是通过合同完成的,难怪美国著名法学家庞德说道:“在商业时代,财富大部是由合同构成的。”[③]我国《民法典》合同编对合同法的财产性也给予了充分肯定,其第464条第1款在对合同法所调整的合同关系给出定义的同时,第2款又对《民法典》合同编的适用范围作出排斥性规定,将婚姻、收养、监护等有关身份性的合同关系排除在外,而只保留对财产性合同关系的调整。因此,我们说合同法是财产法。

第三,合同法是任意法。法学理论中对法律的分类中有强制法与任意法之分。强制法直接体现国家意志,当事人必须执行而不得选择和排除适用。一般来说,公法均属于强制法。任意法则是指法律虽有规定,但主要

① 王家福主编:《中国民法学·民法债权》,法律出版社1991年版,第263页。

② 王利明:《论合同法组织经济的功能》,载《中外法学》2017年第1期。

③ 王家福主编:《中国民法学·民法债权》,法律出版社1991年版,第265页。

尊重当事人的意志，大多允许当事人选择或排除适用的法律。一般而言，私法均属于任意法。合同法是私法的组成部分，以意思自治、契约自由为基本原则。在所有的法律中，合同法应该是最为尊重当事人的自主意志和选择自由的，合同法的大部分规定都是允许当事人选择或排除适用的。因此，合同法是任意法，而且应该是最为典型的任意法。

（二）合同法与相邻法律的关系

1. 合同法与侵权行为法

合同法是调整合同关系的所有法律规范的总称。侵权行为法是有关侵权行为的定义、种类及其责任的法律规范的总称。合同法和侵权行为法同属民法（私法）的组成部分，具有许多相同之处。具体而言，两者的相同之处主要有：

（1）从职能上看，两法都承担了保护民事主体合法权益，补偿受害人的损失，恢复被侵害的民事权利等任务。

（2）从内容上看，合同行为和侵权行为同为债的发生根据，同样适用民法债的一般规定。

（3）从责任方面看，合同责任和侵权责任同为民事责任，在责任要件、免责条件、责任形式等方面都有相同之处。除上述三点之外，我们还看到，随着现代立法的发展，合同责任和侵权责任、合同法的适用与侵权行为法的适用往往发生“竞合”，如根据《产品质量法》和《消费者权益保护法》的规定，因产品质量（或服务质量）瑕疵受损害的一方当事人既可以提起违约之诉，也可以提起侵权之诉。再如，随着合同侵权责任制度的建立，合同债权也被纳入侵权行为法保护的范畴。由此可见，合同法与侵权行为法的关系是非常密切的。

但是，我们也应该看到，合同法和侵权行为法毕竟是民法（私法）中的两个不同的法律部门。在英美法系中，合同法与侵权行为法一直是截然分开、分别进行立法的，从而形成相互独立的法律部门。在我国，立法体例上继承了大陆法系的传统，但从我国出现的立法趋势看，合同法事实上成了与民法中其他法相对独立的法律部门。《民法典》在合同编之外独立设置侵权责任编。这些都说明，合同法与侵权法是有区别的。

总体上看，合同法与侵权行为法的区别主要表现在两法所规范的对象不同。具体而言，两法的区别可分析如下：

(1)法律规范的性质不尽相同。合同法调整的是市场主体之间的商品交易关系，它以契约自由、意思自治为基本原则，尤其尊重当事人的自主意志，是典型的任意法；而侵权行为法调整的是侵权和损害赔偿关系，而是否侵权以及应如何赔偿是不以当事人的意志为转移的，由此，它主要体现为强制法性质。

(2)保护的权益范围不尽相同。合同法所保护的是缔约当事人依据合同所产生的合同权利，这是在特定的当事人之间的相对权和期待权；侵权行为法所保护的是民事主体的财产权和人身权，这种财产权和人身权是一种绝对权和现有权益。进一步说，“侵权行为法补偿侵权行为人行动造成的损失；合同法则保护债权人的期待，对付债务人的不行动”①。

(3)法律规范的内容不同。如前所述，合同法调整的是交易关系，侵权法调整的是因侵权导致的债权债务关系，由此，两法中有关归责原则、构成要件、责任方式等的规定均不尽相同。

(4)法律规范的功能不尽相同。合同法作为交易法，其基本功能在于通过规范合同行为，维护交易秩序，以达到鼓励和促进商品交易的目的。一个社会，如果没有商品交易，不通过合同交易实现财产的流转，实现财产使用价值的交换，则这个社会只能停滞不前，甚至倒退，社会财富不可能增长。因此，合同法具有创造财富的功能。而侵权行为法则主要是明确侵权的构成、种类及其责任，对受损的合法权益予以补救，侵权行为法一般执行全面赔偿的原则，即损失多少赔偿多少。侵权赔偿的宗旨是通过赔偿，补偿损失，使受损的合法权益还原到侵权行为发生前的状况。很显然，侵权行为法的基本功能主要表现在保护现有合法权益不受损害，而并不是为了创造财富和促进社会财富的增长。

2.合同法与物权法

合同法与物权法同属于民法中的两个极为重要的法律部门，且两者都属于财产法，都是用来调整平等民事主体之间所发生的财产关系，两者结

---

① 沈达明：《英美合同法引论》，对外经济贸易大学出版社1993年版，第88页。

合起来，才能维持正常的市场交易秩序。由此可见，合同法与物权法的关系非常密切。但两者的区别也是非常明显的。物权法主要调整财产的归属和利用关系，旨在保护财产的静态安全。物权关系是商品交换的前提，而合同法调整的是商品交易（流转）关系，旨在保护财产的动态安全。合同是商品交易、流转的直接形式。由于物权的特点，所以物权法执行的是物权法定的原则；但合同法则明显尊重当事人的自由意志，执行的是意思自治和契约自由的原则。

3. 合同法与债法

所谓债权，按照我国《民法典》第 118 条的规定，是指“因合同、侵权行为、无因管理、不当得利以及法律的其他规定，权利人请求特定义务人为或者不为一定行为的权利”。债的概念起源于罗马私法。在罗马私法之中，债包括契约之债、准契约之债、私犯、准私犯。契约作为债产生的原因，是债的一种，契约的法律规范是债法规范的一部分。此后，法国和德国继承了罗马私法，保留了债的概念和债法，并使债法（或债权法或债务法）成为大陆法民法中相对独立的一个重要组成部分。在英美法中，既无债的概念，也无独立的债法，但在英美法中有独立的合同法和侵权行为法。由上述分析可知，合同法与债法两者是种属关系，合同法是债法的重要或曰最主要构成部分。

在我国 20 世纪 80 年代制定《民法通则》的过程中，曾有学者主张以合同的概念代替债的概念，以合同法代替债法。1986 年的《民法通则》采用的立法体例是在债权部分规定了合同，而将有关侵权行为的规定置于民事法律责任部分进行规定。之后，我国相继颁布了《合同法》与《侵权责任法》。在我国民法典编纂过程中，学者们就在合同法、侵权责任法已自成体系的现状下，重构民法典债法规范体系提出了不同的方案①。最终，我国《民法典》不设债编，分别设置合同编与侵权责任编，并在合同编设置准合同分编，分设两章将有关无因管理和不当得利的规定纳入其中。

① 参见李世刚：《中国债编体系构建中若干基础关系的协调——从法国重构债法体系的经验观察》，载《法学研究》2016 年第 5 期；黄茂荣：《民法典之债法的编纂》，载《环球法律评论》2018 年第 2 期。

四、从《合同法》到《民法典》合同编

(一)《合同法》

1.《合同法》之前我国的合同立法状况

1999年《合同法》颁行之前,我国的合同立法可以分为两个阶段。

第一个阶段,从1949年新中国成立到1981年《经济合同法》的出台。总体上看,这一时期我国没有真正的合同法。1949年新中国成立后,我国一直实行的是高度集中的计划经济体制。由于经济上的集中、政治上的集权,在长达30年的历史中,我国合同立法几乎一片空白。在这30年中,公有经济领域中的财产流转和个人消费品的分配,几乎完全依靠行政指令,而被压缩在极其狭窄范围内的个人财产流转则依然沿袭相传的习惯。在这30年中,也曾有过一段时间,经济政策稍为宽松,国家曾以行政条例和规章对合同作过一些规定。例如,从1950年至1956年,为了恢复国民经济,开展有计划的经济建设,适应当时多种经济成分并存的经济结构,国家在经济领域广泛实行合同制度。至1956年,中央各部委总共制定了40多件合同法规。在1956年12月完成的民法草案中,也设有合同通则性规定及买卖等16种合同。1958年以后,生产资料所有制的社会主义改造已经完成,我国实行集中统一的计划经济体制,作为商品交换法律形式的合同制度被取消。虽然从1961年开始,又把恢复和推广合同制作为调整国民经济的一项重要措施,并制定了许多合同法规,但1966年以后,合同制度再次被废弃。这种情况一直延续到1979年才开始出现变动。

第二个阶段,从1981年至1999年新的统一《合同法》颁行,是我国合同法发展历史上的三大合同法“三足鼎立”时期。1978年,党的十一届三中全会召开,从1979年起,我国实行对内搞活、对外开放的经济体制改革,国家提出由高度集中的计划经济体制向有计划的商品经济体制过渡的改革。于是,商品交易合法化,并逐渐进入人们的生活和生产经营活动中。为了调整国内商品交换关系的需要,1981年12月13日,我国制定了新中国成立以来有关合同的第一个法律——《中华人民共和国经济合同法》,迈出了用法律而不是用行政条例或规章来规定合同的可喜的第一步。此后,

国务院依据《经济合同法》,在1983年至1986年间,制定和批准发布了12个合同条例或实施细则,中央各部委也制定了许多有关合同的规章。《经济合同法》用以调整国内当事人之间的经济合同关系,满足对内搞活的需要,却无法满足对外开放的需要。随着我国对外开放,打开被关闭的国门,对外贸易日益频繁。在此背景下,1985年3月21日,我国制定了专门的《中华人民共和国涉外经济合同法》,仅适用于中国的企业和其他经济组织与外国的企业、其他经济组织及个人之间的商品交易关系。随着我国改革开放的不断深入,人们日益认识到科学技术的重要性,邓小平同志适时提出了"科学技术是第一生产力"的论断。与此相应,我国各地都纷纷建立了技术交易市场。有了技术市场,当然就存在技术合同,就需要有调整技术合同关系的法律。由于《经济合同法》并不调整技术合同关系,为了满足对技术合同关系调整的需要,1987年6月23日,我国又制定了专门的《中华人民共和国技术合同法》。至此,在我国合同法领域形成了《经济合同法》《涉外经济合同法》《技术合同法》三大合同法"三足鼎立"的格局。在此期间,我国于1986年4月12日制定了《中华人民共和国民法通则》。由于《民法通则》处于我国民法基本法的地位,对属于民事关系的合同关系当然具有适用的效力,故也属于我国合同法的构成部分。有人形象地将《民法通则》及三大合同法的格局描绘为"一马(《民法通则》)当先,三卒(三大合同法)鼎立在后"。

应该说,上述合同法律、法规的制定和实施,对规范和激励交易、维护交易安全和交易秩序起到了一定的作用,但亦存在明显不足。主要表现在:第一,这一合同法体系缺乏系统科学的合同总则性规定。《民法通则》中有关合同的内容过于简单,无法作为合同法的总则适用。实际上,《民法通则》对于三个合同法并没有起到"统"的作用。第二,内容规定的重复与冲突。一方面,三大合同法存在大量重复性规定,另一方面三部合同法针对的是三个不同种类合同关系,内容不一致,存在冲突和矛盾。第三,有违全国统一大市场对交易规则统一的要求。如上所述,三大合同法区分经济合同、涉外经济合同与技术合同进行分别立法,其间不可避免存在重复和冲突现象。其实,我国是单一制国家,统一的全国市场应当具有统一的交易规则,三大合同法的立法格局显然违背了这一要求。况且,经济合同、技术合同和涉外经济合同之间并不存在本质的区别,完全可以实现交易规则的统一。第四，合同规定的种类过少，亦不足以规范各种经济交往活动。第五，三部合同法对各种合同规定得过于简单，不仅当事人在订立和履行合同时难以适用，法院在处理合同纠纷时适用合同法也时常发生困难。除此之外，对国家计划的过分强调，对合同当事人的限制太多，立法技术上的不成熟，许多重要制度的遗缺，各法律法规之间的不协调，也是我国合同法制中存在的问题。

2.《合同法》的制定

由于三大合同法“三足鼎立”体系的不足，不断有学者和立法者提出完善我国合同法体系的问题。如何完善？有三种主张：一种主张提出分别修改三大合同法，继续维持三大合同法基本格局；第二种意见是制定统一的《合同法》，废止三大合同法，待将来时机成熟时，再将合同法归入《民法典》之中；第三种意见是主张一步到位，直接制定我国的《民法典》，将对合同的规范置于《民法典》之中的“债法”编中。最后，立法机关选择了折中的第二种方案，从 1993 年起，一方面着手对《经济合同法》的修改，另一方面开始《合同法》的制定工作。

1993 年 9 月 2 日，立法机关通过《关于修改〈经济合同法〉的决定》，完成对《经济合同法》的修改。修订后的《经济合同法》修改了立法目的，将其适用范围扩大到法人、其他经济组织、个体工商户、农村承包经营户之间；废除了由行政机关确认合同无效的制度，简化了处理经济合同纠纷的程序。对于其他内容，则无大的变动。修订后的《经济合同法》虽然有一些改进，但仍和发展现代市场经济不相适应，特别是修订后的《经济合同法》仍未完全解决“三足鼎立”带来的问题和矛盾，制定统一的《合同法》成为完善合同法制的迫切任务。社会与现实对合同立法的要求越来越高。首先，现代化的市场经济要求市场交易规则和标准的统一，而三部合同法仍存在内容不一致、结构不一致，基本原则和制度上存在很大差别的问题，无法与全国统一的大市场的交易要求相衔接和交融，一旦出现纠纷将很难进行合理的裁决。由此，合同法的统一是大势所趋。其次，建立社会主义市场经济模式对法制的另一个要求是实现合同规则即交易规则的科学化。法律是一个严谨的科学体系，是一个逻辑结构的整合，它由概念、原则、制度组建而成。每一个条文、规则都有自己的构成要件和明确的法律效果。人民法院或仲裁机构在裁判案件时，通常情况下，都是把案件事实查明以后和法律规定加以对照，如果符合某个法律规则的构成要件，即可按照逻辑推理作出判决，达到法律规定的效果，这便是法律的可操作性，也是合同法科学性的集中体现。另外，市场经济对法制还有时代的要求即现代化问题。已有的三部合同法，包括修订的《经济合同法》在内，有些规定仍沿袭着苏联的立法和理论，它反映的是过去高度集中的计划经济的特征；有些制度则反映的是不甚发达的市场经济规则，比如19世纪的市场经济规则。而现代的市场经济，从世界范围来看，在第二次世界大战以后有了高度的发展。合同法发展也是惊人的，产生了许多新的规则、制度。我们现在立足于建设与国际市场接轨的现代市场经济，当然就要求我们在交易规则上与发达国家尽可能一致起来。因此，合同法的现代化，就是要吸纳新的、反映现代市场经济要求的共同交易规则。归结起来，制定新的统一合同法当然是要满足交易规则的统一化、合同法立法技术内容的科学化和现代化的要求，这是由我国建立社会主义市场经济体制和发展中的市场经济本身所决定的。正如全国人大常委会法工委主任顾昂然在九届人大二次会议上所说：随着改革开放的不断深入和扩大，经济、社会的不断发展，这三部合同法的调整范围和有些规定不能完全适应了，需要根据发展社会主义市场经济的要求，制定统一的合同法。

《经济合同法》修订后不久，全国人大法工委召开了一个专家研讨会。与会专家一致认为，起草统一合同法的时机已经成熟，建议先由专家学者提出一个立法方案并承担草拟工作。1993年10月，合同法立法方案经讨论出台，其内容包括立法指导思想、调整范围及与其他法律的关系、基本结构及起草提要、起草的技术性要求等。1994年2月，由全国人大法工委邀请了10多所高校、研究机构的专家教授论证，通过了此方案并着手分工起草。1995年初，中国社会科学院法学所、北京大学、中国人民大学、武汉大学和司法部所属5所政法大学等12个单位的学者完成了《中华人民共和国合同法(试拟稿)》的起草工作，并将此提交全国人大法工委，计34章528条，内容非常丰富，是我国规模最大的法律草案。1995年7月13日，全国人大法工委民法室在前草案讨论和参考意见的基础上，起草了合同法试拟稿(第二稿)，共41章511条。此后，又于1996年6月7日完成了第三稿试拟稿。1997年5月20日法工委办公室将第四稿合同法草案(征求意见稿)发送各地各部门广泛征求意见。值得一提的是，1998年9月

5日、9月7日《法制日报》《人民日报》分别刊登了合同法草案第五稿全文。公布法律草案进行"全民公决"并不是我国立法的必经程序，将一个尚未生效的法律草案公诸报端，给公众提供一个实实在在的参与立法的机会，这一举措本身蕴涵着巨大而又深远的意义。

经过数年的起草与修订，1999年3月15日九届全国人大二次会议审议并正式通过了《中华人民共和国合同法》（以下简称《合同法》），于1999年10月1日正式生效。

3.《合同法》的内容体系与主要特点

《合同法》的立法体例充分借鉴和吸收了成文法法典化的模式，由总则、分则和附则三部分构成，共23章428条。其中，总则的全部内容均为交易活动的一般性规则，包括一般规定、合同的订立、合同的效力、合同的履行、合同的变更与转让、合同的权利义务终止、违约责任和其他规定共8章129条；分则分别规定了买卖合同，供用电、水、气、热力合同，赠与合同，借款合同，租赁合同，融资租赁合同，承揽合同，建设工程合同，运输合同，技术合同，保管合同，仓储合同，委托合同，行纪合同，居间合同等15种有名合同，计15章298条；附则1条，仅涉及施行及废止条款。根据《合同法》附则的规定，自1999年10月1日《合同法》正式施行起，我国《经济合同法》《涉外经济合同法》《技术合同法》同时废止。

《合同法》的起草工作历时近5年之久，调研广泛，参与者众多，立法民主，其间六易其稿，可谓来之不易，表明了国家对深化经济体制改革和保障经济运行正常秩序的高度负责态度。纵观我国《合同法》立法程序和具体内容，该法有如下几个主要特点①：

(1)从实际出发，总结与借鉴吸收相结合的原则明晰、突出。整部合同立法充分考虑了中国改革开放和发展社会主义市场经济、建立全国统一的大市场及与国际市场接轨的实际；总结了中国合同立法、司法实践经验和理论研究成果；广泛参考借鉴了市场经济发达国家和地区立法的成功经验和判例学说，尽量采用反映市场经济客观规律的共同规则，并注意了与国际公约和国际惯例协调一致等重大问题，内容上较过去三部合同法，在立

① 以下内容参见陈小君主编：《合同法学》，中国政法大学出版社2002年版，第15—17页。

法技术、规范用语、内容协调上都较为充分地体现了先进性与科学性。尤其是总则部分作为立法的重点,科学总结和概括出了各类合同的共性、规律性的内容,拟出了一个既承继历史经验,又反映时代精神的合同基本准则,从总则的框架、结构到具体法条,都与世界先进立法和相关的国际公约保持了基本一致与趋同,有利于中国的对外开放。

(2)鼓励交易与意思自治的理念明确、充分。合同法是民法的组成部分,主要是保护"私"权利,私法观念的要求较高。《合同法》充分考虑了保障市场交易,拉动经济增长的需求,在鼓励交易、指导交易的同时,注重体现当事人意思自治的现代私法理念。许多条文明确反映了在不违反法律和公序良俗的前提下,保障当事人享有充分的合同自由,不受行政机关及其他组织干预的思想。非基于重大的正当事由,不得对当事人的合同自由予以限制。

(3)该法制定和实施的时代特点显著、集中。这部合同法的制定和实施,基本是处在计划经济体制向市场经济体制过渡,同时又要毫不犹豫地向市场经济坚定迈进的时期。此时法律的制定,既应考虑到过渡时期的特点,又要兼顾该法能适应中国建成社会主义市场经济后对法律调整的要求,难度较大。但是,新《合同法》较好地处理了时代的矛盾问题,即与旧法衔接问题,既注意了适应新情况、新形势、新特点,体现改革创新精神;又注意了承上启下,保持法律的连续性、稳定性。例如,与《民法通则》基本原则保持统一,总则中合同成立程序、合同履行中抗辩权的规定、合同保全的内容、违约责任的归责原则又都吸纳了世界通行的合同法则,对巩固发展市场经济大有助益。

(4)经济效率与社会公正、交易便捷与交易安全的价值取向相互兼顾。这一特点可以从众多的法律条文中反映出来,如合同订立形式和格式合同的规定就考虑到了交易便捷与经济效率问题,而缔约过失责任条款、合同效力的若干条款和违约责任规定则注重了社会公正与交易安全问题,这两方面的规范交相呼应、全面照应,既有利于提高效率,促进生产力的发展;又有利于维护社会公益,保护消费者、劳动者权益,保护自然人、法人合法权益,维护市场经济的道德秩序,不允许靠损害国家、社会利益,损害民众利益而发财致富;既体现了现代化市场经济对交易便捷的要求,力求简便和迅速,又体现了不可因此损及交易安全和交易秩序。

(5)普遍化的合同制度与类型得到了全面规制，操作性强。新《合同法》注重了法律的规范性和可操作性，重要条文繁简比较适当，概念定义较为准确，如合同的概念、不可抗力概念、违约责任概念等，对有适用范围、构成要件和法律后果的制度，尽可能作了明确规制，有利于《合同法》在实务中的运用，如合同权利义务的终止、合同的转让、合同约定内容不明的履行、买卖合同的交付等。此外，合同法将过去零乱分散的合同制度进行了科学的整合，在丰富发展的同时，也理顺了各种经济关系，避免了合同法律关系趋于复杂与混乱，有利于保障债权人的利益，符合新世纪合同法统一化的发展潮流。

(6)新的法律框架科学、严谨，各种新制度构筑完备。为充分保证合同法能发挥对百姓生活、企业经营以及市场经济发展的重要作用，新《合同法》的法典化框架模式与以往我国几部合同法均有不同，它科学地分为总则、分则、附则三大部分，但以总则、分则为主要内容，分别规范了合同的共性问题和基本规则；规范了成熟的15种具体有名的典型合同类型。其中，有利于保障合同当事人权益、有利于经济发展、保障交易的新的制度在各章均有明显反映。例如，要约承诺规则、前契约义务、后契约义务、代位权、撤销权、抗辩权、法定解除权等，严格责任原则、违约损害赔偿规则、责任竞合等。分则中规定了一些新型合同，如居间合同、行纪合同、委托合同、融资租赁合同等。此外，与《合同法》适用和与司法密切相关的内容也融入了法条中，如无名合同的法律适用、合同的解释、合同纠纷处理程序、其他行政机关对违法合同行为的处理原则等。这些，都充分体现出这部现代合同法统一、完备、新颖、科学的特色。

(7)立法技术不断提高，立法语言日趋规范。《合同法》在建构和设计中，立法技术较过去计划经济时期有了很大改变，立法体例沿袭了传统民法的样式，但不失科学性、规范性；立法内容的归纳分布和条目的排列基本上依从了从一般到特殊、从抽象到具体的逻辑顺序；概念准确，沿用了许多合同法的固有术语，使用同一概念时，在内涵及外延上保持了一致。在立法语言上，通俗而不失规范，易懂而不失严谨，用语较为准确、清晰，繁简适当，文字流畅。特别值得一提的是，在起草合同法草案第一稿(学者建议稿)时，大家一方面比较严格地依据了立法方案的要求，条文规整、逻辑性强；另一方面，每一个条文都拟定了相应的立法理由，为后来的立法工作在技术上的操作提供了较大的便利，也显示了立法的较高水平。

4.《合同法》的适用范围

《合同法》是我国现行的合同基本法。根据《合同法》及有关司法解释的规定，《合同法》的适用范围是：

第一，从主体看，《合同法》适用于平等主体的自然人、法人、其他组织之间所订立的合同。因此，非平等主体之间所订立的合同，不适用《合同法》。

第二，从合同种类看，《合同法》只适用于以民事权利义务为内容的民事合同，而不适用于非以民事权利义务为内容的合同，如行政合同、劳动合同、国家合同等。民事合同以其内容看，可以分为财产性合同与非财产身份性合同。根据《合同法》第 2 条第 2 款的规定，诸如婚姻、收养、监护等有关身份关系的协议不适用《合同法》，而适用其他有关的法律。因此，《合同法》只适用于财产性的民事合同。另外，由于我国以《合同法》实现了合同法的统一，将涉外合同和技术合同统一纳入其中，并且不再保留"经济合同"的立法概念，因此，《合同法》既适用于一般财产性民事合同，也同时适用于技术合同和涉外合同。

第三，从时间上看，《合同法》原则上只适用于其生效以后订立的合同。但根据《合同法司法解释（一）》的有关规定，以下情况下可作特别适用处理：①《合同法》实施前成立的合同发生纠纷起诉到人民法院，当时法律没有规定的，可以适用本《合同法》；②《合同法》实施前成立，但于《合同法》实施后履行或者其履行期跨过《合同法》实施之时的，应适用《合同法》第四章关于合同履行的规定；③《合同法》实施前成立，依当时法律应确认为无效，在《合同法》实施后审理，而按《合同法》不为无效，则应适用《合同法》。

（二）《民法典》合同编

1.《民法典》合同编的编纂

编纂一部真正属于中国人民的民法典，是新中国几代人的夙愿[①]。合同编作为《民法典》极其重要的一编，其制定过程与我国民法典编纂的过程

① 王晨：《关于〈中华人民共和国民法典（草案）〉的说明——2020 年 5 月 22 日在第十三届全国人民代表大会第三次会议上》，载《中国人大》2020 年第 12 期。

休戚与共。1954 年、1962 年的前两次民法制定工作因为各种原因，未能取得实质成果。1979 年第三次民法典制定工作启动，在我国刚刚改革开放、民法典编纂条件尚不成熟的情况下，全国人大法制委员会确定了“成熟一个通过一个”的思路，决定先制定民事单行法。我国《合同法》就是在这种立法思路的指导下制定的。以 2001 年第九届全国人大常委会组织起草《中华人民共和国民法(草案)》为标志，我国开启了第四次民法制定工作。然而，该草案并未通过审议，我国民事立法仍然采取制定民事单行法的立法思路，先后制定了《物权法》《侵权责任法》等法律。这四次民法制定工作并未编纂出一部民法典，但是《合同法》《侵权责任法》等民事单行法的制定为编纂民法典奠定了基础。

2014 年 10 月，党的十八届四中全会明确提出要编纂民法典。2015 年 3 月，全国人大常委会法制工作委员会启动民法典编纂工作。2017 年 3 月《民法总则》由第十二届全国人民代表大会第五次会议审议通过，完成了民法典编纂工作的第一步。《民法总则》通过后，第十二届、十三届全国人大常委会开展作为民法典编纂第二步的各分编编纂工作，以现行合同法、物权法、担保法、侵权责任法等民事单行法为基础，结合我国经济社会发展对民事法律提出的新需求，形成了包括合同、物权、侵权责任等 6 个分编在内的民法典各分编草案，提请 2018 年 8 月召开的第十三届全国人大常委会第五次会议审议。其后，2018 年 12 月，2019 年 4 月、6 月、8 月、10 月，第十三届全国人大常委会第七次、第十次、第十一次、第十二次、第十四次会议对民法典各分编草案进行了拆分审议，对包括合同编在内的全部 6 个分编草案进行了二审。之后，将《民法总则》与经过常委会审议和修改完善的民法典各分编草案合并，形成《中华人民共和国民法典(草案)》，提请 2019 年 12 月召开的第十三届全国人大常委会第十五次会议审议。《民法典》(草案)经全国人大常委会审议后，全国人大常委会办公厅将草案印发给十三届全国人大代表，部署组织全国人大代表研读讨论民法典草案工作，征求代表意见。同时，法制工作委员会还将草案印发地方人大、基层立法联系点、中央有关部门征求意见，并在中国人大网公布征求社会公众意见。法制工作委员会还在北京召开多个座谈会，听取有关部门、专家的意见。之后，全国人大常委会决定将《民法典》(草案)提请十三届全国人大三次会议审议。

2020 年 5 月 28 日，十三届全国人大第三次会议通过《中华人民共和国民法典》，由中华人民共和国主席习近平签发第四十五号主席令公布，自2021年1月1日起施行。至此，《民法典》合同编正式颁布。

2.《民法典》合同编的内容体系与主要特点

《民法典》合同编在《合同法》的基础上，吸收了我国合同法学理论研究的成果，总结了我国合同法律司法实践的经验，对合同法律制度进行了重大修改完善，增加了137条，删除了25条，修改了260条，将我国的合同立法提升到一个新的高度。

(1)《民法典》合同编的内容体系

合同编分为通则、典型合同和准合同三个分编，共29章526条，条文数量和篇幅占了整个民法典的半壁江山。

第一分编通则共8章132条，是关于合同的一般性规则，包括一般规定、合同的订立、合同的效力、合同的履行、合同的保全、合同的变更与转让、合同的权利义务终止、违约责任。前四章虽然与《合同法》前四章的名称完全相同，但是内容上有所完善。例如，在第468条规定了非合同之债的法律适用，使通则的一般规定能够在一定程度上发挥债法总则的功能；在第471、491、495条分别增加以其他方式缔约、互联网交易合同成立时间、预约合同的规定，完善了合同订立规则；删去《合同法》第51条关于无权处分的规定，并在第505条明确超越经营范围签订的合同原则有效，明晰了合同效力规则；在第515条增加合同选择之债的履行，通过第522、524条增加第三人合同履行规则，在第533条补充情势变更制度，完善了合同履行规则。原第四章合同履行中的代位权和撤销权分出独立为第五章"合同的保全"，在第536、538、539条扩大代位权和撤销权的适用范围，使合同保全制度更加完备。第六至八章与《合同法》第五至七章的名称保持一致，内容上同样有所更新。例如，在第545、547条细化了债权转让的规则，通过第552条补充了债务加入规则；在第560条增加了债务清偿的抵充规则，在第561条新增主债务及利息和有关费用的清偿顺序，通过第564、565条进一步完善合同解除制度；在第586—588条吸收《担保法》的定金规则，完善违约责任。将《合同法》第八章"其他规定"删除，并根据民法典体系科学性的要求，将其部分内容修改后纳入《民法典》总则编和本分编的其他章中。例如，《合同法》第127、129条的内容被删减后分别作为《民法典》第534、594条置于本分编第四、八章中。

第二分编典型合同共19章384条，分别规定了买卖，供用电、水、气、热力，赠与，借款，保证，保理，租赁，融资租赁，承揽，建设工程，运输，技术，保管，物业服务，仓储，委托，行纪，中介，合伙等19种有名合同。其中，第十三章保证合同的规定主要源于《担保法》，第十六、二十四、二十七章规定的保理合同、物业服务合同和合伙合同是《民法典》新增的有名合同，其余15章所规定的15种有名合同均来自《合同法》。本分编除新增4种有名合同外，对《合同法》分则原有15种有名合同的相关规定也进行了修改完善。例如，完善了买卖合同规则，包括增加无权处分的买卖合同效力（《民法典》第597条），完备检验期间、内容和标准的相关规定（《民法典》第622—624条），新增试用买卖中风险负担、同意购买和费用负担的规定（《民法典》第638—640条）；在供电合同中，增加了向社会公众供电的供电人的强制缔约义务（《民法典》第648条第2款）、供电人中止供电的事先通知义务（《民法典》第654条第2款）；在赠与合同中，将“助残”纳入不可撤销赠与合同的范围中（《民法典》第658条第2款）；在借款合同中，明确禁止高利放贷（《民法典》第680条）；将第二十六章的“居间合同”更名为“中介合同”，等等。

第三分编准合同共2章10条，分别规定了无因管理和不当得利。这两章的内容分别来源于《民法通则》第93条和第92条，与《民法典》总则编第121条和第122条相衔接。我国《民法典》不设债编，将合同与侵权责任各自独立成编，造成了“难以安置无因管理、不当得利”的问题。考虑到无因管理和不当得利这两种法定之债的特殊性，《民法典》合同编设“准合同”分编专用于安置无因管理和不当得利。尚须注意的是，准合同并非合同。因而，在合同编中，可适用于准合同和合同的共同规则，条文中采用“债”“债权”“债务”表述；仅得适用于合同之债的规则则采用“合同”“合同权利”“合同义务”的表述[①]；对于专门适用于无因管理、不当得利的规则，则分别规定于第二十八章和第二十九章中。

（2）《民法典》合同编的主要特点

相较于《合同法》，我国《民法典》合同编内容更加明确、充实，体系更加

① 参见黄薇主编：《中华人民共和国民法典合同编释义》，法律出版社2020年版，第2页。

清晰、完备。这种新变化的主要特点可以总结为如下五个方面①：

一是逻辑自洽与实践有效结合。合同编在形式上符合民法典对于合同法律制度构造的基本要求，保持框架结构与条文衔接的逻辑自洽的同时，在保留《合同法》绝大部分内容的前提下，吸收了《合同法司法解释（一）》《担保法司法解释》《买卖合同司法解释》《民间借贷规定》等司法解释的内容，将长期实践总结的有效规范上升为法律规则，形成兼具科学体系与实践效用的规则体系。例如，基于债法理论以债的发生原因，将债分为合同之债、无因管理之债、不当得利之债和侵权责任之债，并且在合同与侵权责任各自独立成编的前提下，一方面吸收司法解释的内容，增加多数人之债规则（《民法典》第517—521条）、完善债权债务转移制度（《民法典》第545—553条），使第一分编通则能够适用于无因管理之债与不当得利之债，在实质上发挥债法总则的功能；另一方面，专设第三分编准合同分别专章规定无因管理和不当得利，与《民法典》总则编相衔接，使合同、准合同、侵权责任形成一个理论逻辑自洽而又具有司法实践功能的债法体系。

二是传统性与现代性相统一。合同编作为“社会生活的百科全书”的《民法典》中占比最大的一编，历久弥新，既具有从传统民法理论继承而来的价值理念、基本制度与具体规则，也回应人民群众的发展吁求，增补顺应现代化需要的新理念、新制度和新规则。例如，《民法典》首次确立了绿色原则（《民法典》第9条），这一原则既是对人与自然和谐相处的传统思想观念的传承，也反映了现代社会绿色发展的新理念。合同编不仅在第一分编通则确立了“应当避免浪费资源、污染环境和破坏生态”的合同履行规则（《民法典》第509条），也在第二分编典型合同中新增了“依照法律、行政法规的规定或者按照当事人的约定，标的物在有效使用年限届满后应予回收的，出卖人负有自行或者委托第三人对标的物予以回收的义务”（《民法典》第625条）等落实绿色原则的合同义务规则。此外，为适应网络信息技术时代的互联网购物、网络技术许可等新型交易方式，合同编新增了电子合同履行规则（《民法典》第512条）、技术许可合同制度（《民法典》第862条第2款、第864条、第871—874条）。

---

① 以下部分内容参见林文学：《〈民法典〉合同编新规定及其适用》，载《法律适用》2020年第19期。

三是本土性与国际性相结合。合同编不仅系统整合了《合同法》《担保法》以及相关司法解释长期实践形成的本土性合同法治资源，而且在《合同法》吸收借鉴国际立法经验实现我国合同立法与国际接轨的基础上，更加广泛地参考借鉴市场经济发达国家和地区合同立法的最新有益成果(如最新修订的《法国民法典》《德国民法典》以及《欧洲合同法原则》)，注重与《联合国国际货物销售合同公约》《国际商事合同通则》《国际贸易术语解释通则》等国际公约和国际惯例的最新内容协调一致。这使得我国《民法典》合同编进一步补充完善了合同法律制度，既能够反映我国社会主义市场经济的客观规律，也与国际先进的合同立法基本一致并趋同发展，为国际国内双循环相互促进的新发展格局提供了合同法治保障。以合同编新增的保理合同为例，合同编第761条对保理合同的界定与《国际保理公约》第1条、《国际保理通则》第1条的内容基本一致，既有助于解决我国企业融资难、融资贵问题，促进实体经济发展，也有利于我国企业在国际市场上拓展新兴的国际债权融资结算模式，提升国际贸易水平。

四是当事人合同自由与国家适度干预相统一。首先，合同编作为《民法典》的重要组成部分，性质上属于私法，在《合同法》的基础上深化了合同自由的现代私法理念，防止公权力对于合同当事人意思自治的不当干预。其次，合同编也基于合同正义观念，为公权力在必要时适度干预当事人合同自由赋予正当性，体现出对于国家利益、社会公共利益和正常交易秩序的维护。最后，合同编以权利为本位，注重平衡公权力与私权利之间的关系，为二者划分合理的界限，充分尊重当事人的合同自由，将国家适度干预限于重大的正当事由。例如，合同编一方面对《合同法》第127条进行了较大幅度地修改，将修改后的内容作为第534条，置于"合同的履行"章中，突出对当事人合同自由的保护；另一方面，在第494条明确了当事人在国家根据抢险救灾、疫情防控或其他需要下达国家订货任务、指令性任务，以及依照法律、行政法规的规定所负有的强制缔约义务。

五是合同的形式公平与实质公平相结合。根据《民法典》第4条的规定，合同主体的法律地位一律平等，合同法平等保护各方合同主体。第6条明确了公平原则，强调应当合理确定各方的权利和义务。但是，法律地位平等并不能完全消弭合同主体之间因为经济实力、社会地位、缔约能力不同造成的强弱势地位差别。一旦合同主体的强弱势地位过于悬殊,强势一方就可能将自己的意志强加于弱势一方,导致合同当事人的权利和义务失衡,形成实质上的压迫,有违实质公平。因而,合同编在对合同主体平等保护的前提下,根据公平原则的要求,注重完善对弱者倾斜保护的规则体系,如完善格式条款无效的情形(《民法典》第497条),确定“试用期内出卖人承担风险”规则以更好地保护消费者权益(《民法典》第640条),新增向社会公众提供电、水、气、热力的供应方的强制缔约义务(《民法典》第648条第2款),赋予房屋承租人在同等条件下的优先承租权(《民法典》第734条)等,以实现合同主体的实质公平。

五、合同法的基本原则

合同法的基本原则是指贯穿于整个合同法律制度的指导思想和根本法律准则。合同法的基本原则是合同法的精神和灵魂的集中体现。根据《民法典》有关民法基本原则的规定和学界的理解,合同法的基本原则有平等原则、合同自由原则(自愿原则)、公平原则、合法原则和公序良俗原则、诚实信用原则、绿色原则。

1. 平等原则

平等原则是指在合同法律关系中当事人的法律地位平等。根据平等原则的要求,在合同实践中,虽然当事人的职务级别、文化教育程度或者经济实力可能存在差别,甚至很悬殊,但双方在合同关系中的法律地位是平等的,任何一方不得将自己的意志强加于另一方。

2. 合同自由原则

合同自由原则也称为契约自由原则,我国《民法典》第5条称之为“自愿原则”,它是合同法中最基本、最重要的原则之一。一般认为,合同自由原则的内容包括五个方面,即是否订立合同的自由、与谁订立合同的自由、确定合同内容的自由、选择合同形式的自由以及依法变更和解除合同的自由。契约自由原则萌芽于罗马法,形成于近代时期,在近代资产阶级民法中被奉至神圣的地位,但在现代受到了来自合同实践和立法等各方面的冲击,呈不断衰落之势。我国《民法典》合同编在第一分编通则的合同订立、效力、履行、变更和转让、权利义务终止、违约责任部分及第二分编典型合同的各种典型合同相关规定中均体现了这一原则的精神。

3. 公平原则

《民法典》第 6 条规定："民事主体从事民事活动，应当遵循公平原则，合理确定各方的权利和义务。"这一规定是民法典对合同法公平原则的明确肯定。公平的观念是全部法的基本价值观，更应该是以商品交易作为规范对象的合同法的基本价值观。公平原则要求当事人在整个合同交易中尽量做到权利义务对应，公平买卖，公平交易。

4. 合法原则和公序良俗原则

《民法典》第 8 条规定："民事主体从事民事活动，不得违反法律，不得违背公序良俗。"合法原则可以理解为合同法的"底线"原则，即最基本的原则，因为这是主权国家对其国民从事合同交易的最起码的要求。根据合法原则，当事人从事合同交易时，不仅要主体合法，还要内容合法、形式合法、程序合法，否则将会影响其合同的效力。公序良俗包括公共秩序和善良风俗，是现代合同法一项重要的基本原则，《法国民法典》第 6 条和《德国民法典》第 138 条都对公序良俗原则进行了规定。根据公序良俗原则，违反公共秩序或者善良风俗的合同无效。

5. 诚实信用原则

诚实信用原则被学界奉为民法的"帝王"原则，当然也是合同法的基本原则。诚实信用原则是人类诚实信用的基本道德准则在法律上的体现。诚实信用原则内容极其丰富，适用弹性很大。但简单地说，可以将其内容归纳为两个方面，一是诚实而不欺，另一是守信用，即严格践行诺言。我国合同法在各个部分的规定中都贯彻了诚实信用原则的精神。《民法典》第 7 条对此予以明确规定。

6. 绿色原则

《民法典》第 9 条规定："民事主体从事民事活动，应当有利于节约资源、保护生态环境。"绿色原则是民法的基本原则，也是合同法重要的基本原则。合同编明确合同履行"应当避免浪费资源、污染环境和破坏生态"(《民法典》第 509 条)、旧物回收的后合同义务(《民法典》第 558 条)、出卖人的标的物回收义务(《民法典》第 625 条)等相关规定是绿色原则的具体体现。

六、合同法的形成和发展

合同法是调整合同关系的法律规范。合同是商品经济的产物，是与商品交换相伴而生，相伴而发展的。考察合同立法及实践的历史可以发现，合同法的形成和发展大致经历了三个时期。

(一)古代合同法

古代时期包括原始时期、奴隶制时期和封建时期。这一时期由于社会经济不发达，商品交换有限，所以调整商品交换的规则简陋，不存在近现代意义的合同法。因此，在古代合同法时期，虽然也诞生了简单商品生产条件下最完备的罗马法，但由于这个时期的任何法必然受制于它特定的经济基础，于是也就不可能把合同法推向一个超脱或跨越时代的较高层次。尽管罗马法在古代已有了各种合同的若干规则，与其他国家比较有了相当的发展，甚至对现代合同法产生了重大影响，但整个古代合同法是落后的，包括罗马法在内的合同法尚未达到真正的系统、完备的理论水平，更与现代合同法精神相去甚远。

古代合同法具有以下共同特点：其一，合同主体受到严格限制，范围狭窄。在奴隶社会，奴隶如牛马、工具和物品属主人所有，只是合同的标的物，任其买卖或租赁；合同主体只限于奴隶主和自由民。家庭中，法律也仅赋予家长享有订立合同的权利。在封建社会的“家长”制下，农民附属于封建土地的所有者，家属附属于家长，没有独立的人格，无权进入市场进行商品交换。其二，合同形式复杂，程序烦琐。当时的商品经济不甚发达，在商品交换中，当事人特别关心交易的安全与可靠，尽可能切实地取得财产。因而，合同的手续或形式甚至比当事人间的合意重要得多。古代的汉谟拉比法典规定，在某种场合下，没有书面契约而取得财产的被当作犯罪。而“单纯的契约不能发生诉权”甚至是罗马法的一个原则，由此订立合同的形式十分严格。我国古代也不例外，《周礼·天官·小宰》曰“听称责以傅别”，“听取予以书契”，“听卖买以质剂”，其中“傅别”“质剂”“书契”均为借贷、买卖等关系不同的书面合同形式。

(二)近代合同法

合同法虽然产生于简单商品经济,但其真正发育成长却是在近代时期完成的。在近代时期,资产阶级夺取政权后,商品生产和商品交换蓬勃发展,在经济上奉行自由放任主义,在法律上推崇私法自治为指导原则,导致了资本主义的近代合同制度的空前繁荣。

17～18 世纪是自由资本主义阶段,自由竞争替代了古老的传统束缚,为了和封建等级特权抗衡,资本主义的思想家推崇的个人主义、自由主义哲学、放纵主义经济和自然法学都在这个时期发展到顶峰。历史把所有权神圣不可侵犯、契约自由和过错责任原则推到了全部民法(私法)的基础地位上。为此,合同自由就成为合同法上的铁律。“从身份到契约”,这意味着现在任何人均可通过自由的合同关系创造一切,人人有为自己缔结合同的不可剥夺的权利,法律应尽可能少地干预人们的活动。合同关系遍及于社会各个角落。根据契约自由的私法原则,订立合同自由,选择对方当事人自由,决定合同内容自由,合同方式自由,协议变更合同自由。相比之下,法律甚至法官起的作用都是次要的、消极的,它们的主要作用是使人们能够实现自己的意志,不受政府干预,或在一方当事人违反了缔约规则或不履行义务时帮助救济另一方,仅此而已。为此,合同当事人的真实的意思自治置于至高无上的地位。契约自由原则对促进资本主义商品经济的竞争和繁荣功不可没。可以说,合同自由和合同神圣是近现代合同法不可动摇的基石,是近现代合同法的灵魂,体现了现代合同法的价值。

(三)现当代合同法

19 世纪末 20 世纪初,随着工业革命的完成,世界历史进入现当代时期。这个时期,资本主义内在的缺陷,导致资本主义周期性经济危机频繁发生,社会各阶层之间利益冲突表面化、白热化。为协调这种利益冲突,克服频繁和严重的经济危机,维持良好的经济秩序与交易安全,统治者在主客观上都不得不对交易自由进行限制,契约自由原则在立法上、司法上和契约的实践中均受到了修正和束缚,由此带给合同法的冲击是强有力的。首先是合同内容得到了前所未有的拓展,合同法调整社会交易关系的涵盖面宽广了许多,如资本主义国家在第一次世界大战以后出现了继续供应、分期付款、租售、售货机买卖等新的合同形式，出现了因旅游、科研、技术转让等引发的交易；国际贸易中许多新型的合同形式也纷纷出台。其次，垄断经济导致了合同的格式化趋势，单方条款置对方当事人于无可选择的地位，近代合同法建立的朴素的公平性受到损害。此外，国家对合同关系的干预在合同法领域和其他方面均有加强。例如，大陆法系国家的司法上出现了诚实信用原则、情势变更原则，英美法系国家有了合同落空规则，学理上则出现了"审判官形成权"的理念，这些都使法官取得了近似于变更或解除合同的司法裁量权。契约即法律的观念被冲淡了，合同自由原则受到了怀疑，甚至有人惊呼"合同死亡了"。从近现代到当代，对合同自由的限制逐渐在各国中成为普遍的事实，表明了国家在法律上对经济活动的干预，法律开始注重保护经济上处于弱势的个人及中小企业的利益。这种干预当然缘于维护各国所有制的需要。随着现代科技的日益进步，可以想见，合同法作为调整合同交易关系的法律，也必将随之变化和发展。

第二章　合同的订立

一、合同订立的基本程序

合同产生于订立，无合同的订立则无合同。合同的订立是一个动态的过程，这一动态过程可以分为缔约准备和实质缔约两个阶段。在缔约准备阶段，当事人主要为进入实质缔约进行准备，如发出要约邀请等。从合同实践看，并非所有的合同都必须经过缔约准备阶段，但所有的合同都必须经过实质缔约阶段。实质缔约的过程，实际就是要约和承诺的过程。因此，从合同订立的程序或步骤看，其基本的就是要约和承诺。

（一）要约

1. 要约的概念和构成要件

根据《民法典》第 472 条的规定，要约是指希望和他人订立合同的意思表示。其中，发出希望和他人订立合同的意思表示的人称为要约人，接受该意思表示的人称为受约人（或受要约人）。在对外贸易及商业习惯中，要约也被称作发价、发盘、报价等。

当事人的一项意思表示若要成为一项有效的要约，必须同时具备以下条件[①]：第一，要约的主体必须是特定的。要约作为一项意思表示，其目的在于引出受约人答复和承诺以订立合同。这就要求作出要约意思表示的主体必须是特定的、确定的，否则，相对人无法作出承诺，不能成立合同。第二，要约的意思表示中包含要约人希望进行交易的主要条件（即主要内容），且该内容应明确、具体。如果要约的意思表示中欠缺交易的主要条件，或者内容模糊不清，则相对方难以作出承诺，不能成立合同。第三，要

---

① 关于要约的构成要件，学界有两要件说、三要件说、四要件说和五要件说等多种主张。我们赞成三要件说。

约的意思表示中必须包含该意思表示人希望和他人订立合同的主观愿望。该缔约愿望可以是明示的,也可以是虽然未明示,但明显可以推断出。如果该意思表示不愿订立合同或者明显包含有不愿订立合同的意思,则即使前面两个条件均具备,也不能认定为一个有效的要约。

与要约非常相近的一个概念是要约邀请。要约邀请是指希望他人向自己发出要约的意思表示。要约与要约邀请均为一种意思表示,均与合同的订立有关。两者的区别主要是:其一,目的不同。要约的目的是引出承诺,而要约邀请的目的是引出要约。其二,对内容的要求不同。要约的意思表示中必须包含交易的主要条件,且应当明确、具体,而要约邀请的内容则不明确、不具体。其三,所处阶段不同。要约是合同订立的实质阶段,而要约邀请是合同订立的准备阶段。在实践中,比较常见的要约邀请有商业广告和宣传(但若其内容符合要约条件的,构成要约)、拍卖公告、招标公告、招股说明书、债券募集办法、基金招募说明书和寄送的价目表等(《民法典》第473条)。关于悬赏广告的性质,存在要约说、要约邀请说和单方行为说等不同认识①。《民法典》虽然未明确界定悬赏广告的性质,但是在第499条规定"悬赏人以公开方式声明对完成特定行为的人支付报酬的,完成该行为的人可以请求其支付"。目前司法实践中和学理上较为一致的观点是要约,而不是要约邀请。

2.要约的效力与生效时间

要约的效力,即要约的法律效力,亦即要约对要约人和受要约人的法律约束力。

首先,要约对要约人具有法律约束力。表现在要约一旦生效,则要约人即受其约束,不得擅自撤回、撤销要约,或者对要约内容加以改变,否则,要约人应承担相应的责任。

其次,要约对受要约人的效力。表现在要约一经生效,则受要约人即获得了作出答复、进行承诺的权利。需要说明的是,虽然说要约对受要约人也具有约束力,但它实际上表现为赋予受要约人进行答复和承诺的权利。作为权利,受要约人可以行使,也可以不行使,即受要约人可以进行答

① 姚明斌:《〈民法典〉第499条(悬赏广告)评注》,载《南京大学学报》(哲学·人文科学·社会科学)2021年第2期。

复或承诺，也可以不作出答复或承诺。受要约人不应负担必须答复和承诺的义务。不过，在现代合同法中，部分国家规定有强制缔约情形，在此种情形下，受要约人负有必须承诺的义务（不得无故拒绝缔约）。

关于要约的生效时间，根据我国《民法典》第 474 条的规定，要约生效的时间适用总则编第 137 条关于意思表示生效时间的规定，采取的是大陆法上的"到达主义"原则，即要约的意思表示自到达受要约人时生效。关于何为到达？我们认为应解释为将要约的意思表示送达到受要约人所控制的范围即可，并不要求受要约人实际阅读或理解。《民法典》第 137 条第 1 款规定："以对话作出的意思表示，相对人知道其内容时生效。"第 2 款第 1 句规定："以非对话方式作出的意思表示，到达相对人时生效。"另外，关于如何理解和把握利用电子网络技术进行要约时的到达时间问题，《民法典》第 137 条第 2 款第 2 句作出了规定："以非对话方式作出的采用数据电文形式的意思表示，相对人指定特定系统接收数据电文的，该数据电文进入该特定系统时生效；未指定特定系统的，相对人知道或者应当知道该数据电文进入其系统时生效。当事人对采用数据电文形式的意思表示的生效时间另有约定的，按照其约定。"

3. 要约的撤回与撤销

要约作出后，可以依法撤回和撤销。

要约的撤回，是指在要约作出后、生效前，要约人以新的意思表示否定原来的意思表示。要约的撤回是通过阻止要约的生效来实现的。而要到达阻止要约生效的效果，就必须新的否定的意思不晚于（早于或至少同时于）原来的意思表示到达受要约人。如果撤回的意思表示晚于原要约到达受要约人，则要约已生效，不能撤回，只可能撤销。根据《民法典》第 475 条的规定，要约的撤回适用总则编第 141 条的规定，即撤回要约的通知应当在要约到达相对人前或者与要约同时到达受要约人。

要约的撤销，是指在要约生效后、受要约人作出承诺前，要约人以新的意思表示否定原来的意思表示。要约的撤销是通过阻止受要约人作出承诺实现的。而要实现阻止承诺的作出，则必须撤销要约的意思表示在受要约人作出承诺前到达受要约人，否则，不能撤销。根据《民法典》第 477 条的规定，对话方式要约的撤销，撤销该意思表示的内容应当在受要约人作出承诺之前为受要约人所知道；非对话方式要约的撤销，撤销的意思表示应当在受要约人作出承诺之前到达受要约人。还有两种情况不得撤销:第一是要约中已明示承诺期限或该要约不可撤销的,第二是受要约人有理由相信该要约不可撤销并为此已作了必要的准备的(《民法典》第476条)。

4.要约的失效

要约的失效是指要约因一定情形而丧失法律约束力。要约失效,则要约人不再受其约束,受要约人丧失了进行承诺的权利。关于导致要约失效的情形,《民法典》第478条规定了四种,分别是:第一,要约被拒绝;第二,要约被依法撤销(对于撤回,由于要约尚未生效,故不存在失效的问题);第三,承诺期限届满,受要约人未作出承诺;第四,受要约人对要约的内容作出了实质性变更。

(二)承诺

1.承诺的概念及构成要件

所谓承诺,是指受要约人向要约人作出的同意接受要约的意思表示(《民法典》第479条)。

承诺的构成要件是:

第一,承诺必须是由受要约人向要约人作出。这里包括两个方面:其一,承诺必须是由受要约人作出的,既可以是由受要约人亲自作出,也可以是由受要约人的合法代理人作出。受要约人(包括合法代理人)之外的第三人向要约人作出的意思表示在性质上只可能是要约,而不能是承诺。其二,承诺必须是向要约人作出。同样既可以是直接向要约人本人作出,也可以是向要约人的合法代理人作出。受要约人向非要约人(包括其合法代理人)作出的意思表示是要约,而不是承诺。

第二,承诺的内容与要约的内容一致。以下两种情况可以认定为承诺的内容与要约的内容一致:①受要约人向要约人作出的意思表示完全接受要约的内容。此种情形可以理解为完全一致。②受要约人向要约人作出的意思表示改变了要约的内容,但尚未构成实质性改变,且要约人在收到受要约人的意思表示后未及时表示反对的(《民法典》第489条)。此种情形可以称之为相对一致。所谓实质性变更,依《民法典》第488条和第489条的规定,可以理解为包括两种情形:①要约中已明示受要约人不得对要约的内容作任何改变,而受要约人的意思表示对其进行变更的;②受要约人改变了要约中有关合同的标的、数量、质量、价款或者报酬、履行期限、地点和方式、违约责任和解决争议方法等内容。受要约人对要约内容进行实质性变更的,不符合承诺与要约一致的要求,因而是新要约,不是承诺。

第三,承诺必须是在有效的承诺期限内作出。受要约人超出有效承诺期限作出接受要约的意思表示的,除非要约人及时通知受要约人该承诺有效。否则为新要约,而不是承诺。关于承诺的有效期限,一般由要约人在要约中确定。如果要约未规定承诺期限的,则分别按以下两种情况进行确定:其一,要约是以对话方式作出的,除非当事人另有约定,受要约人应当立即作出承诺;其二,要约是以非对话方式作出的,受要约人应当在合理的期限内作出承诺。《民法典》在第486、487条分别规定了因主、客观原因超期承诺的效力。对于因主观原因导致的超期承诺,受要约人超过承诺期限发出承诺,或者在承诺期限内发出但按照通常情形不能及时到达要约人的承诺为新要约,除非要约人及时通知受要约人该承诺有效;对于因客观原因导致的超期承诺,除要约人及时通知受要约人不接受承诺外,承诺有效。

2. 承诺的方式、效力及生效时间

承诺实质是受要约人对要约人所为的意思表示,因此,一般情况下,承诺应当以通知的方式作出。但是,如果根据交易的习惯或者要约中已明确表示可以以行为作出的,也可以以行为作出(《民法典》第480条)。

承诺作出后,承诺人即受其约束,不得擅自变更承诺的内容,也不得非法撤回承诺。承诺一经生效,则当事人之间的合同成立。一般来说,当事人订立合同的过程于承诺生效时结束。

关于承诺生效的时间,我国合同法也是采取"到达主义"原则。根据《民法典》第484条的规定,承诺以通知方式作出的,适用总则编第141条的规定,自承诺的通知到达要约人时生效;承诺不需要通知的,则根据交易的习惯或者要约的要求作出承诺的行为时生效。承诺是采用数据电文形式的,则其生效时间的确定与前述在该种情况下要约的生效时间相同(适用《民法典》第137条第2款第2句的规定)。

3. 承诺的撤回

与要约一样,承诺也可以依法撤回(《民法典》第485条)。承诺人撤回承诺是通过阻止承诺生效完成的,而要达到阻止承诺生效的效果,只要撤回承诺的意思表示先于承诺的通知到达要约人即可。换言之,只要承诺人撤回承诺的意思表示先于承诺的通知到达要约人即产生承诺撤回的法律效果。由于承诺生效,合同即告成立,因此,与要约不同的是,承诺既不存在撤销的问题,也不存在失效问题。

二、合同的形式与内容

(一)合同的形式

所谓合同的形式,是指当事人各方意思表示一致的外在表现方式,或者说是指当事人借以表示合同内容的方式。

合同形式与合同的内容密切相连,相辅相成。合同内容是合同形式存在的基础,无合同内容则无合同的形式;但合同形式也制约合同的内容,使用适当的正确的形式,可以准确地充分地表达合同的内容,防止合同约定的漏洞,提高合同的质量。

合同的形式可以分为口头形式、书面形式和其他形式三种类型(《民法典》第 469 条第 1 款)。

(1) 口头形式是指当事人通过口头语言为意思表示而订立的合同形式。口头形式既包括直接的口头语言对话形式,也包括无录音的电话方式。该形式是最早的合同形式,渊源久远。口头形式的优点在于便利、快捷、效率,但是也存在口说无凭、容量有限,容易引起合同纠纷,不便于举证,不利于即时解决纠纷等弊端。

(2)书面形式是合同书、信件、电报、电传、传真等可以有形地表现所载内容的形式(《民法典》第 469 条第 2 款)。书面形式可以分为一般书面形式和数据电文形式(准书面形式)。根据《民法典》第 469 条第 3 款的规定,以电子数据交换(EDI)、电子邮件(E-mail)等方式能够有形地表现所载内容,并可以随时调取查用的数据电文,视为书面形式。

(3)其他形式是指除口头形式、书面形式之外的形式,一般包括推定形式和默示形式。前者是指当事人未以语言、文字为意思表示,仅以行为作出要约和承诺而成立的合同形式[①],如机动车司机将汽车驶入明示收费的

① 参见王利明、崔建远:《合同法新论·总则》,中国政法大学出版社 2000 年版,第 232 页。

停车场停车，停车场收费之时即可推定订立了合同；后者是指当事人以沉默的方式进行意思表示，如《民法典》第 638 条第 1 款规定，试用买卖合同中买受人在试用期届满对是否购买标的物未作表示则视为购买。

根据意思自治、契约自由的原则，我国《民法典》对合同形式的适用采取以不要式为一般，以要式为例外的原则。即当事人订立合同时既可以采用口头形式，也可以采用书面形式或其他形式。法律、行政法规规定采用书面形式的，应当采用书面形式；当事人约定采用书面形式的，应当采用书面形式。但是，当事人违反法律规定或约定未采取书面形式的，合同不一定不成立。《民法典》第 490 条第 2 款规定："法律、行政法规规定或者当事人约定合同应当采用书面形式订立，当事人未采用书面形式但是一方已经履行主要义务，对方接受时，该合同成立。"

(二)合同的内容

合同的内容，也称为合同的条款，是体现在合同之中的当事人的权利和义务。

从合同内容的来源上看，合同的条款可以分为约定条款和法定条款两类。约定条款是指直接体现当事人意思而由当事人约定在合同中的条款。根据意思自治、契约自由的原则，约定条款应当是合同的最基本的条款。我国《民法典》第 470 条明确规定："合同的内容由当事人约定。"法定条款是指由法律、法规规定的有关合同必须具备的条款，或者在当事人对合同某些内容未约定或约定不明时直接准用法律的有关规定的条款。例如，我国有关法规对邮电服务合同双方当事人的部分权利义务直接作出的规定即应是邮电服务合同的内容。再如当事人对合同标的的质量约定不明，事后又不能达成协议的，应直接准用《民法典》第 511 条的规定执行。这种内容虽然未直接订入合同之中，但应理解为合同的条款，有人将其称为补缺性法律条款。

从合同内容的重要程度看，合同内容可以分为主要条款和次要条款。由于合同次要条款不足以影响合同的成立和当事人合同目的的实现，且具有较强的任意性，故在这里不作探讨。

合同的主要条款是合同的重要条款，欠缺主要条款往往影响合同的成立。合同主要条款的来源有三：一是法律的基本规定，可以称为法定一般条款；二是根据合同的性质必须具备的条款；三是当事人特别约定必须具备的条款。

法定一般条款是所有合同一般均应具备的条款。《民法典》第470条规定，合同一般包括以下条款：

① 当事人的姓名、名称和住所。姓名则是针对自然人而言，名称是针对法人和其他组织而言的。自然人的住所是指其户籍所在地或长期生活或活动的处所（《民法典》第25条）。法人和其他组织的住所，则是指其注册登记地（《民法典》第63条）。

② 标的。是合同当事人权利义务所共同指向的对象。合同的标的既可以是实物、货币、工程项目，也可以是技术和行为（劳务）。标的条款是合同的必备条款，无标的则合同不能成立。作为合同标的的物或行为，必须合法。

③ 数量。数量是合同标的的计量，是对合同义务人义务和债权人权利的量化。以物为标的的，应以度、量、衡加以计量；标的是行为的，可按劳动量或工作量加以计算，并使用统一的计量单位。计量单位要明确、具体。

④ 质量。质量是对合同标的的质的要求，包括但不限于品种、规格、等级和型号等。不同的合同对标的的质量要求不同，但无论何种合同，其质量条款都是非常重要的条款，是判断当事人是否违约的重要标准之一。当事人应当在合同中对合同标的的质量予以明确约定。

⑤ 价款或者报酬。价款或报酬，是当事人一方取得另一方给付的对价，是合同标的在价值上的体现。所谓价款，是指接受标的物的一方所支付的标的物的价值；所谓报酬，是指当事人一方给予完成某项工作或提供某项服务的另一方的报偿。由此可见，我国对物和劳务的对价是区别对待的。价款或报酬是双务、有偿合同的必备条款。

⑥ 履行期限、地点和方式。履行期限是合同约定的履行义务的时间界限。当事人应当在履行期限内履行义务，提前履行或迟延履行均构成违约。履行地点是指合同约定的当事人履行义务的空间范围。履行地点关系到当事人履行成本、履行的难易程度、合同纠纷的管辖等，因此，当事人应当在合同中明确合同履行的地点。履行方式是指履行合同义务的具体形式。按履行的期次，可分为一次履行和分期履行或分次履行；按标的物的交付方式，可分为现场直接交货、送货、邮寄方式、代办托运方式、自提方

式。履行方式关系当事人履行合同义务的费用负担(交易成本),同样是当事人是否违约的判断依据之一,因此也是合同的重要条款。

⑦ 违约责任。违约责任条款是合同一般应该具备的条款,但并非必须具备的条款。当事人在合同中约定了违约责任的,当发生合同纠纷时,法院应当优先执行当事人的约定,除非该约定无效;未约定违约责任的,不导致合同不成立,也不导致当事人违约而无责任。当事人之间发生合同纠纷时,可以直接适用合同法关于违约责任的一般规定。

⑧ 解决争议的方法。是指有关解决争议的程序、法律适用、检验或鉴定机构的选择等。其中最为典型的是仲裁条款。合同当事人就合同内容的理解与合同的履行等发生争议时,可以通过和解或调解解决纠纷,也可以通过仲裁或诉讼方式解决纠纷。根据我国有关法律的规定,我国对合同纠纷采取"或裁或决"的原则。另外,在涉外诉讼中,当事人可以选择使用解决合同纠纷的准据法。

三、合同的成立

(一)合同成立的概念和法律意义

所谓合同的成立,是指当事人之间就合同的主要内容协商一致。

合同的成立只是表明当事人之间的意思表示一致,使合同具备形式上的构成要件,当事人之间形成了合同关系。因此,合同的成立只是对合同进行形式上的考察,而非实质性的评判。故已成立的合同未必一定有效,但有效的合同一定是成立的。合同的成立较为充分地体现了当事人的自由意志。

(二)合同成立的构成要件

我国《民法典》对于合同成立的要件未作出明确规定。学理上将合同成立的要件区分为一般要件和特殊要件。基于合同成立的含义和法律意义,合同成立应具备以下一般要件:

(1)必须具有两个或两个以上的当事人。因为合同是一种双方或多方行为,如果只有一方当事人,是不能构成合同的。因此,合同的成立首先必须具有两个或两个以上的当事人。至于这些当事人是否具有合法的主体资格,从合同成立的意义上看,可以在所不问。

(2)当事人之间形成协议。这是因为合同在本质上是当事人之间的"合意",即意思表示一致。因此,认定合同的成立,要求当事人之间至少必须在形式上达成协议。根据合同法的有关规定,该协议可以是口头形式,也可以是书面形式或其他形式,具体判断的依据是要约和承诺的基本原理。仅从合同成立的意义上看,即使当事人的意思表示存在瑕疵,例如存在重大误解和欺诈情形,也不影响合同的成立。

(3)当事人之间的协议中具有合同的主要内容,是指当事人之间的协议中必须包含有合同的主要条款。凡合同都应该具有内容,无内容是不能成立合同的。合同的内容有主要内容与次要内容之分,欠缺次要内容不应影响合同的成立,但欠缺主要内容,往往影响合同的成立,而严重欠缺主要内容,如欠缺合同的标的或价金条款,则合同不能成立。同样地,如果仅从合同成立的意义上看,可以不问合同内容的合法性与否。

特殊要件是指在具备一般要件的基础上,根据法律的规定或合同的性质、交易的习惯还应具备的条件。如一般保管合同,作为实践合同,除上述三个一般要件外,还需要实际交付标的物于保管人,该保管合同才能成立。其中交付标的物行为就是保管合同的特殊成立要件。

(三)合同成立的时间和地点

1. 合同成立的时间

根据合同订立的基本原理,承诺生效之时为合同成立之时,但是法律另有规定或者当事人另有约定的除外(《民法典》第 483 条)。进一步说,以通知方式作出承诺的,自承诺的通知到达要约人时合同成立;承诺不需要通知的,根据交易的习惯或要约的要求作出承诺的行为时合同成立。

除以上一般规则外,我国《民法典》还规定了一些具体的、特殊的确定合同成立时间的规则。主要有:

第一,当事人采用合同书形式订立合同的,自双方当事人签名、盖章或者按指印时合同成立。但是,如果在当事人签字、盖章或者按指印之前,一方当事人已经履行了主要义务,且对方接受的,则该合同已经成立,其成立的时间为另一方当事人接受履行时(第 490 条第 1 款)。

第二，法律、行政法规规定或者当事人约定采用书面形式订立合同，而当事人未采用书面形式，如果此时当事人一方已经履行了主要义务，则该合同仍然成立，其成立的时间为另一方当事人接受义务履行时(《民法典》第 490 条第 2 款)。

第三，当事人采用信件、数据电文等形式订立合同的，可以在合同成立前要求签订确认书，该合同自确认书签订时成立(《民法典》第 491 条第 1 款)。

第四，当事人采用互联网电子商务形式订立合同的，除当事人另有约定外，提交订单成功时合同成立(《民法典》第 491 条第 2 款)。

2. 合同成立的地点

一般而言，承诺生效的地点(承诺的通知到达地点)即合同成立的地点(《民法典》第 492 条第 1 款)。另据《民法典》的规定，合同成立的地点还有以下三种具体情形：一是，承诺以行为方式作出的，作出承诺的行为的地点为合同成立的地点。二是，当事人采用数据电文形式订立合同的，除当事人另有约定外，收件人的主营业地点为合同成立的地点；没有主营业地的，其经常居住地为合同成立地点(《民法典》第 492 条第 2 款)。三是，当事人是采用合同书形式订立合同的，当事人签字盖章或者按指印的地点为合同成立的地点；当事人签字盖章的地点不一致的，以最后签字盖章或者按指印的地点为合同成立的地点(《民法典》第 493 条)。

四、格式合同的订立

(一)格式合同的概念和特点

所谓格式合同，是指当事人一方为了反复使用而预先单方拟定的供对方当事人进行交易时概括地接受而订立的具有格式化特点的合同。格式合同也称为标准合同、定式合同或者附合合同等。

格式合同在性质上仍然是合同，仍然需要经过当事人的合意，仍然要经过合同订立的要约和承诺两个步骤。格式合同与一般合同最大的区别在于当事人为意思表示的充分性不同。一般合同通常是当事人自由意思表示的结果，较为充分地体现当事人的自由意志，而格式合同则明显地限制了交易另一方的意思自由。格式合同的主要特点为：

(1)预先单方拟定性，是指格式合同的条款是在未征询对方意思的情况下预先由当事人一方单方拟定的。这一点与一般合同的内容通常是由双方当事人协商而成不同。

(2)附合性，是指在格式合同的订立中，交易的相对方当事人对格式条款只能概括地表示接受或者不接受，而不能变更，无讨价还价的余地。接受则订立合同，达成合同交易；拒绝则只能放弃交易。

(3)格式化，亦称为定式化或定型化或标准化，是指格式合同的条款具有较强的固定性和稳定性，不因交易对象的不同而随意变更。

(二)对格式合同的规制

格式合同是在19世纪末20世纪初伴随着垄断的出现而产生的。有人将格式合同的出现视作现代合同法的标志之一。基于格式合同的特性，格式合同自产生时起就天然地隐含着对相对一方当事人不公平的可能性。这是格式合同最致命的弱点和不足，但是使用格式合同却能大大地提高交易的效率。这是格式合同最大的优点和生命力之所在。因此，我们对于格式合同的基本态度是，一方面在合同实践中不可避免地会存在，因而立法上不得不作出规定，另一方面我们又必须对其进行规制。我国合同法对格式合同的规定主要是在《民法典》第496、497、498条之中。

对格式合同进行规制的途径主要有：① 立法规制。即通过立法规定格式合同使用的条件，特别是规定一些禁止订入格式合同的条款，明确格式合同使用方的一些法定的义务，例如《民法典》第497条明确规定了格式条款无效的三种情形。② 司法规制。即在合同司法实践中，由法官贯彻对格式合同解释的特别原则，通过合同解释对格式合同进行规制。例如，在当事人之间对格式合同的条款的含义出现理解上的分歧时，法官可以作出对格式合同条款拟定方不利的解释。③ 行政规制。在我国，使用格式合同的一方大多是具有一定市场垄断性质的组织，特别是具有部分行政性垄断的组织。因此，可以考虑利用我国行政权力的优势，对格式合同由有关的行政机关(主要是相应的行业主管部门)进行预先审查，尽量避免格式合同中的不公平条款。④ 行业规制。即由相应的行业协会进行自律性审查和监督。

五、缔约过失责任

(一)缔约过失责任的提出及概念

缔约过失责任最先由德国学者耶林于 1861 年提出。耶林认为,在合同有效成立的情况下,当事人违反合同义务应承担违约责任,因而当事人的合同债权可以依违约责任而受到保护。但是,在缔约之际,如果因当事人一方的过错而给另一方当事人造成损失,由于合同未成立、无效或者被撤销,不能受到违约责任的保护,从而使当事人的合法权益在订立合同的过程中暴露在外,缺乏保护。为此,耶林提出设立一种专门的责任形式,即缔约过失责任,为缔约当事人提供周全的保护。耶林提出的缔约过失责任,逐渐被大陆法国家立法所采纳。我国《民法典》第 500、501 条也对缔约过失责任作出了基本规定。

基于耶林的解释以及各国的有关立法,缔约过失责任可以定义为:在订立合同的过程之中,当事人一方因过错违反先合同义务,致使另一方遭受损失时所应承担的损失赔偿责任。

(二)缔约过失责任的构成要件

缔约过失责任的成立需要具备以下条件:

第一,缔约过失责任发生于合同订立的过程中。也就是说,缔约过失责任的原因必须是发生在订立合同的过程之中,即合同成立之前。这是缔约过失责任成立的时间条件。

第二,在缔约的过程中当事人一方违反了先合同义务。所谓先合同义务,是与合同义务、后合同义务相对而言的,是指在合同成立之前当事人应承担的义务。先合同义务的理论根据是诚实信用原则,但其具体义务内容则由法律规定。学界一般认为,先合同义务主要有通知、协助、保密等。

第三,违反先合同义务的行为给对方造成损失。构成缔约过失责任的损害是缔约相对人因相信契约有效成立而遭受的损害,此种损害是信赖利益的损害。所谓信赖利益,又称消极利益,有别于契约履行后可获得的利益(积极利益)。信赖利益的减少既包括为订立合同而支出的必要费用,也包括因此而失去的商机。信赖利益赔偿的目的是恢复到未订立合同之前的状态，而履行利益的赔偿的目的是达到契约被完全履行的状态。

第四，违反先合同义务者主观上具有过失。

(三)缔约过失责任的性质

关于缔约过失责任的性质，从该理论提出之初至今，学界一直存有争议。在我国学界，对缔约过失责任的性质认识，主要有三种主张，即侵权责任说、违约责任说和独立民事责任说①。我们认为，缔约过失责任既不同于违约责任，也不同于侵权责任，而是一种独立的民事责任形式②。缔约过失责任作为一种独立的民事责任形式，其责任方式应当是损失赔偿，其责任范围则应当以实际损失为限。

1.缔约过失责任不同于违约责任

第一，责任产生的前提不同。合同是否有效成立是区分缔约过失责任和违约责任的重要依据之一。缔约过失责任基于当事人在订立合同的过程之中因过错违反先合同义务而产生，违约责任则是基于当事人履行合同过程中违反合同义务而产生。

第二，可否由当事人约定不同。缔约过失责任属于法定责任，不能由当事人约定；违约责任因违反合同约定的义务而产生，基于契约自由原则，违约责任的方式、范围等可以由当事人约定。

第三，责任形式不同。缔约过失责任以损失赔偿为方式，是为了弥补信赖利益的损失；违约责任则包括继续履行、采取补救措施、违约金、赔偿损失和执行定金罚则等方式。

第四，责任范围不同。缔约过失责任所赔偿的是信赖利益的损失，表现为实际损失，故缔约过失责任赔偿的范围为实际损失；违约责任则既包括实际损失，还包括可得利益的损失。

2.缔约过失责任与侵权责任也有区别

第一，责任前提不同。缔约责任发生于为缔约而进行接触的当事人之

---

① 参见冉克平：《缔约过失责任性质新论——以德国学说与判例的变迁为视角》，载《河北法学》2010年第2期。

② 关于缔约过失责任与违约责任和侵权责任的区别，可参见魏振瀛主编：《民法》，北京大学出版社、高等教育出版社2000年版，第420页。

间，双方在为缔约的目的的活动中产生了一种信赖关系。侵权责任的发生则不必要当事人之间存在特定的关系，侵权人与受害人只有在侵权行为发生时才产生特定的侵权损害赔偿关系。因此，侵权责任不存在缔约过失责任的前提和基础。

第二，违反的义务的性质不同。缔约过失责任是因违反了依诚实信用原则产生的先合同义务，如通知、协助、保密等义务，这些义务独立于合同之外。侵权责任的产生则是因违反了法律所规定的不得侵害他人人身权和财产权的义务。

第三，构成要件不同。缔约过失责任的成立必须有主观过失要件，而在侵权责任中，有部分不需要主观过失要件，如因产品质量而发生的责任，采严格责任原则，即不需要当事人的主观过错要件。

（四）缔约过失责任适用的具体情形

根据《民法典》第 500 条和第 501 条的规定，缔约过失责任主要适用于以下情形：

1. 假借订立合同，恶意进行磋商的；
2. 故意隐瞒与订立合同有关的重要事实或者提供虚假情况的；
3. 泄露或不正当使用在订立合同中所知悉的对方的商业秘密或者其他应当保密的信息的；
4. 因当事人一方的过错致使合同被宣告无效或被撤销的；
5. 在订立合同的过程中有其他违背诚实信用原则的行为，造成对方损失的。

第三章　合同的效力

一、合同的效力概述

所谓合同的效力，也称为合同的法律效力，是指合同对当事人的法律约束力。

关于合同的效力，人们对其理解尚存在歧义。我们的基本理解是：

首先，从合同的效力状况看，合同成立后，其效力状况可能表现为三种情形：合同的有效、合同的效力待定和合同的无效。其中，有效的合同受法律的保护，当事人必须根据约定履行义务，否则应当承担相应的违约责任。无效的合同对当事人不具有约束力，当事人无需履行合同，且不存在违约责任。而合同的效力待定情形则包括相对无效情形（包括合同的撤销）和相对有效情形两种。效力待定的合同既非绝对无效，也非绝对有效，其最终的效力状况根据当事人的意思或者法律的规定而定。

其次，从合同效力的来源上看，合同的效力表面上是来自当事人，因为合同不过是当事人合意的体现，或者说，合同就是当事人自己给自己制定的法律。但是，从实质上看，合同的效力真正来自于国家的法律，为法律所赋予，体现的是国家的意志。合同的效力较为明显地体现了国家公权（公意志）对私权（私意志）的干预。

合同的效力无疑是合同法中的一个非常重要的问题。大陆法系国家一般将合同的效力融入债的效力在民法典中进行规定。我国《民法典》合同编的第一分编通则中专设第三章“合同的效力”对合同效力作出了规定，另有部分内容分散在第一编总则编之中（如关于合同无效情形的部分规定）。

二、合同的生效

对于合同的生效，目前在立法上、学理上以及实践中均未给予明确的界定,有人将合同的生效与合同的成立混同,也有人将合同的生效等同于合同的有效。实际上,在我国立法中是同时并存着合同的生效与合同的有效及合同的成立等概念的。合同的生效既不同于合同的成立,也不同于合同的有效,是有着独立法律意义的一个概念。

(一)合同生效的概念和法律意义

所谓合同的生效,即合同效力的发生,是指合同开始对当事人产生法律约束力。

作为合同法中的一个独立概念,合同生效的法律意义是:它表明合同所约定的权利和义务开始对当事人产生约束力,当事人应当开始进入履行合同义务的期间和实际履约的状态之中。这是因为,当事人虽然就双方主要权利义务达成一致,订立合同,但是并非所有的合同的义务都是从订立时起就要进入履行状态中。有些合同订立就应执行,有些合同的义务则根据当事人的约定或者法律的直接规定,要等待一定时间到来或一定条件成就时才能付诸执行。确定合同约定的权利义务何时对当事人产生约束力,让当事人具体应何时进入对合同的实际履行状态的依据就是合同的生效。合同的生效既可以由法律规定,也可以由当事人约定。

(二)合同生效的几种情形

(1)法律法规规定了合同生效的具体条件或时间的,则自满足法律法规的规定时合同生效。如根据《民法典》第 502 条第 1 款和第 679 条的规定,自然人之间的借款合同,自贷款人提供借款时生效。又如,《民法典》第 502 条第 2 款规定:“依照法律、行政法规的规定,合同应当办理批准等手续的,依照其规定。未办理批准等手续影响合同生效的,不影响合同中履行报批等义务条款以及相关条款的效力。”

(2)当事人约定附生效条件或生效时间的,自所附条件成就或所附期限到来时合同生效。根据《民法典》第 158 条和第 160 条的规定,除非根据合同性质不得附条件或期限外,合同可以附条件或者附期限;附生效条件的合同,自条件成就时生效;附生效期限的合同,自期限届至时生效。由于当事人的约定不得与法律的规定相冲突,因此这种情形只能是在法律无特别规定的情况下才能适用。

(3)合同成立即生效。这种情形具体又有两种:其一,当事人明确约定合同自订立时即生效的,则该合同成立即生效;其二,对于合同的生效,既无法律特别规定,也无当事人的具体约定,则推定合同成立即生效。

(三)合同生效与合同成立、合同有效的区别

合同生效不同于合同成立。合同成立是表明当事人订立合同的过程完成,当事人之间达成协议。合同成立是用于判断当事人之间是否已形成合意。但对于合同所约定的权利、义务什么时间对当事人开始产生约束力,则不是由合同的成立所决定,至少不是由其直接决定。合同的生效用于决定合同效力的发生时间。合同生效即表明合同开始对当事人发生法律约束力。合同成立的时间与合同生效的时间可能一致,也可能不一致。已成立的合同并非就已生效,但已生效的合同必定是已成立的合同。成立是生效的基础和前提。

合同的生效也不同于合同的有效。合同有效是指当事人订立的合同符合法律规定的有效条件,受到法律的完整保护。有效的合同,当事人必须履行,否则应承担违约责任。合同有效表明国家法律对当事人的合意进行了实质的审查,并给予肯定性评价。合同有效与否,与当事人缔约行为有关,不由当事人的意思决定,而是直接体现国家的意志。故即使当事人在合同中约定为有效的,但经过法律的实质审查被确认为违法的,则该合同是无效的。而合同生效是表明合同何时开始对当事人产生约束力以及当事人何时应该进入履行合同义务的状态之中。合同生效的时间或情形可以由当事人的意思决定。

三、合同的无效

(一)合同无效的概念和法律意义

合同的无效,是指当事人所订立的合同因存在法定的无效情形,因而对当事人不具有约束力。

合同无效的法律意义是:它表明当事人订立的合同存在法定无效情形,不受法律保护。无效的合同,当事人无需履行,也不得履行,不履行不

承担违约责任。

(二)合同无效的原因

合同无效的原因也就是合同无效的认定情形。由于合同无效的特殊法律意义,合同无效原因具有法定性特征,即合同无效的原因只能由法律规定,而不由当事人决定。

我国《合同法》集中在其第 52 条明确列举了五种合同无效的情形:“(一)一方以欺诈、胁迫的手段订立合同,损害国家利益;(二)恶意串通,损害国家、集体或者第三人利益;(三)以合法形式掩盖非法目的;(四)损害社会公共利益;(五)违反法律、行政法规的强制性规定。”《民法典》对合同无效认定情形的规定主要放在总则编第六章第三节“民事法律行为的效力”之中,而不是放在“合同编”第三章“合同的效力”之中,且未采取集中列举的立法方式。归纳起来,认定合同无效的法定情形有以下五种:

(1)无民事行为能力人订立的合同无效。《民法典》第 144 条规定:“无民事行为能力人实施的民事法律行为无效。”根据《民法典》第 20、21 条的规定,无民事行为能力人包括不满八周岁的未成年人、八周岁以上不能辨认自己行为的自然人。

(2)当事人合谋虚假意思表示订立的合同无效。《民法典》第 146 条规定:“行为人与相对人以虚假的意思表示实施的民事法律行为无效。以虚假的意思表示隐藏的民事法律行为的效力,依照有关法律规定处理。”该规定完善了《合同法》第 52 条“以合法形式掩盖非法目的”订立的合同无效的规定,明确当事人合谋虚假意思表示订立的合同无效,而被隐藏的合同则不一定无效,应当依照有关法律规定判断其效力。

(3)当事人违反效力性法律、法规的强制性规定订立的合同无效。《民法典》第 153 条第 1 款规定:“违反法律、行政法规的强制性规定的民事法律行为无效。但是,该强制性规定不导致该民事法律行为无效的除外。”这一规定是合同的合法性原则的体现,也是世界各国立法的通例。关于这一规定,可以从两个方面加以理解:第一是当事人的合同存在违法性,具体可从主体、内容、形式、程序、目的等方面进行判断;第二是其所违反的法律只限于强制性规范[①]。如果只是违反了任意性规范，则不为无效。

(4)违背公序良俗的合同无效。《民法典》第153条第2款规定："违背公序良俗的民事法律行为无效。"理论和实践中一般认为，违背公序良俗的合同包括违反公共秩序的合同和善良风俗的合同，如损害国家和社会公共秩序的合同、违背社会公共道德的合同等。

(5)当事人恶意串通损害他人合法权益的合同无效。《民法典》第154条规定："行为人与相对人恶意串通，损害他人合法权益的民事法律行为无效。"这一情形主要是对当事人双方主观恶意的否定。依此立法规定理解，只要当事人双方故意串通以订立合同的形式达到损害他人(无论是国家、集体，还是个人)利益目的的，无论其结果是否实际发生，该合同均无效。

《民法典》的上述规定，一方面体现了关于合同无效学理研究和司法实践的新变化，如关于效力性、强制性法律规范的观点，即采取了学理研究和司法解释的新观点；另一方面也是民事基本法对一般民事法律行为效力概括的需要，符合民法典体系性的要求。

(三)合同无效的法律后果

合同一经确认无效，则相应产生以下法律后果。

(1)自始无效。无效的合同自始无效，即自订立时起就无效，而不是从确认时起才无效(《民法典》第155条)。

(2)当然无效。对于合同的无效，无须当事人主张，有权国家机关(管辖权法院)可以直接确认无效，并且对于合同无效的确认，立法上没有期限限制。

(3)绝对无效。是指无效的合同其无效的状况不仅自始无效，而且一直贯穿始终。只要该无效的原因不消除，则该合同绝对无效，不存在转为有效的可能性。

(4)合同可能部分无效。如果只是合同的部分条款违反了法律的强制性规定，但其他内容并不违法，且其他条款的履行不以违法部分条款的履行为前提，则其他部分条款仍然有效(《民法典》第156条)。合同的部分无

---

① 有关强制性规范与任意性规范的区分及其在民法典中的配置关系，参见王轶：《民法典的规范类型及其配置关系》，载《清华法学》2014年第6期。

效一般只适用于合同部分条款违法的情形。

(5)合同无效不影响合同中独立存在的有关解决争议方法的条款的效力。《民法典》第507条明确规定了解决争议方法条款效力的独立性。这些条款主要是指仲裁条款、选择管辖法院以及适用法律条款。

(6)合同被确认无效后,应区分不同情况,相应作以下处理。首先,相互返还。如果当事人已经履行或者部分履行合同义务的,则应当相互返还从对方所接受的交付。这是因为合同无效是自始无效,即自始不应履行。因此,当事人根据合同所作的交付,在性质上是没有合法根据的,构成不当得利,应当返还。其次,折价补偿。如果相互返还不可能(例如标的物已经消灭)或者没有必要,则应当折价补偿,即将原物折价向对方进行返还。再次,赔偿损失。因合同无效而遭受损失者,有权要求过错者予以赔偿,如果双方对于造成合同的无效都有过错的,应分别承担相应的责任。最后,收缴非法所得。如果是当事人双方恶意串通损害国家利益的情形,则应当收缴当事人非法所得归国家所有。我国《合同法》第59条对此有明确规定,目前有效的《最高人民法院关于审理外商投资企业纠纷案件若干问题的规定(一)》第20条亦有类似规定,但是《民法典》中未见相关规定。依法理,实质上应当维持《合同法》的规定。

四、合同的撤销

(一)合同撤销的概念和法律意义

所谓合同的撤销,是指当事人订立的合同,因存在法定可撤销情形,由撤销权人依法向法院或者仲裁机构行使撤销权,由法院或仲裁机构裁决撤销合同,从而消灭该合同关系的法律制度。

合同的撤销属于合同的效力范畴问题。可撤销的合同是效力待定的合同。法律上建立合同撤销制度的意义在于:一方面,对于在订立中存在瑕疵(主要是意思表示瑕疵)的合同的当事人提供法律上的救济,同时也体现了国家意志对当事人意志的干预;另一方面,又较为尊重当事人的自由意志,将决定有瑕疵的合同命运的权利交给当事人而不像合同无效那样直接给予完全否定,从而从制度的设计上体现合同法鼓励和促进交易的精神。

(二)法定的合同可撤销的情形

由于合同的撤销在结果上是消灭合同关系,与合同的效力和当事人的合同权益紧密相连,因此,对于合同可予以撤销的情形,法律上应当予以限制,在立法上应坚持法定的原则,而不能采用意定的原则。

我国曾经在《合同法》第 54 条集中规定了合同可撤销的三种法定情形。《民法典》有关合同可撤销情形的规定见于总则编第六章第三节“民事法律行为的效力”的第 147—151 条,可以归纳为如下四种:

(1)因当事人重大误解而订立的合同,行为人有权撤销。《民法典》第 147 条规定:“基于重大误解实施的民事法律行为,行为人有权请求人民法院或者仲裁机构予以撤销。”这里注意把握两个要点:第一,必须存在当事人的重大误解情形。所谓重大误解,简言之,就是合同的当事人(一方或者双方)对合同交易的主要内容(如合同的标的类型及功能、价款、质量等)存在明显的错误理解,以致完成合同交易根本不符合当事人的合同交易目的,从而给当事人造成重大损失。如果虽然有所误解,但只是涉及合同的次要条款的,则不能构成重大误解;第二,该重大误解必须是发生在合同订立时,否则,不能适用这种情形。

(2)因欺诈订立的合同,受欺诈方有权撤销。欺诈包括当事人欺诈和第三人欺诈两种情形。根据《民法典》第 148 条的规定,当事人一方以欺诈手段,使对方在违背真实意思的情况下订立合同的,受欺诈方有权撤销合同。根据《民法典》第 149 条的规定,第三人实施欺诈行为,使一方在违背真实意思情况下订立的合同,对方知道或者应当知道该欺诈行为的,受欺诈方有权撤销合同。

(3)因胁迫订立的合同,受胁迫方有权撤销。胁迫手段包括威胁和强迫。前者是指合同一方或第三人以未来的不法损害恐吓,使对方陷入恐惧而在违背真实意思的情况下订立合同;后者是指合同一方或第三人以现实的身体强制,使对方因无法反抗而在违背真实意思的情况下订立合同。《民法典》第 150 条规定:“一方或者第三人以胁迫手段,使对方在违背真实意思的情况下实施的民事法律行为,受胁迫方有权请求人民法院或者仲裁机构予以撤销。”

(4)因乘人之危致显失公平的合同,受损害方有权撤销。《民法典》第

151 条合并了《合同法》第 54 条规定的乘人之危和显失公平两种情形，规定："一方利用对方处于危困状态、缺乏判断能力等情形，致使民事法律行为成立时显失公平的，受损害方有权请求人民法院或者仲裁机构予以撤销。"所谓显失公平，就是当事人之间的权利与义务明显不对应、不平衡。显失公平作为一个结果性现象，既可以发生在合同履行过程中，也可能是存在于合同订立之时。作为合同法中合同可撤销的情形之一，显失公平只能是发生在乘人之危订立合同之时。在合同订立时并非显失公平，而在合同履行过程才出现显失公平的，不能适用合同撤销，但可以适用情事变更制度进行处理。

(三)合同撤销中撤销权的行使

合同撤销权的行使，主要涉及撤销权行使主体、行使方式、行使的效力及行使的期限等问题。

(1)撤销权的主体。基于合同撤销制度的特殊意义，合同撤销权的主体应当分别是重大误解的行为人、受欺诈人、受胁迫人和乘人之危的不利人。对于合同交易的另一方，则不应赋予其撤销权。

(2)撤销权行使的方式。合同撤销的撤销权人行使撤销权，应当采用向法院或者仲裁机构以诉讼的方式(撤销之诉)进行。法院和仲裁机构应当坚持不诉不理的原则，撤销权人主张撤销权后，由法院或者仲裁机构依法予以裁决。但是，撤销权人不行使撤销权的，法院或者仲裁机构不能主动依职权直接作出裁决撤销。

(3)撤销权行使的效力。撤销权行使的效力可能有两种情况：第一，合同自始无效。根据《民法典》第 155 条的规定，当事人行使撤销权后，如果法院或者仲裁机构裁决予以撤销，则产生合同被消灭的后果，并且该撤销的效力具有溯及力，即被撤销的合同，该合同自订立时起对当事人就不具有履行约束力。因此，合同被撤销，则也应根据合同履行的情况，分别采用相互返还、折价补偿、赔偿损失等方式进行处理。第二，合同继续有效。如果当事人行使撤销权，但经法院或者仲裁机构审查，不予支持撤销，则该合同继续有效。

(4)撤销权行使的有效期限。在国外的立法中，对撤销权期限的规定有长有短。我国《民法典》第 152 条规定："有下列情形之一的，撤销权消灭：(一)当事人自知道或者应当知道撤销事由之日起一年内、重大误解的当事人自知道或者应当知道撤销事由之日起九十日内没有行使撤销权；(二)当事人受胁迫，自胁迫行为终止之日起一年内没有行使撤销权……当事人自民事法律行为发生之日起五年内没有行使撤销权的，撤销权消灭。”关于撤销权期限的性质，学界有诉讼时效和除斥期间两种说法。我们赞成除斥期间说。因此，法律规定的期限届满，撤销权即丧失，不延长，也不中断。

(四)合同撤销与合同无效之比较

合同撤销与合同无效既有密切联系，也有明显区别。

两者的相同之处主要表现在：两者都直接涉及合同的效力问题；两者都表明了当事人订立的合同存在效力瑕疵；两者的法律后果都导致合同自始对当事人不具有履行约束力；两者都应当以相互返还、折价补偿和赔偿等方式进行处理。

两者的区别主要有：

第一，原因不同。从理论上说，合同无效的原因是损害国家利益、社会公共利益和违反强制性法律规定等国家不能容忍的情形；合同撤销的原因通常是当事人意思表示存在瑕疵等国家可以容忍的情形。

第二，效力状况不尽相同。合同无效是绝对无效、当然无效，而合同撤销并不是当然无效和绝对无效，其在本质上是效力待定情形，或者说是相对有效情形。在被撤销之前，合同是有效的，只是在被撤销之后，才自始丧失履行约束力。

第三，确认程序不同。合同无效无需当事人主张，有权机关可以直接认定无效，且无期限限制；合同撤销则必须基于当事人行使撤销权，法院或者仲裁机构才能裁决撤销，且对撤销权设有期限限制。

第四，两项制度的价值和意义不尽相同。合同无效体现为国家意志对当事人的意志的直接干预和否定，不考虑当事人的选择，不具有弹性和容忍性；合同撤销则将决定合同命运的权力交给了当事人，由当事人进行判断和选择，较为尊重当事人的意思，具有弹性和容忍性，有利于促进合同交易。

第五，法律后果不尽相同。合同无效时有部分情形需要采取收缴的方式予以处理，而合同撤销则不涉及收缴的问题。

五、合同的效力待定情形

所谓合同的效力待定，是指当事人所订立的合同因存在一定的原因瑕疵，因而具有一定的效力瑕疵，但并非无效，其具体效力状况需待法律所规定的条件是否存在或者是否成就而决定。合同的效力待定又可以分为相对有效和相对无效两种情形。

关于效力待定的情形，从《合同法》到《民法典》有一定变化：第一，《合同法》集中在第三章“合同的效力”中分别规定了合同的几种效力待定情形，而《民法典》对合同效力待定情形的规定，一部分置于合同编第三章“合同的效力”之中，一部分置于总则编第六章第三节“民事法律行为的效力”之中；第二，《民法典》新增了《合同法》没有规定的超越经营范围订立合同的效力待定情形（《民法典》第 505 条），删除了《合同法》第 51 条关于无权处分订立合同效力待定的规定。其他的或者完全保留，或者略作修改予以保留。

除合同撤销外，我国合同法还规定了一些具体的合同效力待定情形，主要有四种（均与当事人行为能力瑕疵有关）：

1. 未经法定代理人事前同意的限制民事行为能力人订立的合同。此时，如果法定代理人予以追认的，该合同有效；反之，则无效。但纯获利益的合同或者与其年龄、智力状况、精神状况相适应的合同除外，这种情况下合同有效（《民法典》第 145 条）。

2. 无权代理订立的合同。此时，如果经被代理人追认，该合同有效。反之，则对被代理人不具有约束力，其行为的后果由行为人自己承担（《民法典》第 171、503 条）。但是，如果符合表见代理的，该合同有效（《民法典》第 172 条）。

3. 越权代表订立的合同。是指法人或者其他组织的法定代表人、负责人超越权限订立合同的，除相对人知道或应当知道其超越权限的以外，该合同有效（《民法典》第 504 条）。

4. 超越经营范围订立合同。《民法典》第 505 条规定：“当事人超越经营范围订立的合同的效力，应当依照本法第一编第六章第三节和本编的有关规定确定，不得仅以超越经营范围确认合同无效。”

第四章　合同的履行

一、合同履行的概念和原则

(一)合同履行的概念

所谓合同的履行,是指合同的当事人根据合同的约定完成自己的义务。

关于合同履行的概念,我国学者的理解不尽相同,大致有两种观点:其一被称为“实现说”,认为合同履行是指债务人全面、适当地完成其合同义务,使债权人的债权得到实现。如交付约定的标的物,完成约定的工作并交付工作成果,提供约定的服务等。这种观点强调只有债务人完成交付行为使合同目的得以实现才是履行了合同。其二被称作“过程说”,认为履行合同是当事人全面完成合同义务的过程。当事人完成合同义务的整个过程,不仅包括当事人根据合同所作出的交付行为,而且还包括当事人为完成交付行为所作的一系列准备行为。总体上看,我们认为合同履行是一个动态的过程,这一过程的核心是债务人完成合同约定的自己的义务的行为,但也包括债权人的接受行为和债务人为履行义务而进行的必要的准备行为。

理解合同履行的含义可以从以下几个方面予以把握:第一,合同的履行首先表现为合同的义务人按照合同的约定完成自己的义务,如交付合同约定的标的物,完成合同约定的服务行为,完成合同约定的工作成果并向对方交付工作成果。这是合同履行的核心和关键。唯有如此,合同债权人的债权才能得以实现。第二,合同履行除了债务人的履约行为外,还包括债权人的接受履行的行为。债务人的交付只是合同履行的一部分,完整的合同履行还必须包括债权人对债务履行的接受,否则,在法律上看,债务人的义务并未完成,合同的履行并未结束。如买卖合同的债务人甲向债权人乙交付标的物，但乙拒绝接受，则甲的义务并未履行完毕。第三，合同的履行还应扩大到债务人为履行合同义务而进行的必要的准备行为。因为在很多情况下，债务人履行合同义务的行为并不是孤立的，而是要经过一定的准备。此时，准备行为应当理解为合同履行的一部分。

合同履行制度的确立和完善，经历了一个漫长的历史过程。在早期的合同法中，对合同履行一般很少涉及，没有形成专门的合同履行制度。从世界民事法律发展的过程看，首先在立法中较完整地规定合同履行制度的是《德国民法典》。时至今日，各国民事立法中均规定了合同履行制度。但令人不无遗憾的是，即使在今天，理论上对合同履行的研究仍然较为薄弱，没有引起足够的重视，大都停留在对不履行或不完全履行与违约责任的关系上，将履行附属于违约责任，成为违约责任的“副产品”。为此，我们必须重申：合同的履行在合同法中具有非常重要的意义，它是整个合同法律制度的核心，是实现合同当事人合同目的的关键，是合同关系消灭的正常方式。

（二）合同履行的原则

关于合同履行的原则，学界多有争议。如有人将实际履行作为合同履行的原则，另有人将协作履行作为合同履行的原则等。基于合同履行原则的含义，结合我国《民法典》的有关规定，我们认为合同履行的原则应当是：

1. 全面履行的原则

也称为全面适当履行的原则。根据该原则的要求，当事人应当全部地、适当地履行合同的义务。《民法典》第 509 条第 1 款规定：“当事人应当按照约定全面履行自己的义务。”全面履行的原则包括两个方面的含义：其一是全面履行，是指当事人应全部履行合同的义务。这是对当事人履行合同的量的要求。其二是适当履行，是要求当事人应当按照合同的约定适当地正确地履行自己的义务。这是对当事人履行合同的质的要求。

2. 诚信履行的原则

《民法典》第 509 条第 2 款规定：“当事人应当遵循诚实信用的原则，根据合同的性质、目的和交易习惯履行通知、协助、保密等义务。”由此可见，合同诚信履行的原则就是要求当事人本着诚实信用的精神履行自己的义务，这些义务不仅包括合同中所约定的给付义务，还包括通知、协助、保密等附随义务。

3. 绿色原则

绿色原则是《民法典》在第 9 条新增的民法基本原则，也是合同法重要的基本原则。《民法典》第 509 条第 3 款规定："当事人在履行合同过程中，应当避免浪费资源、污染环境和破坏生态。"这是绿色原则作为合同履行原则的体现。

二、合同约定不明的履行规则

所谓合同的约定不明，是指合同生效后，当事人对合同的部分条款，包括标的物的质量、价款或者报酬、履行期限、地点和方式等未约定或约定不明，以致影响合同的履行。具体包括两种情况：其一是约定的欠缺，亦即当事人对合同的某些条款没有作出约定。这里必须注意的是，合同约定的欠缺，必须只是欠缺合同的某些条款（如标的物的质量、价款或者履行地点、期限、方式等），而不是全部条款和大部分条款，也不能是合同的至关重要的条款（如标的条款）。否则，该合同应作未成立处理，而不能作为约定不明。其二是约定的不明，即合同虽有约定，但该约定含义不明确，以致难以执行。

合同的约定不明在合同实践中是客观存在的，甚至并不是少量存在。这主要是源于合同实践的极其复杂性和当事人情况的差别性。那么，对于存在约定不明的合同，法律上该作何处理呢？是将其一概推定为不成立吗？这显然不妥。因为合同法的宗旨在于鼓励和促进交易，如果将存在约定不明的合同作为不成立处理，显然有悖于合同法的宗旨。最合理的做法是对其进行一定的救济，在立法上规定一定的救济途径，确定特别的履行规则，以使约定不明的合同转为可履行的合同。我国《合同法》第四章中专门规定了合同约定不明时的履行规则，《民法典》合同编第一分编通则在第四章"合同的履行"承继并完善了这些规则。根据《民法典》第 510、511 条的规定，当合同存在约定不明时，应按以下顺序和方式予以明确并执行。

（一）由当事人协议明确

这是合同法意思自治、契约自由原则的要求，是对当事人的尊重。这里的协议，在地位上是对原合同的补充，在性质上是合同的组成部分。因此，当事人之间对原合同约定不明之处予以明确的协议之成立和有效，必须符合《民法典》中规定的合同成立和有效的条件。当事人以补充协议予以明确的，当事人应当按照补充协议执行。

（二）按照合同的有关条款或者交易的习惯明确

这是指在当事人不能达成补充协议予以明确的情况下，则应根据合同的有关条款或者交易的习惯确定。根据合同的有关条款，主要是将合同的全部条款作为一个整体予以考察，以综合判断和推定合同中不明确的内容。根据合同的有关条款仍然不能清楚地予以确定或者已有相关的交易习惯可以确定，则应按照交易的习惯确定。这里最为关键和复杂的是对交易习惯本身的确认。

（三）依照法律的直接规定予以明确

是指在当事人不能协议明确，又不能根据合同的有关条款或交易的习惯予以明确的情况下，则应直接按照《民法典》第 511 条的规定执行。具体内容如下：

1. 质量要求不明确的，有国家强制性标准的，按照国家强制性标准执行；没有国家强制性标准的，按照推荐性国家标准执行；没有推荐性国家标准的，按照行业标准执行。既无国家标准，也无行业标准的，则按通常标准或者按照符合合同目的的标准执行。所谓通常标准，并无具体的参数，法国、日本等国的民法中采用的是“中等品质”判断标准。我们的理解是，在该标的物的种类中，通常标准就是中间标准，既非最优者，也非最劣者。所谓符合合同目的的标准，就是指债务人所交付的标的物的质量，应适合于债权人的基本的正常的使用。否则，就可以推定为不符合合同的目的。

2. 价款或酬金约定不明的，其计价或计酬标准有政府定价或政府指导价的，应当执行政府定价或政府指导价。无政府定价或指导价的，则按照订立合同时约定的履行地的市场价执行。

3. 履行地点不明确的，给付货币的，在接受货币的一方所在地履行；交付不动产的，在不动产所在地履行；交付其他标的的，在履行义务一方所在地履行。

4. 履行期限不明确的，债务人可以随时履行，债权人也可以随时要求债务人履行，但均应给对方必要的准备时间。这即学理上所谓的“随时履行”规则。

5. 履行方式不明确的，按照有利于实现合同目的的方式履行，主要应考虑时间要求、成本支出、标的物质量保障等因素。

6. 履行的费用负担不明确的，由履行义务的一方负担；因债权人原因增加的履行费用，由债权人负担。

三、几种特殊的履行规则

我国《民法典》合同编第四章“合同的履行”完善了《合同法》合同履行具体规则的相关规定，分别明确了电子合同、政府价格调整、金钱之债、选择之债、多数人之债、涉及第三人的履行规则。这些规则表明，《民法典》合同编第一分编通则“合同的履行”一定程度上发挥了债法总则“债的履行”的功能。

（一）电子合同的履行规则

随着互联网电子商务迅猛发展，电子合同丰富了合同交易形式，极大地便利了人们的生产和生活。我国参考《联合国国际贸易法委员会电子商务示范法》和各国颁布的电子交易法制定了《电子商务法》，并在该法第 51 条专门明确了电子合同的特殊履行规则。《民法典》第 512 条吸收了《电子商务法》第 51 条的内容，对电子合同的履行作出了如下规定：标的为交付商品并采用快递物流方式交付的，收货人的签收时间为交付时间（《民法典》第 512 条第 1 款第 1 句）；标的为提供服务的，生成的电子凭证或者实物凭证中载明的时间为提供服务时间，凭证没有载明时间或者载明时间与实际提供服务时间不一致的，以实际提供服务的时间为准（《民法典》第 512 条第 1 款第 2 句）；标的物为采用在线传输方式交付的数字产品（如著作权、商标、专利、数据、网络虚拟财产等）的，合同标的物进入对方当事人指定的特定系统且能够检索识别的时间为交付时间（《民法典》第 512 条第 2 款）；当事人对交付商品或者提供服务的方式、时间另有约定的，按照其约定（《民法典》第 512 条第 3 款）。

(二)政府价格调整的履行规则

执行政府定价或政府指导价的合同,政府价格调整对合同履行有着重要影响。根据《民法典》第 513 条的规定,如果政府在合同约定的交付期限内调整价格,则当事人应当按照交付时的价格计价;当存在当事人逾期交付标的物、逾期提取标的物或逾期付款的情况下,价格执行规则具有一定的惩罚性,由逾期履行的违约方承担价格变化的风险。即逾期交付标的物的,遇价格上涨时,按照原价格执行;价格下降时,按照新价格执行。逾期提取标的物或者逾期付款的,遇价格上涨时,按照新价格执行;价格下降时,按照原价格执行。

(三)金钱之债的履行规则

金钱之债,又称货币之债,是指以支付金钱为内容的债。由于金钱是一种纯粹的、具有高度流通性的可替代物,不存在因为特定金钱灭失而导致的客观履行不能,金钱之债原则上必须实际履行。对于金钱之债履行的货币种类,除法律另有规定或者当事人另有约定外,债权人可以请求债务人以实际履行地的法定货币履行(《民法典》第 514 条)。

(四)选择之债的履行规则

选择之债,是指债之关系成立时标的有多项,而当事人可以选择其中一项履行的债[①]。也就是说,选择之债在成立时标的未确定,必须依据一定的规则对其特定化为简单之债,方可履行。依债法原理,选择之债可以因当事人合意、选择权行使或者标的履行不能而特定化。我国《民法典》新增了选择之债的履行规则。

《民法典》第 515 条明确了选择之债中选择权的归属与移转规则。根据该规定,除法律另有规定、当事人另有约定或者另有交易习惯外,债务人享有选择权;享有选择权的当事人在约定期限内或者履行期限届满未作选择,经催告后在合理期限内仍未选择的,选择权转移至对方。将选择权一般性地归属于债务人,有利于债务人进行必要的履行准备;同时,确定选择

---

① 参见郑玉波:《民法债编总论》,中国政法大学出版社 2004 年版,第 200 页。

权人怠于行使选择权时权利转移至对方的规则,保证债务能够及时履行。

《民法典》第 516 条是选择权行使规则,规定:“当事人行使选择权应当及时通知对方,通知到达对方时,标的确定。标的确定后不得变更,但是经对方同意的除外。可选择的标的发生不能履行情形的,享有选择权的当事人不得选择不能履行的标的,但是该不能履行的情形是由对方造成的除外。”可见,选择权属于形成权,当事人应当以通知方式作出行使选择权的意思表示。通知到达对方时即发生法律效力,选择之债特定化为简单之债,标的确定。非经对方同意,一旦标的因选择权行使确定后,不得变更。当可选择的标的发生不能履行情形时,除该不能履行的情形是由对方造成的外,选择权人不得选择不能履行的标的。

(五)多数人之债的履行规则

多数人之债,是指债权人或者债务人为复数(二人以上)的债。以复数的债权人之间或者债务人之间是否具有连带关系,多数人之债可以分为按份之债和连带之债。《民法典》将多数人之债分为按份之债和连带之债,并分别规定其履行规则。

1.按份之债的履行规则

按份之债,是指债的复数主体按照确定的份额各自享有债权或者承担债务的多数人之债。根据《民法典》第 517 条第 1 款的规定,数个债权人按照份额各自享有债权的,为按份债权;数个债务人按照份额各自负担债务的,为按份债务。按份之债的履行因债权债务的份额是否确定而有所不同:若债权债务的份额可以确定,则债权人或债务人各自按照份额分享债权或分担债务;若债权债务的份额难以确定,则应当按照《民法典》第 517 条第 2 款的规定,视为份额相同,由债权人或债务人平均地分享债权或分担债务。虽然按份之债由于基于同一原因发生而具有“一个债”的外表,但是本质上是“数个债”的集合,并且复数的债权人之间或债务人之间均不具有连带关系。因此,按份债权人只能就属于自己的份额享有履行请求权,按份债务人仅就自己的份额负有履行义务。

2.连带之债的履行规则

连带之债,是指复数的债权人之间或债务人之间具有连带关系,各个债权人均享有请求债务人履行全部债务,或者各个债务人均负有履行全部债务的义务，并且一次全面履行即可消灭全部债权债务的多数人之债。其中，部分或者全部债权人均可以请求债务人履行债务的，为连带债权；债权人可以请求部分或者全部债务人履行全部债务的，为连带债务（《民法典》第518条第1款）。连带之债由法律规定或者由当事人约定（《民法典》第518条第2款），法律规定的连带之债即法定连带之债，当事人约定的连带之债则为意定连带之债。

相较于按份之债，连带之债的复数主体内部之间存在连带关系，履行规则更加复杂。《民法典》第519、520、521条分别对连带之债内部关系中，连带债务的份额确定与追偿权、连带债务的涉他效力、连带债权的份额确定与返还作了规定。

在连带债务关系中，一个或数个连带债务人全面履行了全部债务后，其他债务人的债务也随之消灭。已经履行债务的债务人就超出自己应负担的部分，在其他连带债务人未履行的份额范围内，享有对其他连带债务人的追偿权。根据《民法典》第519条的规定，连带债务的份额确定与追偿权应当遵循如下规则：首先，连带债务人之间的份额难以确定的，视为份额相同；其次，实际承担债务超过自己份额的连带债务人，有权就超出部分在其他连带债务人未履行的份额范围内向其追偿，并相应地享有债权人的权利，但是不得损害债权人的利益；最后，被追偿的连带债务人不能履行其应分担份额的，其他连带债务人应当在相应范围内按比例分担。

由于连带债务关系中，各个债务人的履行行为都是为了实现债权人的同一债权，因而各个债务人的给付具有同一性，部分连带债务人履行过程中涉及的履行、抵销、提存、免除、混同和给付受领迟延等事项均会对其他连带债务人发生相应的法律效力。对此，《民法典》第520条作了明确规定：部分连带债务人履行、抵销债务或者提存标的物的，其他债务人的债务在相应范围内消灭，并且该债务人可以向其他债务人追偿；部分连带债务人的债务被免除的，在该连带债务人应当承担的份额范围内，其他债务人的债务消灭；部分连带债务人的债务与债权人的债权混同的，在扣除该债务人应当承担的份额后，债权人对其他债务人的债权继续存在；债权人对部分连带债务人的给付受领迟延的，对其他连带债务人发生效力。

连带债权关系中，任一债权人都有权请求债务人履行债务，而且债务人向任一债权人全面履行债务都可以导致债的消灭①。根据《民法典》第521条的规定，连带债权人之间的份额难以确定的，视为份额相同；实际受领债权的连带债权人，应当按比例向其他连带债权人返还；连带债权参照适用本章连带债务的有关规定。

(六)涉第三人的履行规则

依合同相对性原理，合同仅在双方当事人之间发生效力，但是为了适应日益复杂的社会关系，近代各国合同法以及我国《民法典》均采取允许合同涉及第三人的立法态度。在合同涉及第三人的履行过程中，就产生了涉第三人履行的规则，包括向第三人履行的规则和由第三人履行规则。

1. 向第三人履行的规则

向第三人履行的合同，简称为利他合同，是指当事人约定或者法律规定为第三人设定合同权利，由第三人取得利益的合同。《民法典》第522条明确了向第三人履行的规则。该条第1款吸收了《合同法》第64条关于债务人未向第三人履行或者不适当履行应当向债权人承担违约责任的规定，并在此基础上增加了第2款，规定了“真正的利益第三人合同”的履行规则，明确了第三人的直接的履行请求权以及债务人未向第三人履行或者不适当履行时向其主张违约责任的权利。

2. 由第三人履行的规则

由第三人履行的规则主要体现为《民法典》第523条和第524条。前者规定了由第三人履行的合同，其内容来源于《合同法》第65条，明确了第三人不履行或不适当履行时，债务人应当向债权人承担违约责任；后者规定了第三人代为履行规则，也称第三人清偿规则，是《民法典》在总结《民法通则》第35条的合伙人代为清偿规则和《担保法》第12、31条的保证人代为清偿规则等相关规定的基础上，新增的规定。根据《民法典》第524条的规定，由第三人代为履行的原因不以“当事人的约定”为限，既可以出于当事人之间的约定，也可以基于第三人的单方意思表示，还可以由法律直接规定。无论基于何种原因，由第三人代为履行应当满足以下三个条件：其一，债务人不履行债务；其二，第三人对履行该债务具有合法的利益；其三，

① 参见史尚宽：《债法总论》，中国政法大学出版社2000年版，第676页。

该债务不存在由第三人履行的障碍，即不属于根据债务性质、按照当事人约定或者依照法律规定只能由债务人履行的债务。第三人代为履行，在债权人接受第三人履行后，原债权因第三人清偿而消灭，除非债务人和第三人另有约定，债权转让给第三人。

四、合同履行中的抗辩权

(一)抗辩权概说

抗辩权并不是合同法中所特有的一种权利。抗辩权是民法中与请求权相对应的一类民事权利。所谓抗辩权，是指对抗请求权的权利或者否认对方权利主张的权利，亦称为异议权。民法中的抗辩权可以分为两种：一种是永久的抗辩权，这种抗辩权的目的和效力表现为使对方的请求权永远被排除，如因诉讼时效或者除斥期间超过而产生的抗辩权就是使对方的请求权永远消灭①。另一种称为延缓的抗辩权，这种抗辩权的行使，只能暂时排除对方的请求权，延缓对方请求权效力的发生，但不能永远排除对方的请求权。这里我们将要讲到的合同履行中的抗辩权就是属于延缓的抗辩权。合同履行中的抗辩权是民法中的抗辩权在合同法中的应用。根据《民法典》的规定，合同履行中的抗辩权有不安抗辩权、同时履行抗辩权和先履行抗辩权三种。

(二)不安抗辩权

1. 不安抗辩权的概念和立法意义

不安抗辩权，是指在双务合同中，负有先履行合同义务的一方当事人在履行义务前，如果有确切的证据证明对方当事人在订立合同后存在可能不能履行对待给付义务的法定情形时，有权中止履行自己的义务并要求对方当事人提供必要的履约担保。如果对方当事人在合理的期限内未提供

---

① 关于诉讼时效的效力，国内外立法和理论有多种主张，如实体权消灭说、抗辩权产生说、起诉权消灭说和胜诉权消灭说等。尽管这些主张和立法例各有区分，但从实质意义上看，都是使一种权利永远被消灭。因此，基于诉讼时效而行使的抗辩权应当属于永久的抗辩权。

担保或者未恢复履约能力，则负有先履行义务方当事人有权解除合同。先履行义务方当事人所享有的此种权利，就是不安抗辩权，也称作保证履行抗辩权。“不安”者，担心也。法律上对不安抗辩权的有关规定即形成合同法中的不安抗辩制度。

不安抗辩权和不安抗辩制度源自大陆法，其最为经典的立法是《德国民法典》第321条：“因双务契约负担债务应向他方先为给付者，如他方的财产于订约后明显减少，有难为对待给付之虞时，在他方未为对待给付或提出担保之前，得拒绝自己的给付。”我国《民法典》第527、528条对不安抗辩权作出了规定。

立法上赋予当事人以不安抗辩权，并建立不安抗辩制度，具有重要的法律意义。首先，不安抗辩权公平地权衡了双方当事人的利益，避免了负有先履行义务方当事人在合同履行过程中显受不利，从而使合同交易的安全进一步得到保障；其次，为当事人在合同交易的过程中提供了灵活的、及时的法律救济手段；再次，它提醒并促使当事人在整个合同交易的过程中均要注意了解对方的资信动态，而不是在订立合同后就万事大吉，从而进一步提高合同交易的质量。

2.不安抗辩权的行使条件

(1)当事人所订立的合同是双务合同。只有在双务合同中，才存在对待给付义务，才存在不安抗辩权。单务合同中是不存在不安抗辩权问题的。这是不安抗辩权行使的基础性条件。

(2)合同义务的履行在顺序上存在先后之分。合同义务履行的先后顺序可以是基于当事人的约定，也可以是基于法律的具体规定。无先后顺序，则无不安抗辩权，而只可能存在同时履行抗辩权。

(3)负有先履行合同义务方当事人尚未履行合同或者尚未履行完毕合同义务。如果合同义务已经履行完毕，则亦不存在不安抗辩权。

(4)负有先履行义务方当事人有确切的证据证明后义务方当事人在订立合同后存在法定的可能难以履行对待给付义务的情形。这一要件包含四个方面：

第一，后义务方当事人存在财产状况明显恶化、履约能力明显降低等客观情形。我国《民法典》第527条具体列举了四种情形：其一，后义务人经营状况严重恶化；其二，后义务人转移财产、抽逃资金，以逃避债务；其三，后义务人丧失商业信誉；其四，后义务人有丧失或可能丧失履行债务能力的其他情形。

第二，上述情形导致后义务人在接受先义务人的交付后可能不能履行对应的给付义务。否则，虽然后义务人财产状况或履约能力恶化，但尚不至于影响其对待给付能力，则不能行使不安抗辩权。

第三，上述情形表现是发生在合同订立后。如果是发生在缔约之时，则不能行使不安抗辩权。

第四，先义务方表现有确切的证据。反之，则容易构成抗辩权的滥用，形成违约。

以上四个条件必须同时具备，先义务方当事人才能行使不安抗辩权。

3. 不安抗辩权的行使

(1)不安抗辩权行使的主体

不安抗辩权制度建立的意义，最主要是为保障先义务人的利益在后义务人履约能力降低的情况下不致受损。因此，不安抗辩权只能赋予先义务人。后义务人是不享有不安抗辩权的。

(2)不安抗辩权行使的效力

从总体上看，不安抗辩权的效力表现为阻止后义务人的请求权延缓产生效力。具体而言，不安抗辩权的效力可以分两次：第一次效力和第二次效力。第一次效力的内容是先义务人可以合法地中止(即暂时停止)履行自己的义务，该效力还延伸到可以要求后义务人提供担保。如果后义务人提供了适当的担保或恢复了履约能力，则第一次效力终结，先义务人必须继续履行合同义务。如果第一次效力未达目的，则法律继续赋予先义务人第二次效力。第二次效力的内容是解除合同，即在后义务人不提供担保且未恢复履约能力时，先义务人可以解除合同。

(三)同时履行抗辩权

1. 同时履行抗辩权的概念和法律意义

所谓同时履行抗辩权，是指在双务合同中，合同未规定义务履行的先后顺序的，则任何一方当事人在对方当事人未履行其义务或者未适当履行其义务前，有权拒绝履行自己相应的义务。其中，当事人所享有的抗辩权即同时履行抗辩权。

同时履行抗辩制度是大陆法上的一项特有的制度，在英美法中没有这项制度。我国《合同法》已经从大陆法中正式引入了同时履行抗辩制度，规定于第 66 条。《民法典》第 525 条完全保留了《合同法》第 66 条的内容，规定："当事人互负债务，没有先后履行顺序的，应当同时履行。一方在对方履行之前有权拒绝其履行要求。一方在对方履行债务不符合约定时，有权拒绝其相应的履行要求。"

一般认为，同时履行抗辩权的合理性的理论根据有两个：第一是诚实信用原则。根据诚实信用的精神，在合同未约定义务履行的先后顺序时，任何一方在自己未履行义务前不应强求对方当事人先履行义务；反之，任何一方在对方未履行其义务前，就应当有拒绝履行自己义务的权利。第二是双务合同权利义务的牵连性，即双务合同权利义务的相互对应性。基于其牵连性，一方权利的实现和义务的履行与对方义务的履行和权利的实现紧密相连，因此，除非当事人对义务履行的先后顺序已有约定，否则，不应强令任何一方先履行自己的义务。

同时履行抗辩制度的法律意义在于：其一，它公正地衡平了双务合同双方当事人的权益，不使任何一方在合同约定不明的情况下陷于不利的境地，从而有利于维护交易秩序，有利于维护当事人的合法权益。其二，通过建立同时履行抗辩机制，在实际合同交易中，能够达到促使当事人一手交钱，一手交货，从而实现同时履行。应该说，促成当事人在未约定义务履行先后顺序时同时履行，是同时履行抗辩权制度的真正目的所在。

2. 同时履行抗辩权的行使

(1)同时履行抗辩权的行使条件

同时履行抗辩权行使的条件是：第一，当事人所订立的合同为双务合同。单务合同中无同时履行抗辩权可言。第二，合同义务的履行无先后之分。其中包括当事人没有明确约定，法律法规也没有直接的规定。如果合同义务的履行已经确定了先后顺序的，则只可能适用不安抗辩权，而不能适用同时履行抗辩权。第三，双方当事人中任何一方未履行自己的义务或者至少未提出履行自己的义务。如果一方已经履行了自己的义务，则实际上是以行为确定了合同义务履行的先后顺序。如果一方虽然未履行义务，但已经提出履行自己的义务，则可以看成是以意思表示提出自己先履行义务，从而使合同义务履行的无顺序变为有顺序。在这两种情况下，均不构成同时履行抗辩权。

从同时履行抗辩权的构成要件可以看出，同时履行抗辩权的适用范围是较为有限的。一般来说，它适用于标的额较小的"一手交钱，一手交货"类型的合同交易。

(2)同时履行抗辩权行使的主体

同时履行抗辩权不同于不安抗辩权。不安抗辩权是为了保障先义务人的利益不受损害而赋予先义务人的权利，因此，不安抗辩权的主体是先义务人。而同时履行抗辩权是在合同义务的履行无先后之分时，为了公平地保障双方的利益。因此，同时履行抗辩权应平等地赋予当事人双方，即同时履行抗辩权的主体为双方当事人。

(3)同时履行抗辩权行使的效力

当事人合法行使同时履行抗辩权，其产生的效力可以分为直接效力和间接效力。直接效力是抗辩权人在对方未履行义务或未适当履行义务之前，可以拒绝履行自己相应的义务。间接效力可以从两方面理解：一是抗辩权人不履行自己的义务在法律上不构成违约；二是抗辩权的行使可以促使当事人同时履行义务。

(四)先履行抗辩权

1. 先履行抗辩权的概念

所谓先履行抗辩权，也可称为顺序履行抗辩权，亦有人称之为后履行抗辩权①，是指在双务合同中，合同约定了义务履行的先后顺序，在先义务人未履行其义务前，后义务人有权拒绝履行自己的义务；先义务人履行义务不符合合同约定的，后义务人有权拒绝履行其相应的义务，其中后义务人所享有的权利即先履行抗辩权。

在传统大陆法中，合同履行的抗辩权只有不安抗辩权和同时履行抗辩权两种。我国《合同法》在第 67 条则明确规定了先履行抗辩的情形。该条的内容为《民法典》第 526 条完全吸收。对于这一规定，尽管学界有所微词，认为这一规定是一个"无害条款"，但我们认为这一规定是有其特殊作用的。先履行抗辩权与不安抗辩权和同时履行抗辩权的主要区别是，不安

① 谢怀栻等著：《合同法原理》，法律出版社 2000 年版，第 164 页。

抗辩权的抗辩权是由先义务人享有，同时履行抗辩权的抗辩权是平等地赋予双方当事人，而先履行抗辩权的抗辩权是由后义务人享有。

2. 先履行抗辩权的行使条件和效力

先履行抗辩权行使的条件是：第一，当事人订立的合同为双务合同；第二，双务合同义务的履行有先后顺序；第三，先义务人未履行其义务或者履行其义务不符合合同的约定。在先义务人未履行其义务的情况下，后义务人有权拒绝履行自己的全部合同义务；在先义务人履行其义务不符合合同约定的情况下，后义务人有权拒绝履行其相应部分的义务。

先履行抗辩权行使的效力为后义务人在先义务人未履行或未适当履行其义务前，可以不履行自己的义务或不履行自己相应的义务。

这里有一点需要说明，从抗辩权的角度看，先义务人不履行合同或者履行合同不符合合同约定时（此时先义务人已经构成违约），后义务人可以拒绝履行自己相应的义务，这是以抗辩权的方式对后义务人提供保护，但赋予后义务人抗辩权后并不影响后义务人向先义务人主张违约责任。

五、情势变更与合同的履行

（一）情势变更概述

情势变更是指合同成立后，因为不可归责于合同当事人的事由，发生了合同订立时无法预见的重大异常变动，致使合同的基础发生动摇或者彻底丧失，在继续履行合同会显失公平的情况下，应当允许当事人重新协商、变更或者解除合同，其含义可以从“情势”和“变更”两个方面理解。所谓“情势”，在民法上可以泛指一切能够作为民事法律行为成立基础或者环境的事实，在情势变更制度中则是专指作为合同成立基础或者环境的客观事实。所谓“变更”，是指合同赖以成立的环境或基础发生的无法预见的、不属于商业风险的重大变化[①]。情势变更是公平原则的体现，本质上是当事人通过重新协商、变更或解除合同，合理分担由此造成的履行风险，从而平衡由于不可预见的社会异常重大变动造成的合同权利义务严重不对等、显

① 参见王轶：《新冠肺炎疫情、不可抗力与情势变更》，载《法学》2020 年第 3 期。

著不公平的状况。

情势变更不同于商业风险。其一，商业风险属于从事商业活动的固有风险，是作为合同成立基础或者环境的客观事实在正常范围内的变动，如因市场供求变化导致的价格正常波动；而情势变更则是合同履行面临的异常风险，是作为合同成立基础或者环境的客观事实发生的重大异常变动，如突发严重通货膨胀导致的价格暴涨。其二，商业风险在合同成立时，当事人有所预见，或者能够预见；而情势变更在合同成立时，当事人没有预见，也无法预见。其三，商业风险可以归责于当事人，因商业风险造成的合同不履行或不适当履行，当事人应当承担违约责任；情势变更不可归责于当事人，因情势变更导致的合同不履行或不适当履行，不产生违约责任。

虽然我国《合同法》未明确规定情势变更，但是司法实践中已经确认了该制度，并在《合同法司法解释（二）》第 26 条对此作出了规定："合同成立以后客观情况发生了当事人在订立合同时无法预见的、非不可抗力造成的不属于商业风险的重大变化，继续履行合同对于一方当事人明显不公平或者不能实现合同目的，当事人请求人民法院变更或者解除合同的，人民法院应当根据公平原则，并结合案件的实际情况确定是否变更或者解除。"《民法典》第 533 条修改完善了上述规定，删除了"非不可抗力"和"不能实现合同目的"，增加了当事人的重新协商义务，正式在立法上确立了情势变更制度。

（二）情势变更的适用条件

根据《民法典》第 533 条的规定，情势变更的适用应当具备以下五项条件：

1. 情势变更的事实存在。即作为合同成立基础或环境的客观事实已经发生了重大异常变动。一般而言，情势变更的事实包括物价暴涨、汇率剧烈波动、国家经济贸易政策变化、灾难等导致合同发生动摇或者彻底丧失的客观情况。

2. 情势变更是当事人不可预见的。即当事人在订立合同时对于情势变更没有预见，也无法预见。如果作为合同成立基础或环境的客观事实变化是当事人已经预见或者能够预见的，则当事人已经知道客观事实变化对合同履行造成的风险并自愿承担。这种情形应当适用风险负担的相关规则,并无情势变更制度的适用空间。

3.情势变更不可归责于当事人。即情势变更的事实不可归责于任何一方当事人。如果可归责于当事人,则应当由其承受合同目的不能实现的风险,或者承担不履行或不适当履行合同产生的违约责任。

4.情势变更须发生在合同成立后,履行完毕前。若情势变更的事实发生在合同订立时,则当事人已经知道或者应当知道发生的事实,合同成立以变更后的事实为基础,不能在履行过程中再调整,只能由当事人自担风险。若情势变更的事实发生在履行完毕后,合同权利义务已经因为履行完毕而终止,情势变更与合同履行无关。

5.继续履行合同显失公平。即合同履行因为情势变更而对当事人不具有期待可能性,如果继续履行合同将导致当事人的合同权利义务严重不对等、显著不公平。

(三)适用情势变更的效力

根据《民法典》第533条的规定,情势变更的效力主要体现在三个方面:

1.重新协商。学理上也称继续谈判义务或者“再交涉义务”[①],是指受不利影响的当事人可以与对方就合同内容重新协商。重新协商应当是一种“行为义务”而非“结果义务”,只需当事人根据诚实信用原则继续协商即可,不要求当事人达成新的合同[②]。如果当事人在合理期限内协商不成,可以请求人民法院或者仲裁机构变更或解除合同。

2.变更合同。当事人请求变更合同的,人民法院或者仲裁机构应当结合案件的实际情况,根据公平原则变更合同。这里的变更合同主要包括延期或分期履行、增减履行标的数额、变更履行的地点、变更履行的标的物等。

3.解除合同。根据公平原则,结合案件的实际情况,如果变更合同尚不能消除合同权利义务严重不对等、显著不公平的状况,人民法院或者仲裁机构应当解除合同。

---

① 参见崔建远:《合同法学》,法律出版社2014年版,第99页。

② 参见韩世远:《情势变更原则研究》,载《中外法学》2000年第4期。

第五章　合同的保全

一、合同的保全概述

合同的保全是民法债权保全制度的组成部分，是民法债权保全制度在合同法中的应用和体现，而民法债权的保全又是民法中债(债权)的担保的一部分。从理论上说，民法中债的担保分为狭义的担保和广义的担保两种。狭义的担保是指由《民法典》所确立的以保证、抵押、质押、留置和定金等为典型担保方式的担保制度。“广义的担保，是包括民事责任、债的保全、狭义担保三位一体的制度，是指督促债务人履行债务，保障债权实现的一切民事法律手段。”①债的保全，作为广义债的担保的一种，是指在债务人实施不当处分财产行为，使其财产减少或者可能丧失，有损于清偿债权人的债权时，债权人可以采取一定的行为使债务人的财产不减少或者不丧失，以保障债权人的债权得以清偿。依债法原理，尽管债权是请求权，债权人不得直接支配债务人的财产，但债务人应当以自身拥有的全部财产作为债权得以清偿的保障。债务人的全部财产在学理上称为责任财产，债的保全目的在于维持债务人的责任财产完整，确保债务人能够以其责任财产作为债权顺利实现的保障。因此，债的保全在学理上也被称为责任财产的保全。债权的保全包括合同债权的保全和其他债权的保全，其中以合同债权的保全最为主要和最为普遍。

合同的保全涉及第三人，是合同对外效力的体现。根据合同相对性原理，合同债权仅具有对内效力，即合同只能在债权人与债务人之间发生效力，债权人的权利不能直接扩张到债务人与第三人之间的关系上。但是，合同的保全使债权人的权利得以扩张，能够基于法律的直接规定，通过限制债务人与第三人的行为自由，来保护自己的债权。我国《合同法》在第四

① 郭明瑞、杨立新著:《担保法新论》，吉林人民出版社 1996 年版，“前言”第 3 页。

章“合同的履行”中将合同债权的保全作为与合同的履行紧密联系在一起的问题进行规定，因此，“合同的保全”也可被称为“合同履行中的债权的保全”。根据《合同法》的规定，合同履行中的债权的保全方式有债权人的代位权和撤销权两种。《民法典》将《合同法》第四章中的代位权和撤销权分出，独立为第五章“合同的保全”，并且在第 536、538、539 条扩大了代位权和撤销权的适用范围，使合同保全制度更加完备。

二、债权人的代位权

（一）债权人代位权的概念和适用条件

1. 债权人代位权的概念

所谓债权人的代位权，是指当合同债务人怠于行使其对第三人的债权或者与该债权有关的从权利，以致有损于对债权人债权的清偿时，债权人有权向法院请求以自己的名义代位债务人向第三人行使债务人的债权。债权人所享有的此种权利即债权人的代位权。

从上述概念可以看出，债权人的代位权实际上是突破了合同法中合同的相对性原则，赋予没有直接法律关系的债权人直接对第三人主张权利，这不能不说是债法及合同法的新发展，在我国合同法发展史上无疑具有重大意义。赋予债权人代位权，有利于对债权人债权的保障，从而有利于保障交易的安全，有利于促进商品交易。特别是在我国，由于一段时间以来普遍存在的三角债和较为猖獗的债务人逃废债务的行为，制约着我国商品经济的发展。在这种情况下，合同法明确规定债权人的代位权，无疑更具有特殊的意义。

2. 债权人行使代位权应当符合以下条件：

（1）合同当事人一方对另一方享有债权。其中享有债权的当事人一方是债权人，另一方是债务人。债权人对债务人享有债权，这是代位权存在的基础。至于这里的债权是否一定是到期的，合同立法没有明确规定。学界有人主张应为到期债权，我们认为不妥。为了真正实现代位权制度的目标，确实保障债权人的债权不受损害，我们主张不以到期债权为限。根据《民法典》第 535 条规定，一般情形下，该债权应为到期债权。但根据《民法典》第 536 条规定，如果债务人怠于行使即将超过诉讼时效或破产财产申报期限的债权，代位权也可以适用于未到期的债权。

(2)债务人对第三人享有债权，且该债权非专属于债务人。代位权的基本内容是赋予债权人直接对第三人主张债务人对第三人所享有的债权，因此，债权人代位权的成立，必须是债务人对第三人享有债权，包括与该债权有关的从权利，否则在法律上便没有根据。《民法典》第 535 条第 1 款删去了《合同法》第 73 条第 1 款的"到期"一词，没有明确限定债务人对第三人的债权必须是到期债权。另外，从民事权利的性质看，有些权利是与权利人的人身不可分离的，是权利人的专属性权利，是不可让与的。属于这种性质的债权主要有基于扶养关系、抚养关系、赡养关系、继承关系产生的给付请求权和劳动报酬、退休金、养老金、抚恤金、安置费、人寿保险金等请求权。这些债务人所享有的债权是不能代位的。除了专属于债务人自身的这些债权外，其他一切具有财产内容的非专属债权，均可作为代位权的对象。

(3)债务人怠于行使其对第三人的债权。所谓怠于行使债权，是指债务人能够行使且应当行使债权的情况下处于消极不行使债权的状态，包括但不限于怠于行使即将超过诉讼时效、除斥期间以及破产财产申报期限的债权行为。由于债权基本都是有期限的，在有效期限内债权人积极行使债权，受到法律的保护；如果在有效期限内债权人不积极行使其债权，以致超过期限的，根据民法消灭时效和除斥期间等的规定，则债权人将丧失债权。因此，如果债务人积极行使其对第三人的债权，则其债权及由此产生的财产不会因怠于行使债权而丧失，因而自然不存在代位权的理由；只有当债务人怠于行使其对第三人的债权时，才存在代位权的必要性。故代位权之成立还必须是债务人怠于行使其对第三人的债权。

(4)债务人怠于行使其对第三人债权的行为有害于其对债权人债权的清偿。这是指如果债务人因怠于行使债权并丧失对第三人的债权，债务人的自有财产就绝对减少，而依债务人的现有财产状况，不能清偿其对债权人的债权，从而当然有损债权人债权的实现。这是之所以设立代位权制度的最根本原因和理由。如果债务人虽然怠于行使其对第三人的到期债权并因此丧失这项债权，但依债务人的财产状况，欠缺这项财产不足以影响其对债权人债权的清偿能力，则也无代位权的必要。因此，债权人代位权的成立还必须是债务人怠于行使到期债权的行为有害于其对债权人债权的清偿。

(二)债权人代位权的行使

1. 代位权的行使主体

根据代位权制度的基本原理,代位权制度运行的基本规则就是由债权人代位债务人直接向第三人主张债务人的权利。因此,从主体上看,代位权行使的主体当然是债权人。债权人行使代位权并不是以债务人的名义,而是以自己的名义。从这一点看,代位权的行使显然不同于代理权的行使。

2. 代位权行使的方式

我国《民法典》第 535 条明确规定代位权的行使只能采用代位权之诉的方式。代位权作为一项民事实体权利,从立法上看,既可以规定由债权人直接向第三人行使请求权,也可以规定由债权人通过法院向第三人行使请求权,还可以规定同时允许以上两种方式并存。我国《民法典》第 535 条第 1 款明确规定"债权人可以向人民法院请求以自己的名义代位行使债务人对相对人的权利",将代位权的行使方式限于代位之诉。至于作这种立法规定的理由,主要是为了保证代位权行使的规范性、严肃性和权威性,但我们认为这一做法尚值得商榷。我们主张应同时允许两种方式并存,这样有利于提高代位权制度运作的效率,在有些情况下还可以节省成本。此外,《民法典》第 536 条规定了特殊情况下代位权行使的其他方式,即债务人的债权或者与该债权有关的从权利存在诉讼时效期间即将届满或者未及时申报破产债权等情形,债权人可以代位向债务人的相对人请求其向债务人履行、向破产管理人申报或者作出其他必要的行为。

3. 代位权行使的范围

代位权制度设立的根本目的是为了使债权人的债权得到清偿,因此,从理论上说,代位权制度对债权人债权保护的范围不应超出其债权的范围,我国《民法典》第 535 条第 2 款也是这么规定的。因此,债权人代位权行使的范围应以债权人对债务人享有的债权范围为限,但债权人对第三人主张代位权的费用也应另外计入其内。依此推之,如果债务人对第三人享有的债权大于债权人对债务人享有的债权范围的,债权人只能代位主张其债权部分，其余部分不能作为代位权的对象；反之，如果债务人对第三人享有的债权小于债权人对债务人的债权，则只能以该债权为代位权对象，不得追及第三人的其他财产。

4. 代位权行使的效力

关于代位权行使的效力，首先要解决的问题是债权人行使代位权所保全的债权及相应所取得的财产是归入债务人，然后再通过诉讼程序清偿给债权人，还是直接归入债权人以清偿其债权？对此，学理上有两种完全相对的观点。一种观点主张基于合同相对性和民事主体平等原则，宜遵守“入库规则”，应先归入债务人，而后再依法用以清偿债权人的债权，理由为：其一是为了维护法律关系的相对性（在这里实质上就是债的相对性），避免法律关系过于混乱；其二是为了顾及对债务人享有债权的其他债权人的利益，因为如果直接归入债权人，则意味着其他债权人的债权可能因此而受到损害。另一种观点主张应直接归入债权人（即代位权人），理由为：其一是为了鼓励债权人积极行使代位权，提高代位权制度运行的效率。因为如果不直接归入代位权人而是归入债务人，则有可能该项财产被其他债权人按份享有，还存在被债务人实施其他非法行为处分的风险，因此对债权人行使代位权不具有激励作用，反而可能存在负面作用，这不利于充分发挥代位权制度的功能。其二是有利于节省债权人的成本，减少社会的浪费。我们赞成第二种观点，《合同法司法解释（一）》第 20 条也是采纳第二种观点。《民法典》第 537 条将司法解释的内容转化为法律，规定：“人民法院认定代位权成立的，由债务人的相对人向债权人履行义务，债权人接受履行后，债权人与债务人、债务人与相对人之间相应的权利义务终止。”

三、债权人的撤销权

（一）债权人撤销权的概念和适用条件

1. 债权人撤销权的概念

撤销权是民法中民事权利的一种，属于所谓形成权的范畴。撤销权可以适用于不同的对象，如对单方意思表示的撤销（要约的撤销即是）、对非法行为的撤销、对意思表示有瑕疵的法律行为的撤销（如合同的撤销）等，这里的债权人的撤销权当是对非法行为的撤销。

所谓债权人的撤销权，是指在合同债务人实施不当处分其财产或对外债权的行为，给合同债权人造成损害时，债权人有权请求法院撤销债务人的不当行为。债权人所享有的这种权利即债权人的撤销权。

与债权人的代位权一样，债权人的撤销权也是为了保全债权人的债权而设，两者的基本功能是相同的，并且，两者在性质上均是对合同关系（债）的相对性的突破。但撤销权不是针对债务人的怠于行使债权的行为（消极行为），而是针对债务人的不当处分财产的行为（积极行为），这是两者的主要区别。立法上建立债权人的撤销权制度，对于保障交易的安全，促进合同交易具有重要意义。我国《民法典》第538—542条对债权人的撤销权作了规定。

2.债权人撤销权的适用条件

关于债权人撤销权的成立条件，根据《民法典》的规定，学界一般将债务人的不当处分行为分为无偿不当处分行为和有偿不当处分行为两种，分别确定债权人撤销权的成立要件。

债权人行使对债务人的无偿处分行为的撤销权与债权人行使对债务人的有偿的不当处分行为的撤销权，在客观条件方面是相同的。所不同的是，撤销债务人有偿的不当处分行为，除客观条件外，还应有债务人和第三人在主观上有过错（故意），而对无偿的处分行为的撤销则只要存在客观条件即可，无需主观过错条件。

债权人行使撤销权的客观条件有：

（1）合同当事人一方对另一方享有债权。其中，享有债权的一方称为债权人，另一方称为债务人。同样，这一债权应当包括到期和不到期两种，不以到期债权为限，其理由与代位权中的理由相同。

（2）债务人向第三人实施了不当处分其财产和对外债权的行为。根据《民法典》第538条，“无偿不当处分行为”具体表现为四种情形：一是放弃债权，二是放弃债权担保，三是无偿转让财产，四是恶意延长到期债权的履行期限。

（3）债务人的不当处分财产或债权行为有害于债权人债权的实现。主要是指因债务人不当处分财产或债权，导致债务人的财产减少或丧失，致使债务人对债权人的债权不能清偿。

根据《民法典》第 539 条的规定，当债权人只是针对债务人有偿的不当处分行为行使撤销权时，除了上述客观条件外，还必须附加一个主观过错条件。所谓“有偿不当处分行为”，是指债务人向第三人以明显不合理的低价转让其财产，或者以明显不合理的高价受让他人财产或者为他人的债务提供担保等行为。这里的主观过错不仅是债务人有过错，而且接受处分的第三人也必须主观上有过错，即第三人必须知道债务人是以明显不合理的低价处分财产，并有损于债权人债权的实现的情形。否则，债权人不能撤销债务人明显不合理低价处分财产的行为。

(二)债权人撤销权的行使

1. 撤销权行使的方式

根据《民法典》第 538、539 条的规定，债权人行使撤销权只能通过向法院请求行使撤销权的方式，由法院进行审查并决定是否撤销。符合撤销权行使条件的，法院应当裁决予以撤销，从而产生撤销的效力。不符合撤销权行使条件的，法院应裁决不予撤销。当事人直接向债务人和第三人主张撤销权的，不产生撤销的效力。

2. 撤销权行使的范围

与债权人的代位权一样，债权人行使撤销权的范围以债权人对债务人所享有的债权数额为限(《民法典》第 540 条)。超出该范围的，债权人无权请求撤销，法院亦不应支持。其根据主要在于，法律上设立债权人的撤销权制度，是为了保全债权人的债权得以实现。因此，法律赋予债权人对债务人享有撤销权的范围也应当限制在此范围之内，否则，对于债务人来说是不公平的，也是违背法意的。另外，根据《民法典》第 540 条的规定，债权人行使撤销权的必要费用，由债务人负担。由此可见，撤销权行使的范围可以将债权人因主张撤销权而发生的必要费用计入其内。

3. 撤销权行使的效力

债权人合法行使撤销权且被法院裁决予以撤销的，即产生撤销权行使的效力。撤销权行使的效力可以分为直接效力和间接效力。直接效力表现为债务人对第三人的不当处分行为无效(《民法典》第 542 条)。间接效力表现为第三人取得债务人所处分的财产没有合法的根据，为不当得利，应当返还给债务人(即原权利人)。当第三人将财产返还给债务人以后，债权人才能再通过合法的程序和方式从债务人取得该财产。

4. 撤销权行使的期限

债权人的撤销权作为一种民事权利，也应当受到一定的期限限制，否则，将使法律关系长期处于不确定的状态，不利于交易程序的稳定。我国《民法典》第541条规定："撤销权自债权人知道或者应当知道撤销事由之日起一年内行使。自债务人的行为发生之日起五年内没有行使撤销权的，该撤销权消灭。"其中，一年期限，我们称之为一般撤销权期限；五年期限，我们称之为最长撤销权期限。对于债权人撤销权期限的性质，学界也有分歧。我们认为应是除斥期间。

第六章　合同的变更和转让

一、合同的变更

(一)合同变更的概念和特点

1. 合同变更的概念

所谓合同的变更，是指合同有效成立之后、履行完毕之前，由当事人双方协商一致或基于法定事由的出现，由法院或仲裁机构裁决而依法对合同的部分内容进行修改。

关于合同变更的含义的理解，很长时间以来在学理上有狭义和广义之分。狭义的合同变更，是指在不改变合同当事人的前提下仅变更合同的部分内容；广义的合同变更除了狭义的合同变更外，还包括合同主体的变更。而合同主体的变更，实际上就是合同的转让。在《合同法》实施之前的三大合同法中，均未分离出独立的合同的转让，而是将其包含在合同的变更中进行立法的。我国《合同法》将合同的变更与合同的转让加以区分，并分别进行规定。《民法典》延续了《合同法》的立法模式，将“变更”与“转让”并列。也就是说，我国《民法典》对合同的变更是采取狭义理解的。笔者在此持狭义理解。

从合同法的一般理论看，合同是具有严肃性的。有效成立的合同，当事人应当严格履行，否则，应承担相应的违约责任，不允许当事人擅自变更或解除合同。但是，当事人协议变更合同也应当是符合法意的，具有法理的正当性。主要有两点理由：第一，合同的实践是非常复杂的，有很多情况是当事人在订立合同时所无法预料的，或者难以预料的。当合同订立后，出现某些情况致使不能实现当事人预期的目的，或者维持合同原有内容将会导致显失公平的结果，则应当允许变更或解除合同。第二，根据合同自由的原则，当事人既有依法订立合同的自由，也有依法变更合同的自由。

由此可见，合同的变更应当是《民法典》的应有内容。

2. 合同变更的主要特点

(1)合同的变更以原合同的有效成立为前提。如果原合同未成立或者无效，则无变更可言，自然也不会产生合同变更的效果。

(2)合同的变更是在不改变合同当事人的前提下只改变合同的内容。如前所述，理论上广义的合同的变更是包括合同主体(当事人)的变更的，但狭义的合同的变更则仅仅是指内容的变更，即在不改变合同当事人的前提下的合同内容的变更。我国合同法已将合同主体的变更与合同内容的变更相区分，并单独进行立法规定，作为狭义的合同的变更仅仅是指其内容的变更。

(3)合同的变更是合同内容的部分变更而不是全部变更。如当事人协议修改合同的标的的数量、质量，或者改变合同的履行方式、地点，甚至改变合同的价金条款，这些在维持当事人之间原有基本合同关系的基础上对合同的局部条款所作的修改，都是合同的变更。但是，如果合同的全部条款都被修改，则实际上是原有合同的消灭，原当事人之间产生了一个新的合同。这不能称为合同的变更，而是合同的消灭。如果当事人虽然没有修改合同的全部条款，但已改变了合同的标的及与此标的相应的质量、数量等条款，是否属于合同的变更呢？对此有两种观点：一种观点认为这在本质上是对原合同的解除，而不是变更①；另一种观点则认为合同的变更包括对合同标的的变更②。我们赞成前一种观点。这是因为合同的变更本质上应当是在保持原合同的基本关系的前提下对合同部分内容的修改。因此，合同内容的全部变更和合同根本内容的变更，都应视作是原合同关系的消灭。由于标的是合同当事人权利义务所共同指向的对象，是合同根本的、实质的内容，改变了标的及与此相应的数量、质量等条款，当然是对合同内容的根本改变或实质性改变，应当视作是对原合同的解除，而不是变更。

(4)合同变更后所产生的合同关系仍然是一个新的合同关系，并非原来的合同关系。合同变更不能是全部改变原合同的内容，甚至不能改变原

---

① 隋彭生：《合同效力与合同责任》，中国政法大学出版社 1989 年版，第 208 页。

② 王家福主编：《中国民法学·民法债权》，法律出版社 1991 年版，第 358 页。

合同的根本内容，但是改变了原合同的部分内容。因此，变更后的合同中有部分是原合同的内容，还有部分是新的内容。由这两部分内容构成的合同，当然不是原合同，应当属于一个新合同。不过，新合同的产生不是以原合同的消灭为前提，而是在维持原合同效力的基础上，通过变更原合同部分内容而完成。合同变更后，原合同中未变更的条款仍然有效。所以，从这个意义上说，合同的变更可以称作合同的相对消灭，而不是完全消灭或根本消灭。

（二）合同变更的方式

根据我国《民法典》合同编的有关规定，合同的变更有两种方式，即协议变更和司法变更。

1. 合同的协议变更

协议变更是合同变更的一般方式。它是指在合同有效成立后、履行完毕之前，当事人之间协商一致，修改合同的部分内容。这实际上是当事人以新的合意修改原来的合意。因此，协议变更合同，应遵循合同订立的要约和承诺的基本程序。

从理论上说，根据合同自由的原则，当事人依法享有订立合同的自由，也享有依法变更合同内容的自由。因此，只要当事人变更合同的协议不存在合同的无效情形，不与国家法律、法规的有关强制性规定相冲突，该变更合同的协议就应有效。协议变更是合同变更的一般方式。我们通常所谓的合同的变更，就是指协议变更。

关于协议变更，需要注意几点：第一，协议变更必须是当事人双方达成变更合同的协议，不允许无变更协议的单方变更。第二，合同变更的协议必须内容明确。变更合同的协议对变更的合同的内容约定不明确的，推定为未变更，不产生变更的效力，原合同应继续有效（《民法典》第 544 条）。第三，法律、法规规定变更合同应当办理批准等手续的，必须依法办理，否则，合同变更无效。尽管《民法典》删除了《合同法》第 77 条第 2 款关于合同变更按照法律规定办理批准、登记等手续的规定，但依体系解释，合同变更的效力仍然应当结合《民法典》第 502 条第 3 款的规定加以确定，即法律、法规规定应当办理批准等手续生效，变更合同时未办理该手续的，合同变更不生效力。

2.合同的司法变更

所谓合同的司法变更，是指合同有效成立后、履行完毕之前，由于出现法定可予变更的情形（如《民法典》第533条规定的情势变更情形），根据当事人的请求，法院或仲裁机构依法裁决变更合同的部分内容。

由于这种变更体现为国家公权对当事人私权的直接干预，因此只能适用于特别的法定的情形下，故称之为合同变更的特殊方式。司法变更必须基于当事人的请求，而后由法院或仲裁机构以裁决确定。

（三）合同变更的效力

合同变更原则上仅对尚未履行的部分发生效力，对已经按照原合同履行的部分不具有溯及力，但是法律另有规定或者当事人另有约定的除外。合同变更后，当事人应当按照变更后的合同的内容履行，原合同中未被变更的部分仍然有效。依合同法的一般原理，因合同的变更给当事人造成损失的，有过错者应当承担赔偿责任。在协议变更情形下，具体责任的承担由当事人在变更协议中约定；在司法变更情形下，由裁判机构根据当事人的请求确定。

二、合同的转让

（一）合同转让的概述

所谓合同的转让，是指合同的当事人依法将其合同权利义务的全部或部分转让给第三人承受。

理解合同的转让必须注意的是，合同的转让不改变合同的内容，只是改变合同的主体。合同的转让既可以是只发生当事人一方的变更，也可以是同时发生双方当事人的变更；既可以是当事人仅将其合同的权利的全部或部分转让给第三人，也可以是当事人仅将其承担的合同义务的全部或部分移转给第三人承担，还可以是当事人将其合同权利义务的全部或部分概括地移转给第三人。根据《民法典》的规定，合同的转让可以分为三种情形，即合同权利的转让、合同义务的移转、合同权利义务的概括转让。

合同的转让不同于合同的变更。合同的变更是不改变合同的主体（当事人)，而只是部分变更合同的内容。合同的转让则刚好相反，是不变更合同的内容而只变更合同的主体。

合同的转让也不同于转包行为。转包行为是指承包(承揽)合同的承包人将其所承包的项目或工程的全部或部分以合同的形式交给第三人完成，并由承包人向第三人支付报酬的行为。转包行为涉及两个合同关系，即发包人与承包人的第一合同关系和承包人与第三人的第二合同关系。承包人向第三人转包后，承包人并不退出承包合同关系，第三人也不加入承包合同之中。第三人对承包人履行义务并享受权利，承包人对发包人履行义务并享受权利。合同转让是当事人将其合同权利或义务或权利义务转让给第三人，转让完成后，第三人或者加入原合同之中，或者原合同当事人一方退出合同而由第三人成为新的合同当事人一方。

(二)合同权利的转让

1.合同权利转让的概念和种类

所谓合同权利的转让，是指合同的当事人将其所享有的合同权利的全部或部分转让给第三人享有。其中，转让合同权利的人称为转让人或者让与人，第三人称为受让人。从这一概念可以看出，合同权利的转让可以分为合同权利的全部转让和合同权利的部分转让两种。

2.合同权利转让的有效条件

第一，让与人与受让人达成转让协议。

第二，让与人必须向债务人(另一方当事人)尽转让通知义务。债权人转让合同权利的，应当通知债务人，否则对债务人无效。关于这一条件，从世界各国来看，主要有三种立法主张。其一是以德国为代表的“自由主义”，认为合同债权的转让既无需债务人同意，也无需通知债务人，只要让与人与受让人达成转让协议即生转让之效力①。其二是以法国、日本为代表的“通知主义”，认为合同债权的转让无需债务人同意，但必须通知债务人②。其三是以我国《民法通则》为代表的“债务人同意主义”，规定合同权利的转让必须经债务人同意方能生效(《民法通则》第91条)。我国《合同

① 王利明、崔建远:《合同法新论·总则》，中国政法大学出版社2000年版，第420页。

② 参见《法国民法典》第1690条和《日本民法典》第467条。

法》采取了“通知主义”立法例(《合同法》第 80 条)。我国《民法典》第 546 条明确规定:“债权人转让债权,未通知债务人的,该转让对债务人不发生效力。债权转让的通知不得撤销,但是经受让人同意的除外。”由此可见,依我国《民法典》的规定,债权人向债务人尽债权转让通知义务是合同债权转让有效的条件。

第三,让与人对所转让的合同权利不存在权利瑕疵。

第四,法律、法规规定转让权利需要办理批准、登记等手续的,依法办理了有关批准、登记等手续。

3. 合同权利不得转让的法定情形

并非所有的合同权利都可以转让,有些合同权利是不能转让的。我国《民法典》第 545 条规定了三种不得转让合同权利的情形:第一,根据合同的性质不得转让的。如雇佣合同、演出合同、作为借款合同从合同的担保合同等,由于具有较强的特定人身依赖性,一般而言是不得转让的。第二,根据当事人的约定不得转让的。如果当事人在合同中特别约定了合同债权不得转让,则不得转让。但是,当事人约定不得转让债权的效力须受下列两种情形限制:(1)约定不得转让非金钱债权的,不得对抗善意第三人;(2)约定不得转让金钱债权的,不得对抗第三人。第三,依照法律规定不得转让的。如国家法律规定转让权利必须经过批准的,如果未获得批准,则合同债权就不能转让。

4. 合同权利转让的效力

第一,合同权利(部分或全部)转让后,原合同关系依然存在,受让人加入合同之中,与让与人并存作为合同一方当事人。

第二,当事人转让合同权利时,如果存在有从权利,除该从权利专属于债权人自身的以外,受让人应一并获得与所转让的合同权利有关的从权利。所谓专属于债权人的从权利,如合同解除权、与合同权利有关的债权人的荣誉权等即是。受让人取得从权利不因该从权利未办理转移登记手续或者未转移占有而受到影响(《民法典》第 547 条第 2 款)。

第三,合同权利转让后,债务人对让与人所享有的抗辩权和抵销权,也可以对受让人主张(《民法典》第 548、549 条)。

第四,因债权转让增加的履行费用,由让与人负担(《民法典》第 550 条)。

(三)合同义务的移转

1.合同义务移转的概念和种类

所谓合同义务的移转,是指合同当事人将其所承担的合同义务的全部或部分移转给第三人承担。

根据合同义务移转的概念,合同义务的移转分为合同义务的全部移转和合同义务的部分移转两种。其中,前者称为免责的债务承担,后者称为并存的债务承担。

2.合同义务移转的有效条件

第一,移转人与受移转人就合同义务的全部或部分的移转达成协议。

第二,经债权人同意。合同义务的移转与合同权利的转让有所不同。合同权利的转让通常并不影响债务人义务的履行,只是履行的对象不同而已。为了促进商品的流转,规定合同权利的转让只需通知,无需债务人同意,是合理的,但义务的移转就不同。债权人之所以选择债务人作为合同伙伴订立合同,其中包含债权人对债务人的信任因素。如果改变了义务人,则很可能影响合同履行效果,从而影响债权人债权的实现。因此,为了保障债权人的利益和交易的安全,债务人对外移转合同债务的,应当经过债权人的同意,否则,义务的移转应为无效。就同意的方式而言,《民法典》第551条在《合同法》第84条相关规定的基础上,增加一款规定:"债务人或者第三人可以催告债权人在合理的期限内予以同意,债权人未作表示的,视为不同意。"

第三,依法办理有关的批准、登记等手续。

3.合同义务移转的效力

第一,合同义务发生移转后,原合同关系并未废止,只是受移转人作为合同的义务人或义务人之一,成为合同的一方当事人。

第二,主债务移转的,与之相关的从债务应一并移转给受移转人,但从债务专属于债务人的除外(《民法典》第554条)。

第三,债务人对债权人所享有的抗辩权一并移转给受移转人。依合同法原理,受移转人作为新债务人,向债权人主张的权利以原合同关系为基础。因此,合同义务移转时,新债务人未获得原债务人对债权人的合同债权,不得向债权人主张抵销(《民法典》第553条)。

4.第三人加入债务的效力与责任

第三人加入债务，即并存的债务承担，是指第三人加入债的关系之中，与原债务人一起向债权人履行债务①。《民法典》在《合同法》之外新增了第552条，对第三人加入债务履行加以规定。根据该条，第三人加入债务的方式有两种：(1)第三人与债务人约定加入债务并通知债权人；(2)第三人向债权人表示愿意加入债务，债权人未在合理期限内明确拒绝。第三人加入债务的，债务人并不退出原合同债权债务关系，债权人可以请求第三人在其愿意承担的债务范围内和债务人承担连带债务。

(四)合同权利义务的概括转让

所谓合同的权利义务概括转让，是指合同当事人一方经另一方同意，将其合同权利义务的全部或部分一并转让给第三人承受。

合同的权利义务概括转让，无论是部分权利义务的概括转让，还是全部权利义务的概括转让，均应经对方当事人同意，否则不产生转让的效力(《民法典》第555条)。

合同的权利义务概括转让后，受让人或者加入到合同之中，作为合同的当事人之一，或者在转让人退出合同之后替代转让人作为新的合同当事人。此时，实际上原合同关系消灭，受让人与原合同中未转让的一方形成新的合同关系。根据《民法典》第556条的规定，合同权利义务概括转让的，适用《民法典》关于合同权利转让、义务转移的相关规定。

另外，法人的合并或者分立也会造成合同权利义务的概括转让。《合同法》第90条对于合同的权利义务概括转让在法人合并与分立时的特别适用作了规定。《民法典》第67条将该条的内容进一步凝练，规定："法人合并的，其权利和义务由合并后的法人享有和承担。法人分立的，其权利和义务由分立后的法人享有连带债权，承担连带债务，但是债权人和债务人另有约定的除外。"

① 中国审判理论研究会民事审判理论专业委员会编著：《民法典合同编条文理解与司法适用》，法律出版社2020年版，第164页。

第七章　合同的权利义务终止

一、合同的权利义务终止概述

所谓合同的权利义务终止，也可简称为合同的终止或合同的消灭，是指因法律规定的原因的出现，当事人之间的合同权利义务终止，当事人之间的合同关系消灭。

那么，合同何以会终止？这是因为合同是商品交换关系在法律上的表现形式，是动态的、有期的和有“生命”的。作为一个法律关系和法律现象，合同不可能无限期地永久存在，合同也有“生”和“死”。合同因订立而“生”（产生），又会因法律所规定的一定的原因而“死”（消灭）。因此，合同法应当对合同的消灭问题作出规定。

关于合同终止的情形，我国《民法典》第 557 条明确规定了七种情形，具体为：第一，合同履行；第二，合同解除；第三，债务抵销；第四，提存；第五，债务免除；第六，混同；第七，法律规定或者当事人约定的其他情形（如合同无效、合同撤销等）。

理论上，合同的权利义务终止情形可以分为正常终止情形和非正常终止情形。前者主要是指合同履行、合同期届满等，后者主要是指合同解除、债务抵销、提存、债务免除、混同、合同无效、合同撤销等。

债权债务终止的，从权利一并终止。《民法典》第 559 条规定：“债权债务终止时，债权的从权利同时消灭，但是法律另有规定或者当事人另有约定的除外。”债权债务终止，债务人仍然需要履行从债务。这里的从债务包括利息和实现债权的相关费用等。根据《民法典》第 561 条的规定，债务人在履行主债务外还应当支付利息和实现债权的有关费用。主债务与从债务清偿的先后顺序为：(1)实现债权的有关费用，(2)利息，(3)主债务。

关于合同权利义务终止时债务的清偿抵充，我国《合同法》未作明确规定。《民法典》第 560 条吸收并完善了《合同法司法解释（二）》第 20 条关于债务抵充的司法解释内容，对清偿抵充顺序作出了明确规定。根据该规定，当债务人对同一债权人同时负担多项债务且种类相同时，除非债务人足额同时清偿该多项债务，否则，其清偿效力按照下列规则确定：

1. 当事人有特别约定的，从其约定；

2. 当事人未有约定的，由债务人在清偿时指定履行的债务；

3. 债务人未作指定的，按照下列顺序清偿：

(1)优先履行已经到期的债务；

(2)数项债务均到期的，优先履行对债权人缺乏担保或者担保最少的债务；

(3)均无担保或者担保相等的，优先履行债务人负担较重的债务；

(4)负担相同的，按照债务到期的先后顺序履行；

(5)到期时间相同的，按照债务比例履行。

合同终止后，当事人之间的合同关系消灭，当事人不再负担合同的义务。这是合同终止的直接后果。但是，合同终止后，当事人还需负担一定的法律规定的义务，学理上称之为后合同义务。后合同义务主要包括必要的通知、协助、保密、旧物回收等义务。后合同义务的理论根据是诚实信用原则(《民法典》第558条)。当事人违反后合同义务也应承担相应的法律责任，学理上称之为后合同责任。

二、合同解除

(一)合同解除的概念和分类

1. 合同解除的概念

所谓合同的解除，是指合同有效成立后、尚未履行或者尚未履行完毕之前，由当事人双方通过协议终止合同，或者基于解除条件的出现由当事人一方行使解除权通知另一方终止合同，从而消灭合同关系的法律制度。

在大陆法和英美法上，合同解除是作为违约责任或违约救济的方式而进行规定的。我国《民法典》合同编是在第七章“合同的权利义务终止”中将合同的解除作为合同终止的一种情形进行规定的。实际上，在我国的司法实践中，法官在处理合同纠纷时也往往会裁决解除合同，也就是说，在我国，合同解除虽然不在违约责任中进行规定，但也应作为违约责任的方式之一。合同解除在合同法中是一项具有独立意义的重要的法律制度。

为了进一步深入理解合同解除的含义，这里我们提出理解合同解除应当把握的几个要点：

第一，合同解除必须具备解除条件。不具备解除条件，不能解除合同。合同解除的条件可以是由法律直接规定，也可以是由当事人在合同中约定。由法律直接规定的解除条件称为法定解除条件（如《民法典》第 563 条所规定的条件），由当事人约定的解除条件称为约定解除条件。

第二，合同解除的对象是有效成立的合同。合同未成立以及无效的合同，不存在解除问题。

第三，合同解除必须有解除行为。关于解除行为，有两种理论主张，一种是持"当然解除主义"，认为具备合同解除的条件即当然产生合同解除的效力，无需当事人再实施解除行为；另一种是持"非当然解除主义"，认为解除条件的具备仅仅是使合同解除存在可能性，若要发生解除的实际效果，必须由当事人实施解除行为。我国《民法典》采取的是"非当然解除主义"。因此，在我国，合同解除必须有解除行为。在双方协议解除时，其解除行为是当事人双方订立解除协议的行为。在单方解除时，解除行为是解除权人的解除通知行为。《民法典》第 565 条规定，当事人一方解除合同的，应当通知对方。

第四，合同解除的后果是合同关系的消灭。

第五，合同解除发生在合同成立后，尚未履行或者尚未履行完毕之前。如果合同未成立，则无合同可解除；如果合同已经履行完毕，则合同因履行已消灭，也没有解除的意义。

合同解除既不同于合同的无效、合同的撤销，也不同于合同的变更和转让。

2. 合同解除的分类

合同解除可以根据不同的标准作不同的分类。

首先，以解除的主体是双方或单方为依据，合同解除可以分为双方解除与单方解除。双方解除，是指由合同的当事人双方通过协商解除合同。由于双方解除必须由当事人双方通过协议而进行，故双方解除一般也可以称为双方协议解除或合意解除。单方解除是指基于解除条件的出现，由当事人一方行使解除权解除合同。

其次,以解除条件的来源为依据,合同解除可以分为约定解除与法定解除。约定解除,是指根据当事人事先在合同中约定的解除事由而发生的合同解除。约定解除的解除事由是由当事人事先约定在合同之中的。法定解除是指基于法律直接规定的合同解除事由而发生的合同解除。法定解除的解除事由不是由当事人在合同中约定,而是由法律直接作出规定(《民法典》第563条)。

最后,以解除主体和解除行为的性质为依据,合同解除可以分为当事人的解除与司法解除。当事人的解除是指由当事人双方协议或单方行使解除权而发生的合同解除。当事人的解除在性质上是民事法律行为,属于私权行为,包括双方解除和单方解除。司法解除是指法院或者仲裁机构在处理合同纠纷的过程中,根据当事人的要求,依职权裁决解除合同。司法解除在性质上属于公权行为,且只能在特殊情况下适用。

(二)单方解除合同的法定条件

合同解除必须具备解除条件。在双方解除中,由于其解除必须由双方订立解除协议,因此解除条件具有很大的任意性,立法上无法作出统一的具体规定。我国《民法典》对此也没有规定。理论上认为只要当事人的约定不为无效即可。

单方解除根据其解除事由的来源不同又可以分为约定单方解除和法定单方解除两种。约定单方解除的条件由当事人在合同中约定,只要合同中约定的解除合同的条件不存在法定无效情形,则可以听任当事人任意约定,属于当事人的自由意志范畴。因此,对于约定单方解除合同的条件,立法上无法也没有必要作出具体规定。我国《民法典》对此也没有明确规定。但是,对于法定单方解除合同的条件,则是直接基于法律的明确规定,不以当事人的意志为转移,是我们应当认真思考和把握的。《民法典》在第563条对单方解除合同的法定条件作出了规定。根据该条的规定,合同具备下列情形之一的,当事人一方有权解除合同:

(1)因不可抗力致使不能实现合同目的的。理解这一条件应把握三个要素:第一,客观上出现了不可抗力事由;第二,该不可抗力事由影响合同的履行;第三,该影响必须达到使合同目的不能实现的程度。

(2)在履行期限届满之前,当事人一方明确表示或者以自己的行为表明将不履行主要债务的。根据学理的解释,简单地说,这一条件可以概括为当事人一方预期违约的。

(3)当事人一方迟延履行主要债务,经催告后在合理的期限内仍未履行的。迟延履行是指当事人一方违反合同中的时间条款,在合同约定的履行期限内未履行合同义务。迟延履行是违约形式的重要的一种。根据国外合同立法的规定,在当事人一方迟延履行的情况下,另一方当事人一般并不能立即解除合同,尚需经过催告程序才能成就合同解除的条件。

(4)当事人一方迟延履行债务或者有其他违约行为致使不能实现合同目的的。《民法典》中的这一规定即为合同落空,它实际上可简单概括为因当事人一方违约致使不能实现合同目的的。适用这一条件的关键在于合同目的不能实现。换句话说,无论何种违约,包括迟延履行,如果导致合同的目的不能实现,则对方当事人可以立即解除合同,而无需经过催告程序。

(5)法律规定的其他可以解除合同的情形。

持续性不定期合同的解除不受上述规定情形的限制。对于需要持续性履行的不定期合同,当事人享有随时解约权,但应在合理期限前通知对方(《民法典》第 563 条第 2 款)。

(三)合同解除的效力

我国《民法典》第 566、567 条对合同解除的效力作了明确规定。根据该规定:

1. 合同被解除,则合同终止,合同关系消灭。由于合同解除导致合同关系的消灭,因此合同解除后,尚未履行的部分终止履行。但是,对于已经履行的部分,法律上该如何对待呢?这涉及合同解除的效力是否具有溯及力问题。对此,大陆法系主张一概具有溯及力,即因解除而终止合同的效力溯及合同订立时。我国三大合同法时期的立法、学理及司法实践则基本上不主张具有溯及力,所谓“尚未履行的,不必履行;已经履行的,在所不问”。我国《民法典》采取了较为模糊的折衷的做法,根据合同的性质和履行情况决定是否具有溯及力,即既非绝对具有溯及力,也非绝对不具有溯及力。《民法典》第 566 条第 1 款规定:“合同解除后,尚未履行的,终止履行;已经履行的,根据履行情况和合同的性质,当事人可以要求恢复原状、采取补救措施，并有权请求赔偿损失。”依我们理解，一般来说，各部分内容（义务）关联性很强的合同的解除，必须是整体解除，解除这种合同的效力应当具有溯及力。而各部分内容具有较强独立性的合同的解除，不应赋予其合同解除的溯及力。合同解除具有溯及力的，对于已经履行的部分，可以由解除权人决定是否要求恢复原状或者采取补救措施。可见，对于已经履行的部分，应当根据履行情况和合同的性质以及当事人的要求进行处理。

2. 合同解除不影响当事人要求赔偿损失的权利。合同解除后当事人是否具有要求赔偿损失的权利，大陆法系主要国家的民事立法有两种不同的做法。其一为排斥主义，即规定当事人在解除合同时不能同时请求损失赔偿。如果要请求损失赔偿，则不能解除合同。解除合同与损失赔偿两者相互排斥，不能并存。理由在于，合同解除具有使合同溯及消灭的效力，既然解除合同使该合同自订立时起消灭，则不履行合同的损失赔偿就失去存在的基础，故两者只能选择其一，不能并存。《德国民法典》（第 325、326 条）即采取这种立法例。其二为并存主义，规定当事人可以同时请求解除合同与赔偿损失，但采此种做法的国家在损害赔偿范围上又有区别。《法国民法典》（第 1184 条）和《日本民法典》（第 545 条）规定赔偿的范围仅包括债务不履行所造成的损失，因为此种损失在合同解除前就已经存在，不因合同解除而丧失。但《瑞士债务法》（第 109 条）则规定合同解除的赔偿范围仅包括信赖利益损失，不包括债务不履行的损失。因为既然合同因解除而消灭，则不存在不履行合同所致损失赔偿责任的基础。从《合同法》到《民法典》，我国立法一直采取的是并存主义做法，但对于赔偿的范围未作规定。有学者认为应包括不履行合同义务所致损失和恢复原状所致的损失，但不包括可得利益的损失①。我们认为，在合同被合法解除的情况下，当事人可以进行选择：要么选择赔偿损失以恢复原状，此时不应包括可得利益的损失；要么选择假如合同被正常履行时可以实现的利益，此时应包括可得利益的损失，而不应包括已经支出的成本性损失。

3. 合同解除不免除违约方的违约责任和担保人的担保责任。《民法

① 参见王利明、崔建远：《合同法新论 · 总则》，中国政法大学出版社 2000 年版，第 469 页。

典》吸收了《担保法司法解释》第 10 条关于主合同解除后保证责任的规定，在第 566 条第 3 款规定："主合同解除后，担保人对债务人应当承担的民事责任仍应当承担担保责任，但是担保合同另有约定的除外。"

4. 合同的权利义务终止，不影响合同中结算和清理条款的效力(《民法典》第 567 条)。

(四)合同解除的生效时间

根据《民法典》第 565 条之规定，合同解除的生效时间因通知解除与诉讼解除有所不同。

对于通知解除，自解除合同的通知到达对方时生效；解除通知附解除期限的，自该期限届满时生效。其中，包括附条件自动解除情形。若对方对解除合同有异议，则任何一方当事人都可以请求法院或者仲裁机构确认解除行为的效力。

对于诉讼解除，当事人未采用通知方式解除合同，而是直接以提起诉讼或申请仲裁方式主张解除合同且获得法院或者仲裁机构支持的，合同的解除自起诉状副本或仲裁申请书副本送达对方时生效。

(五)合同解除的期限

合同解除的期限，是指当具备解除条件时，当事人行使解除权的有效期限。

合同解除就如同合同撤销一样，其法律后果在于使合同关系消灭。因此，对于合同的解除行为，就如同合同的撤销行为一样，在法律上也应设定一定的期限限制。享有解除权的合同当事人在解除期限内未行使解除权的，丧失解除权。

关于合同解除的期限，我国《合同法》有所规定，但只是规定了确定合同解除期限的基本方式，而并未明确规定一个特定的期限，存在立法漏洞。《民法典》对此进行了补正，在第 564 条规定："法律规定或者当事人约定解除权行使期限，期限届满当事人不行使的，该权利消灭。法律没有规定或者当事人没有约定解除权行使期限，自解除权人知道或者应当知道解除事由之日起一年内不行使，或者经对方催告后在合理期限内不行使的，该权利消灭。"由此可知，合同解除的期限为：(1) 当事人有约定的，从约定；

(2)没有约定的,由违约方催告对方当事人确定合理期限;(3)未催告的,自解除权人知道或者应当知道解除事由之日起一年。

三、债务抵销

(一)债务抵销的概念和法律意义

所谓债务抵销,是指互负债务的当事人依照法律的规定或者双方的协议,将其所负债务在等额范围内相互冲抵以作为债务清偿,从而使双方当事人在等额范围内的债权债务归于消灭的行为。其中,主张债务抵销的一方当事人可称之为抵销人,另一方当事人则可称之为被抵销人或受抵销人。

从大陆法各国的民事立法来看,大多将债务抵销作为消灭债的原因之一,我国《民法典》更是将债务抵销作为合同终止的原因之一,专门规定在其第七章之中。

立法上将债务抵销作为合同终止的原因之一进行规定,其法律意义在于:一方面可以免去当事人双方互相实际进行交付的麻烦,节省交易费用;另一方面又不破坏债的效力,使债权得到更为快捷的清偿;同时,在某些特别情况下,还能够使抵销权人的债权得到优先的保障。例如,在被抵销人破产的情况下,根据我国《企业破产法》第 40 条的规定,债务人(抵销权人)如果在破产申请受理前对破产人也享有未受清偿的债权时,可在破产清算前,在等额的范围内向破产人的管理人主张债务抵销,从而免予向破产人(被抵销人)履行债务,也就使自己对破产人的债权优先获得清偿。

根据债务抵销发生的根据不同,债务抵销可以分为法定抵销和协议抵销两种。

(二)法定抵销

1. 法定抵销的概念和构成要件

所谓法定抵销,是指当事人互负有到期债务且债务的种类和品质相同的,当事人一方将其所负债务与对方所负债务在等额范围内相互冲销。

法定抵销是直接依法律的规定而发生的抵销，因此，当事人一方主张债务抵销若为有效，必须符合法定的条件。根据《民法典》第568条第1款的规定，法定抵销的构成要件如下：

第一，当事人互负债务。这是债务抵销最基础的条件。理解这一条件，有两点需要注意：其一，作为债务抵销的当事人所相互负担的债务，一般而言，不是基于同一交易关系（如同一合同）产生，而是基于当事人之间不同的交易关系产生。如根据甲乙订立的买卖合同，甲负有向乙支付50万元货款的义务；而根据甲乙之间的另一承揽合同，乙负有向甲支付30万元报酬的义务。此时即可以认定甲乙之间互负债务，而其互负的债务是分别因两个不同的交易关系产生。其二，当事人互负的债务必须均为有效债务。如果一方的债务或双方的债务是无效的或被撤销的，则不能成立互负债务的条件。

第二，当事人互负的债务均为到期债务。所谓到期债务，是指已至清偿期的债务，包括超过合同履行期而未清偿的债务。如果当事人一方或双方的债务非为到期债务，当事人可以依协议而抵销，但不能依法定抵销而主张抵销。究其原因，是因为除非当事人自愿，法律上不应强制当事人提前履行其义务，义务方享有抗辩权。如果一方当事人的债务未到期，而允许另一方抵销债务，则实际上是强制负担未到期债务的一方当事人提前履行其义务，这是不公平的。

第三，当事人互负的债务的种类、品质相同。法定抵销，其实质是赋予当事人一方在与对方等额债务的范围内冲抵相互负担的债务，从而消灭相互之间相应的债权和债务关系。为了能大致计量出双方债务的等额，就要求相互的债务种类、品质相同，否则，难于寻求共同的标准进行计量。因此，如果是直接根据法律的规定而为抵销，当事人互负的债务不能是种类、品质不同的。

第四，法律或合同的性质不禁止或者当事人未另有不得抵销的约定。学理上将这一条件称为法定债务抵销的消极条件。也就是说，即使前述三个条件均具备，但有关法律明确禁止该债务进行抵销或者依该债务的性质不应允许抵销，则当事人仍然不能根据法定抵销而为抵销。结合中外立法及理论考察，依法律不得抵销的情形主要有：其一，有关法律明确禁止扣押的债权，如工人应获得的工资等，债务人（如该工人所属工厂、公司）不得抵销。其二,因故意侵权而负担的债务,债务人不得主张与受害人的债务相抵销。如甲欠乙 1000 元人民币债务未还,乙为逼甲还债而故意将甲打伤,应负担医疗费 1000 元。此时,乙不得将其应负担的医疗费债务与甲的债务相抵销。其三,已被依法采取强制措施的债务不得与他人的债务相抵销。其四,依合同约定向第三人为给付的债务,债务人不得以其对第三人互负债务而向债权人为抵销。依合同性质不得抵销的情形,应根据具体合同进行具体分析,如抚恤金、退休金、抚养费等与人身不可分离的债务、提供劳务的债务等即不能抵销。

在以上四个条件同时具备的情况下,当事人一方可行使抵销权,主张债务抵销。

2.法定抵销之抵销人的义务

法定抵销若为有效,除上述四个构成要件之外,抵销人还必须履行两项附加义务(《民法典》第 568 条第 2 款):

第一是通知义务。即抵销人必须将其欲与对方进行债务抵销的意思通知对方,自抵销通知到达对方当事人时产生债务抵销的效果。抵销人未尽通知义务,不产生债务抵销的效果。关于债务抵销的通知的形式,法律未作规定,因而可以推定为采用口头形式和书面形式均可。

第二是不得附期限或条件。抵销人主张债务抵销的,必须是无条件的和无期限的。如果抵销人在抵销通知中附加抵销期限或条件的,该抵销无效。立法上之所以作出这一规定,主要是为了尽快明确债权债务,防止抵销人不当利用债务抵销,以保护被抵销人的合法利益。

(三)协议抵销

协议抵销,也称为合意抵销,是指当事人互负债务,在法律或合同的性质不禁止的情况下,由当事人协商一致,将互负的债务在等额的范围内相互冲销。

协议抵销是因双方协议而发生的债务抵销。协议抵销是意思自治、契约自由原则的体现。因此,协议抵销的构成要件应当与法定抵销的构成要件有所不同。

根据《民法典》第 569 条的规定,协议抵销须同时具备以下三个条件:

第一,当事人互负债务。协议抵销并不要求当事人互负的债务均为到期债务；协议抵销的债务可以是不同种类或不同品质，当然也可以是品质或种类相同的债务。

第二，当事人就互负债务进行抵销协商一致。也就是说，当事人双方对相互抵销债务必须达成协议，订立抵销合同。对于抵销合同的形式，法律未作规定，从理论上说，既可以采取书面形式，也可以采用口头形式。但采用口头形式的，必须具有充足的证据证明，否则，在当事人对债务抵销发生争议而无充足证据证明时，应推定为未抵销。

第三，法律或合同性质不禁止，且当事人无不得抵销之约定。

(四)债务抵销的效力

如前所述，债务抵销是合同终止的原因之一。因此，从总体上看，债务抵销的效力就是消灭当事人之间的债权债务关系，从而消灭当事人之间的合同。但是，这一理解并不准确。由于债务抵销(无论是法定抵销或协议抵销)只是在双方等额债务范围内发生冲销，超出等额范围的债务并不被抵销。因此，准确地说，债务抵销的效力是消灭当事人相互之间在等额范围内的债权和债务。对超出等额范围的债务，债务人仍然负有清偿义务。

另外，我们还应注意的是，法定抵销的效力自抵销人的抵销通知到达被抵销人时开始产生，协议抵销的效力则是自抵销协议约定的生效时间开始产生。

四、提存

(一)提存的概念和立法意义

所谓提存，是指因存在法定情形致使债务人难以履行债务时，债务人依法将合同标的物提交给提存机关保存，从而终止双方权利义务关系的行为。其中，将标的物交付提存的债务人称为提存人，接受提存的法定机关为提存机关，提存债务人的相对方当事人(债权人)称为被提存人或者提存受领人，被提交保管的标的物为提存物。

法律上设定提存制度的意义主要在于对债务人提供更为合理的保护。

其理由在于，在现实经济生活中，由于各种原因，时常发生合同债权人无正当理由而拒绝接受或迟延接受债务人履行债务的情形。由于债权人的拒绝接受或者迟延接受履行，从而使债务人难以及时完成自己的义务，合同关系不能及时消灭，合同债务人还要受合同的约束，随时处于准备履行合同的状态。这对合同债务人显然不利。为了对此时的债务人提供合理的保护，法律上需要设立一项制度，让债务人能够及时清偿其债务，摆脱合同的约束。于是，提存制度便应运而生了。

从国外的立法看，对提存的规定较为普遍。在我国，原《经济合同法》（第 19 条）、最高人民法院《关于贯彻执行〈中华人民共和国民法通则〉若干问题的意见》（试行）（第 104 条）以及《担保法》等对提存制度有所涉及，但并不完整。《民法典》第 570—574 条对提存制度作出了较为完整的规定。此外，由司法部发布的《提存公证规则》对提存的有关问题也作出了较为详细的规定，特别是其中关于提存程序的规定，是我国现行提存程序的基本依据。

（二）提存的条件

由于提存可以导致合同关系终止，因此，法律上应当设定提存的条件。只有在符合提存的条件时，才能产生提存的效力。根据《民法典》和《提存公证规则》的有关规定，提存应当符合下列条件：

（1）提存人主体合法。包括两个方面：其一，提存人必须是合同的义务人，即负有交付合同标的物义务的人（包括合同当事人本人或者依合同约定负有直接交付标的物义务的第三人），也可以是其合法的代理人。其二，提存人必须具有相应的民事行为能力。无民事行为能力人或者限制民事行为能力人必须通过其法定代理人或者经过其法定代理人追认。

（2）存在真实、合法的作为提存产生基础的债权、债务关系。先有真实合法的债权、债务关系的存在，才可能存在提存的问题。无真实的债存在，或者虽有真实的债，但为非法的，也不能产生有效的提存。

（3）出现了法定的可以提存的情形。有人将其称为法定可以提存的原因。这里需要注意的是，提存的原因具有法定的性质，非具有约定性。我国《民法典》第 570 条第 1 款规定，有下列情形之一，导致债务人难以履行债务的，债务人可以依法将合同标的物提存：第一，债权人无正当理由拒绝受领债务人履行债务。第二，债权人下落不明，包括债权人身份不明、债权人住所不明和债权人失踪而又无合法代管人等情况。第三，债权人死亡未确定继承人、遗产管理人或者丧失民事行为能力未确定监护人。因为在此时，债权人实际上是不确定的，如果盲目地进行直接交付，存在无效履行的危险，应当允许以提存的方式进行履行。第四，法律规定的其他情形。

(4)提存物符合要求。包括两个方面的含义，其一是提存物必须是作为产生提存关系基础的合同的标的物；其二是合同的标的物应当是适于提存的。如果合同的标的物不适于提存或者提存费用太高，则不能进行原物提存，而应当将标的物变价，以价款进行提存(《民法典》第570条第2款)。不适于提存的标的物主要是指难以保管或者保管费用太高的物品，如鲜活农产品等。

在符合以上条件的情况下，债务人可以提存合同标的物。至于提存的程序，执行《民法典》和《提存公证规则》的规定。例如，提存设定后，除债权人下落不明无法通知的以外，债务人应当及时通知债权人或者其继承人、遗产管理人、监护人、财产代管人。

(三)提存的效力

由于提存涉及三方当事人，因此，提存的效力也涉及三方当事人。具体表现为：

(1)在提存人与被提存人之间，提存导致合同关系，即债权债务关系终止。此时，提存发生与债务人直接履行合同相同的效力。提存期间，提存物的孳息归债权人(被提存人)所有，但设定提存而发生的费用由债权人负担，提存物毁损、灭失的风险也由债权人承担。

(2)在提存人与提存机关之间，因提存的设定而产生提存物保管合同关系。提存机关依此获得保管提存物的权利和义务，以及依法向债权人交付提存物的权利和义务。提存机关同时有权取得保管提存物的报酬。一般情况下，提存设定后，提存人不得取消提存，取回提存物。

(3)在债权人与提存机关之间，因提存关系的存在，债权人有权向提存机关随时要求提取提存物。但债权人提取提存物的权利受到两方面的限制。其一，如果债权人对债务人也负有到期债务而未清偿或者未提供相应的担保时，提存机关根据提存人的要求可以拒绝债权人提取提存物的要求；其二，债权人提取提存物的权利必须在5年内行使，否则，提存机关可以拒绝债权人的提取提存物的请求，提存物在扣除提存费用之后归国家所有。该5年期限自提存成立之日起计算。该5年的期限在性质上应当是除斥期间。与此相对应的是，提存机关负有妥善保管提存物并向债权人交付提存物的义务，享有收取提存费用的权利。

五、债务免除

（一）债务免除的概念和特点

所谓债务免除，是指债权人表示免除债务人部分或全部债务，从而部分或全部终止合同权利和义务。

债务免除的特点是：

第一，债务免除为无偿行为。债务免除在本质上表现为债权人抛弃债权，债务人被免除债务并不需要负担相应的义务。因此，债务免除是无偿行为。

第二，债务免除是一种单方行为。关于债务免除在性质上是单方法律行为还是双方法律行为，大陆法国家有着不同的规定。《德国民法典》和《瑞士债务法》规定债务免除为“契约”，即认为债务免除在性质上是双方法律行为。依此规定，债务免除不能仅依债权人单方意思而产生效力，必须经债务人同意。其主要理由是为了尊重债务人的意思，防止债权人滥用权利。而日本和我国台湾地区的民法典则认为债务免除是债权人单方处分或抛弃债权，是使债务人单方受益的行为，没有征得债务人同意的必要，故规定债务免除在性质上是单方法律行为。我国《合同法》虽然没有明示，但从第105条的规定看，是采用单方法律行为说的。我国《民法典》第575条在《合同法》第105条的基础上增加了“债务人在合理期限内拒绝的除外”的但书规定。根据该规定，债务免除无需征得债务人同意，但是如果债务人在合理期限内作出拒绝债务免除的意思表示，则不发生债务免除的效力。对于债务人拒绝的“合理期限”，《民法典》未作明确规定，司法实务界认为可以参考《合同法司法解释（二）》第24条关于合同解除或债务抵消

3个月异议期间的规定[①]。

第三，债务免除为无因性行为。也就是说，债务免除仅依债权人为免除债务的意思即发生免除债务的效力，不考虑债权人免除债务的原因[②]。

（二）债务免除的方式和效力

对于债务免除应采用何种方式，我国法律未作规定。考虑到债务免除是基于债权人免除债务的意思而发生效力的，且免除是单方、无偿行为，因此，我们认为债务免除必须采取明示的方式[③]。至于是以口头或者书面形式进行明示，则在所不限。为了稳定交易秩序，保障债务人的合法权益不因债权人的随意行为而受损，一般认为，债务免除的意思表示是不可撤销的。

债务免除的效力表现为债务人不需要履行被免除的部分或全部债务，从而部分或全部终止债权人与债务人之间的权利义务关系。正因为如此，所以，债务免除被作为合同终止的原因之一。

六、混同

所谓混同，是指债权、债务同归于一人，从而终止合同权利义务关系的事实（《民法典》第576条）。

关于混同的原因，主要表现为企业的合并和第三人同时继承债务人的债务和债权人的债权等情形。

关于混同的效力，简单地说，就是使原债权人与债务人之间的债权债务关系消灭，使合同关系终止。因此，混同也是终止合同的原因之一。但是，根据《民法典》第576条的规定，“如果涉及第三人利益的”，则不能终止合同关系。这是因为如果第三人利益未获清偿而终止债权债务关系，则势必使第三人的利益落空。这是不公平的。因此，如果债权或债务涉及第三

---

① 中国审判理论研究会民事审判理论专业委员会编著：《民法典合同编条文理解与司法适用》，法律出版社2020年版，第201页。

② 陈小君主编：《合同法学》，中国政法大学出版社2002年版，第160页。

③ 有人认为债务免除也可以采取默示的方式。基于正文中的理由，我们认为不妥。参见王利明、崔建远：《合同法新论·总则》，中国政法大学出版社2000年版，第567页。

人利益，即使债权债务同归于一人，也不应产生终止合同的效力。一般认为，所谓涉及第三人利益的情形主要有如下两种：其一是合同的债权是第三人的权利的标的。如债权人以其对债务人享有的债权设定质权，则质权人就是利益关系人。其二是债权人与第三人对债务人享有连带债权。此时，如果第三人的债权未获清偿，则即使债权人与债务人合并，也不能发生债权债务关系终止的效力。

第八章　违约责任

一、违约责任概述

(一)违约责任的概念

所谓违约责任,也称为违反合同的责任,是指合同的当事人不履行合同义务或者履行合同义务不符合约定时,根据合同的约定或者法律的规定所应承担的民事法律责任。在英美法中,违约责任被称作违约救济。

理解违约责任,应注意把握以下要点:

第一,违约责任是合同责任的最主要部分,但违约责任不等于合同责任。长期以来,由于对合同责任的理论研究不够,在我国不少人以为违约责任即合同责任。其实不然。合同责任,简单地说,就是指在合同法上的责任。作为私法上的责任,合同责任包括缔约过失责任、违约责任和后合同责任三种,是由这三种责任共同构成的一个责任体系。其中,缔约过失责任也可称为先合同责任,存在于缔约阶段,是因违反先合同义务而产生的;违约责任存在于合同关系阶段,即合同有效成立至合同终止这一期间,是因违反合同义务而产生的;后合同责任则存在于合同终止后的阶段,是因违反法定的后合同义务而产生的。由于合同关系是合同法所规范的核心,因此,违约责任无疑是合同责任中最为主要的部分,但违约责任并不能替代和排斥缔约过失责任和后合同责任,所以,违约责任又不能等同于合同责任。

第二,违约责任的主体仅限定为合同的当事人,是指合同的当事人一方向另一方所承担的责任。这是合同的相对性原则的要求和应用。基于此,任何合同当事人对第三人所承担的责任,以及任何第三人对合同当事人所承担的责任,都不是违约责任。理解和把握这一点,特别是在确定诉讼主体和诉由时具有重要意义。例如,因第三人的故意干预和妨碍,致使当事人一方未能履行合同的，第三人应就其行为承担侵权责任，不应承担违约责任，其违约责任仍应由未履行合同一方当事人向另一方承担。再如，甲乙约定由乙直接向第三人为履行而乙未能履行的，应由乙向甲承担违约责任，而不是向第三人承担违约责任。

第三，违约责任以合同的有效成立为基础。合同未成立，因当事人之间未形成合同权利义务关系，无违约可言。已成立但无效的合同，因其对当事人不具有约束力，当事人无需也不应履行，因而也无违约可言。

第四，违约责任在性质上是民事责任。在法理学上，根据性质的不同，法律责任分为刑事责任、行政责任和民事责任三种。这三种法律责任的产生根据、构成要件和责任形式是不同的。违约责任是因违反合同义务而产生。而合同义务是民事义务，属于私法上的义务，违反合同义务应承担的责任，在性质上是民事责任。民事责任的对象是受害人，而不是国家。据此而言，因当事人违反合同，如果其行为同时触犯了刑法或违反了行政法，依刑法或行政法所承担的刑事责任或行政责任，是行为人对国家承担的责任，不属于违约责任。

第五，违约责任是财产责任。在民事责任中，可分为人身性质的责任和财产性质的责任。这两种责任在形式上是不完全相同的。如在人身责任中，可判令当事人赔礼道歉；而在财产责任中，只应适用财产性质的责任方式，而不适用赔礼道歉等人身性质的责任方式。由于合同法是调整合同关系的，合同关系是商品交易关系，是一种财产关系。也就是说，合同法在性质上是财产法。据此，违反合同义务，根据合同法，违约者所承担的责任应当是财产性质的，而非人身性质的。我国《民法典》第 464 条第 2 款对合同法适用范围的限制，实际上也说明了这一点。

第六，违约责任主要体现为补偿性，但并不能完全否认其惩罚性。纵观合同法发展史，在近代以前，当事人违反合同义务，往往被施以惩罚，包括对其人身施以惩罚。如古希腊时期，欠债不偿者，债权人可以将债务人收为奴隶或者变卖为奴。再如，我国《唐律疏议·杂律》规定："负债违契不偿者，欠一匹以上过期二十日不还，笞二十；每再过二十日，加一等……一百日不偿，合徒一年。"从这里我们可以明显看出，古代法律是赋予违约责任以惩罚性的。但是，自近代以来，各国立法逐渐放弃违约责任的惩罚性，而只赋予其补偿性。即建立起这样的观念：法律上让违约者承担责任，是为了补偿另一方当事人的损失，并不是为了制裁违约者。这已基本上成为当今世界各国合同立法的趋势。但是，违约责任作为一种法律责任，是不可能完全没有惩罚性的。首先，从法律责任而言，违约责任均具有强制性，无论如何，对责任人都是一种不利的后果，都是当事人所不愿看到的，民事责任也是如此；其次，从违约责任的方式上看，部分违约责任方式事实上是具有惩罚性的。如违约金的支付，法律上并不要求必须具有损害才适用，也并不要求违约金一定与损失相等。

第七，违约责任方式的具体适用既可以根据当事人的约定，也可以根据法律的规定。从根本上说，所有的责任都应当是来自法律的规定。但是，由于合同法是典型的任意法，相比较而言，最为尊重当事人的意思，以契约自由为原则。因此，合同法允许当事人在合同中约定具体的违约责任方式。一般而言，只要该约定不与法律的强制性规定相冲突，不损害国家利益和社会公共利益，则应为有效约定，法院应予优先支持和采用。如果当事人在合同中未约定违约责任条款或违约责任条款无效，则可以直接适用合同法的有关规定确定违约责任方式。由此可见，违约责任的方式的具体适用，一般由当事人约定，在约定无效或未作约定时，则应根据合同法的规定予以适用和确定。

（二）违约责任的意义

违约责任是合同法不可或缺的极为重要的组成部分，在合同法中具有特殊、重要的意义。它是保障合同的严肃性，维持正常有序的合同交易秩序，维护当事人合法权益所必需。

合同法是规范合同关系的法律，而合同关系是动态的商品交易关系，是商品经济社会最基本的经济关系。合同法的基本功能和任务是为当事人进行商品交易设计一套行为规则，以保障交易的有序性，保护当事人的合法利益，并在此基础上鼓励和促进商品交易。为了使合同法规定的交易规则得以遵循，就必须保证合同法的严肃性，实际上也就是要保证合同的严肃性。而为了保证合同的严肃性，归根到底，就必须建立违反合同的法律责任制度，让不履行合同义务者承受不利的法律后果，使合同义务成为法律上的义务，具有法律上的强制性。唯其如此，合同法规定的交易规则才具有实质意义。否则，违约而无责任，则合同及合同法在实践中势必遭受践踏，合同及合同法的严肃性将荡然无存，社会的商品交易将无秩序可言。由此可见，违约责任在合同法中是不可或缺的。

二、违约责任的归责原则和构成要件

(一)违约责任的归责原则

所谓归责，即确定责任的归属。归责原则，就是确定责任归属的原则。据此，违约责任的归责原则就是指确定合同的当事人违约时由谁及在何种情况下承担违约责任的基本指导思想和基本准则。

归责原则在法律上具有特殊重要的意义。归责原则不等于责任的构成，但归责原则直接决定责任的构成。在不同归责原则下，责任的构成要件是不同的。例如，以过错责任为归责原则，则在责任构成中必须具备主观过错的要件；反之，坚持无过错责任原则，则过错不是责任构成的要件。

关于我国合同法的归责原则，学界有着不同的主张，概括起来，有"一元归责原则说"和"二元归责原则说"两种。

"一元归责原则说"的基本主张是，我国合同法的归责原则应当只有一个，而不能是并存的两个或几个。但至于这一归责原则到底是什么，则又有三种不同的主张：其一是过错责任原则，主要根据是原《经济合同法》第29条的规定："由于当事人一方的过错造成经济合同不能履行或不能完全履行，由有过错的一方承担责任，如属双方的过错，根据实际情况，由双方分别承担各自应负的违约责任。"其二是过错推定原则，认为我国合同法所确定的归责原则在本质上是过错责任原则，但采用了举证责任倒置的方式，因而又不同于一般的过错责任原则，而是过错推定原则。其三是无过错责任原则，认为我国合同法并未明示当事人有过错的才承担违约责任，因而是采用的无过错责任原则。

"二元归责原则说"认为从我国《民法典》合同编"通则"分编第577条的规定看，是采用的无过错责任原则，但从"典型合同"分编的规定看，则在很多地方明确强调了当事人的过错，如第660、662、897、929、824、841条等。因此，我国合同法事实上是采取无过错责任原则与过错责任原则并用的二元归责原则。

我们赞成二元归责原则的主张，即我国合同法的违约责任归责原则应当是以无过错责任为一般原则，以过错责任为补充原则的二元归责原则。《民法典》第 577 条规定："当事人一方不履行合同义务或者履行合同义务不符合约定的，应当承担……等违约责任。"这一条是对合同违约责任的一般规定，其中并未要求当事人对违约有过错的才承担违约责任。因此，我们可以推断合同法对违约责任是持无过错的基本态度的。但是，在《民法典》合同编典型合同分编中不少条文确实存在强调当事人只有在有"过错"(如第 824 条)、"重大过失"(如第 897 条)或"故意"(如第 660、662 条)的情况下才承担责任。这些显然是对第 577 条的补充，是在特别情况下的特别适用。因而，我们将其理解为是补充性的归责原则。但是，应当明确的是，无过错责任原则作为我国合同法的一般归责原则，具有普遍的适用意义；而过错责任原则作为补充原则，只有特别的适用意义，即只有在法律有明确的特别规定的情况下才能适用。

或许有人会认为，作为法律上的归责原则应当只有一个，否则，会造成适用上的混乱。其实不然，合同法中违约责任归责原则的二元性存在的合理性正如侵权行为法中侵权责任归责原则的多元性一样。在侵权行为法中，一般的侵权责任采用过错责任原则，但对于特殊的侵权，则采取的是无过错责任原则，甚或公平责任原则。这一点实际上已得到大家的认同。据此，我们可以将侵权行为法的归责原则表述为以过错为一般、以无过错和公平责任为补充的原则。

(二)违约责任的构成要件

关于我国合同法违约责任的构成要件，有人将其区分为一般构成要件和特殊构成要件。所谓一般构成要件，是指在一般意义上确定当事人是否应该承担违约责任的构成条件。所谓特殊构成要件，则是指在确定当事人应当承担违约责任后，具体承担何种责任(即适用何种违约责任方式)的构成要件。这里我们只讨论违约责任的一般构成要件。关于特殊构成要件，在后文有关违约责任的方式部分再分别具体探讨。

关于违约责任的一般构成要件，大陆法与英美法是有所区别的。大陆法强调当事人的主观过错为责任要件之一，所谓"有过错的违约才有责任"；而英美法则在确定责任时并不考虑当事人的过错，而只是在确定免责事由时才考虑，所谓“违约即有责任，除非存在免责事由”。如果法律规定当事人在无过错的情况下可以免责，则即使存在违约，也不承担违约责任。

在我国合同法中，由于以无过错责任为一般归责原则，因此，在确定违约责任的一般构成要件时不应考虑当事人的主观过错。但如同英美法一样，可以将过错置于免责事由中考虑。基于此，我们也应建立这样的观念：“有违约即有责任，除非存在免责事由。”具体而言，我国合同法的违约责任的一般构成要件是：

1. 违约行为

即必须客观上存在当事人违反合同的行为。这是违约责任成立的积极要件、实质要件，也是事实性要件。因此，当事人一方要求另一方承担违约责任，则必须以证据证明另一方有违反合同义务的事实，无违约行为则无违约责任。

违约行为是违约责任构成的实质要件和事实要件，但违约行为是一个较为抽象的概念，在性质上，任何违反合同的行为均是违约行为。在合同实践中，违约行为可能表现为不同的形态，可以区分为不同的种类。在立法上，不同的国家对违约形态的规定也是不同的。为了在理论上和实践中正确认识和把握违约行为的具体类型，以便在结果上作出相应的不同的处理，探讨违约行为的具体种类具有重要意义。

(1)英美法中违约行为的种类

在英美法中存在分别以违约的时间和违约的程度为标准的两种分类方法。

首先，根据违约的时间，英美法将违约行为区分为实际违约和预期违约两种。所谓实际违约，就是指当事人违反了合同中对履行时间的约定而构成的违约，亦即合同的义务人在合同约定的履行期限内没有履行合同义务或者没有适当履行合同义务。所谓预期违约，是指在合同约定的履行期限内当事人明确表示或者以其行为表明将不履行合同义务而构成的违约。根据违约时当事人的主观状态不同，预期违约分为明示预期违约和默示预期违约两种。

其次，根据违约行为的程度和影响，英美法分别将违约行为区分为违反条件和违反担保，或者重大违约和轻微违约。违反条件与违反担保是英国法对违约行为的分类。所谓违反条件，是指当事人违反了合同中的基础性条款或曰根本性条款；所谓违反担保，是指当事人违反了合同中的非根本的“附属于合同主要意图”的次要性条款①。违反条件的，当事人既有权要求赔偿，同时还有权解除合同。但违反担保的，当事人只能要求赔偿，不能解除合同。重大违约和轻微违约是美国法对违约行为的分类。所谓重大违约，是指“由于债务人没有履行合同或履行合同有缺陷，致使债权人不能得到该项交易的主要利益”；所谓轻微违约，是指“债务人在履行中尽管存在一些缺点，但债权人已从中得到该项交易的主要利益”②。重大违约的，当事人不仅有权要求赔偿，而且有权解除合同；但轻微违约的，则当事人只能要求赔偿，不能解除合同。

(2)大陆法中违约行为的种类

大陆法对违约行为的分类明显与英美法不同。首先，大陆法中只有实际违约，而没有所谓的预期违约。因为就大陆法的合同法理论看来，预期违约是不成立的。其次，关于实际违约的分类，大陆法与英美法也不同。大陆法对违约行为的分类比英美法的分类更为细致。这里以德国为例加以说明。

在德国法中，违约行为基本被分为四种，即履行不能、不履行、迟延履行和不适当履行。履行不能包括自始不能和继后不能两种。自始不能是在订立合同时就客观不可能履行，继后不能是在合同订立后由于情况的变化而导致的客观不可能履行。因履行不能而未履行的，在性质上仍然构成违约，在此种情况下，法律是允许当事人解除合同的，但违约方应承担相应的违约责任。不履行，也称为拒绝履行，是指债务人履行可能，但债务人主观上不履行。不履行是一种严重的违约行为。在这种情况下，德国法不仅允许债权人要求债务人承担违约责任，还有权直接解除合同。迟延履行是指在合同约定的履行期限内未履行，它是特别针对违反了合同约定的时间而言。因迟延履行而构成的违约，德国法规定债权人应当经过催告程序后才能解除合同，但债权人有权要求债务人承担违约责任并继续履行。不适当履行则情况比较复杂，它实际包容了除迟延履行之外的一切履行有瑕疵的情形，包括在方式、地点、质量、数量等方面的履行瑕疵。可以肯定的是

① 参见董安生等编译：《英国商法》，法律出版社 1991 年版，第 49 页。

② 冯大同主编：《国际商法》，对外贸易教育出版社 1991 年版，第 122 页。

不适当履行是违约行为，但具体个案的违约程度可能不同，因此，其处理不能一概而论，而应分别视情况作出相应的处理。

(3)我国合同法中的违约行为种类

在我国合同法中，对违约行为的分类，既接受了大陆法的影响，也借鉴了英美法的部分做法，同时也保留了我国自己的一些习惯。具体来说，我国合同法关于违约行为的种类主要有三种分类方法。

第一，根据违约行为产生的时间，将违约分为实际违约和预期违约两种。实际违约是我国一直坚持的一种主要违约行为种类。我国合同法中违约责任所针对的违约行为主要就是实际违约。同时，我国合同法又明确从英美法中引入了预期违约的类型。《民法典》在第563、578条对预期违约行为及其责任作了基本规定。

第二，根据违约的程度，将违约行为分为不履行合同义务与履行合同义务不符合约定两种。《民法典》第577条规定："当事人一方不履行合同义务或者履行合同义务不符合约定的，应当……承担违约责任。"该条作为违约责任的一般规定，即是以这种分类为基础的。这种分类法只是大致地指出了未履行合同和不适当履行合同两种情况，与以德国为代表的大陆法的分类相比，是显得比较粗糙的。这种分类法更多地是保留了我国合同立法的习惯。

第三，根据违约的主体，将违约行为分为单方违约与双方违约两种。所谓单方违约，就是指只有当事人一方违反合同。双方违约则是指合同的双方当事人分别都违反了自己的合同义务。《民法典》第592条规定："当事人都违反合同的，应当各自承担相应的责任。"这一规定就是对我国存在双方违约形态的肯定①。

2.无免责事由

无免责事由可以理解为是违约责任构成的消极要件。

所谓免责事由，是指依法可以免除当事人承担法律责任的各种情况。免责事由并不是否认当事人违约的事实，而只是基于某种立法政策的考虑，免除违约的当事人的法律责任。就合同法而言，如果当事人违反了合

① 关于是否存在双方违约，学界存有争议。早在20世纪80年代中，梁慧星先生就撰文否认双方违约，认为双方违约是违背法理的。而王利明、崔建远等则明确主张存在双方违约。关于双方违约形态，不仅立法上有规定，而且在实践中也是客观存在的。

同义务,但存在可以被免除责任的情形,则当事人不实际负担违约的责任;反之,如果不存在可以免除责任的事由,则应当负担违约责任。

根据免责事由的来源,免责事由可以分为法定免责事由和约定免责事由两种。法定免责事由是由法律直接规定的可以免除当事人违约责任的情形。从世界范围来看,一般均将不可抗力作为法定的免责事由。我国《民法典》总则编第 180 条规定:“因不可抗力不能履行民事义务的,不承担民事责任。”《民法典》合同编第 590 条亦规定:“因不可抗力不能履行合同的,根据不可抗力的影响,部分或者全部免除责任。”由此可见,我国合同法也是将不可抗力作为法定的违约责任免责事由的。

约定免责事由,是指由当事人在合同中约定的可以免除当事人违约责任的情形。根据意思自治和契约自由的原则,合同的当事人当然享有在合同中约定免责事由的权利。因此,一般而言,当存在当事人在合同中约定的免责事由时,即使当事人违约,也不承担违约责任。但是,当事人约定的免责事由条款必须合法有效,否则,也不能产生免责的效力。一般来说,合同的免责条款若要有效,就不能存在《民法典》第 497、506 条所规定的情形。第 497 条规定:“有下列情形之一的,该格式条款无效:(一)具有本法第一编第六章第三节和本法第五百零六条规定的无效情形;(二)提供格式条款一方不合理地免除或者减轻其责任、加重对方责任、限制对方主要权利;(三)提供格式条款一方排除对方主要权利。”第 506 条规定:“合同中的下列免责条款无效:(一)造成对方人身伤害的;(二)因故意或者重大过失造成对方财产损失的。”

三、违约责任的方式及其适用

违约也就是违反合同义务。违反义务即应产生法律责任,这是基本的法理要求。因此,当事人违约,如果符合违约责任的构成要件,就应依法承担违约责任。如前所述,违约责任在性质上是民事责任,根据《民法典》第 179 条的规定,承担民事责任的方式主要有 11 种。那么,是否这 11 种民事责任方式均适合于违约责任呢?答案是否定的。因为违约责任是财产责任,可以适用于人身性质责任的方式是不适宜于违约责任的,如赔礼道歉、消除影响,甚至精神损害赔偿等。违约责任只应适宜于财产性质的责任方式。那么,有哪些财产性质的责任方式可以适用于违约责任?它们具体的适用条件如何?它们的相互关系如何?这便是我们应当探讨和解决的。

在大陆法主要是德国法和日本法中,可以作为违约责任方式的主要有强制实际履行或解除合同、支付违约金和赔偿损失等,其选择适用的顺序大致是优先采用强制实际履行。因为他们认为只有实际履行才能最好实现当事人的目的,才能最好维护合同的严肃性。只有当强制实际履行不可能或没必要时,才考虑采用解除合同、支付违约金或者赔偿损失。在英美法中,违约责任被称为违约救济,即对非违约方提供法律上的救济,其救济方式也主要是赔偿损失、强制实际履行或解除合同、支付违约金等,但其选择适用的顺序不同于大陆法。一般来说,在给当事人提供违约救济时,法官首先或通常采用的就是判令违约者赔偿损失。因为他们认为在发达的市场经济条件下,市场的替代功能很强大,当事人不必实际履行,而可以以赔偿金在市场上买到合同标的物的替代品以达到目的。只有在实际履行很有必要且有可能时,才判令当事人实际履行合同义务。

我国《民法典》合同编通则分编第八章对违约责任的方式作出了一般规定。具体而言,我国合同法中违约责任的方式及其适用如下:

(一)继续履行

所谓继续履行,是指在当事人一方未履行合同或履行合同不适当时,由债务人按照合同约定的标的继续实际履行,而不能以其他方式或其他标的代替履行。因此,继续履行也可以称为实际履行。在进入诉讼程序前,表现为债权人有权要求违约的债务人继续实际履行。在诉讼中,表现为法院判令债务人实际履行。此时可称为强制实际履行。

考虑到合同的严肃性和合同的目的及功能,我们认为,继续履行应当作为我国合同法中首选的责任方式。只有在不具备继续履行的条件时,才考虑其他责任方式。基于此,在具备一般违约责任构成要件的情况下,适用继续履行的特殊要件是:①债务人未履行或未全部履行或履行有瑕疵而债权人拒绝接受。②债权人提出继续履行的要求。为了尊重非违约方的意思,保护非违约方的利益,是否继续履行应当根据非违约方的要求。债权人不要求继续履行的,法院不能主动或强制判令继续履行(《民法典》第

580条第3项)。③继续履行对债权人有必要。是指债权人合同目的的实现依赖于债务人的实际履行,而不能替代履行。如债权人从事生产经营所需的某特殊设备,无法从市场购买替代品。如果债务人不履行义务,则意味着债权人的合同目的就会落空。④继续履行有可能。是指在客观上债务人有实际履行合同的能力。如果债务人客观没有继续实际履约的能力,即使债权人要求,且有必要,也不能采用继续履行的方式。例如债务人已转产,不能再生产合同约定的原物,即可以认定为客观继续履行不可能(《民法典》第580、581条)。

应当说明的是,从理论上讲,继续履行是让债务人实际兑现其本应履行的义务,因此,承担了继续履行的责任并不当然排斥并用支付约定的违约金或赔偿损失等方式(《民法典》第583条),即所谓"既打又罚",但继续履行是不能与解除合同并存的。在实践中,在采用了继续履行方式后,债权人可以放弃或减少并用其他方式。继续履行不能与解除合同并存适用。

(二)采取补救措施

补救措施是指合同的债务人虽然履行了合同义务,但不符合合同的约定,由债务人或债权人采取一定的措施进行补救。

根据《民法典》第582条的规定,补救的方式可以有修理、更换、重作、退货、减少价款或报酬等。补救措施一般是由债务人执行的,也可以由债权人执行。由债务人执行的方式表现为修理、更换、重作、接受退货等,具体采用何种方式,应视具体履行情况和合同的性质决定。如买卖合同,应先选择更换或修理,更换或修理仍存在瑕疵的,应当采用退货方式。而对于承揽合同,则应先执行修理,修理仍有瑕疵的,就应当采用重作方式。由债权人执行的方式则表现为按质论价,即在同意接受债务人履行的前提下,或者减少价款或者减付报酬。

关于适用采取补救措施的责任方式,应当注意的是:第一,采取补救措施的责任方式只适用于有履行行为但履行不符合合同约定的情形,而不适用于未履行或部分履行的情况;第二,采取补救措施后,不排斥并用损失赔偿方式或违约金方式;第三,在实践中具体适合于采用何种补救方式,应当根据合同的性质和履行情况及参考债权人的要求而定,不能简单地不加区分而适用。

(三)支付违约金

1. 违约金的概念和特点

所谓违约金,是指由合同约定的或者法律直接规定的在当事人一方违约时应向对方支付的一定数额的货币。

违约金的主要特点是:

(1)违约金表现为货币形式。当事人约定违约金应当以货币计量,其货币可以是我国的法定货币人民币,也可以是外币。其货币的计量既可以是定额,也可以是计算方法,如只约定按照违约标的额的一定比例计算。

(2)违约金支付的根据既可以是合同的约定,也可以是法律的直接规定。前者称为约定违约金,后者称为法定违约金。对同一合同关系,如果既有法律直接规定违约金,又有当事人约定违约金,则应适用法定违约金。但是,需要说明的是,在西方发达国家的立法中,一般法律上并不直接规定违约金的适用,而只肯定约定违约金的适用,即当事人约定了违约金的,才适用违约金;未约定的,则不适用违约金责任(或救济)方式。我国在原三大合同法时代,规定了不少法定违约金,但《合同法》和《民法典》则采取了与西方发达国家相同的做法,只规定了约定违约金,而没有规定法定违约金。因此,在我国,如果没有特别的法律或法规明确规定了违约金的支付的,则只能依当事人的约定。合同未约定的,则不能适用。

(3)违约金的支付作为一种违约责任形式,不具有预先支付性,而是在出现了违约行为以后才应当支付的。这一点与同表现为货币形式的定金和预付款明显不同。

2. 违约金支付的要件

支付违约金是违约责任的方式之一。作为违约责任方式体系的一种,其支付的要件是:①存在违约行为。这是违约者承担支付违约金责任方式的首要条件。无违约行为,则无违约金之支付。②合同的约定或法律的规定。是指合同明确约定或法律直接规定了存在违约行为时,违约者应当支付违约金。③不存在免责事由。

由此可见,违约金的支付并不以对方存在损害为前提,而仅以客观的违约行为和合同的约定(或法定)为条件。这一点与赔偿损失的方式不同。

根据违约金支付的要件,违约金可以与继续履行、采取补救措施、损害赔偿等方式并用。但在与损害赔偿方式并用时，一定要注意的是：如果选择了违约金方式，而支付的违约金数额大于损失的，则不能同时适用损失赔偿方式；如果小于损失额的，则不足部分可以同时要求执行损失赔偿方式。如果选择了损失赔偿方式，则不能同时适用违约金方式。因为这样明显加重了违约者的责任，是不公平的，明显违背了合同法违约责任的补偿性精神。

3. 违约金的数额

关于违约金的数额，《民法典》并未给予具体的规定。对于法定违约金，直接执行法律的规定进行计算。对于约定违约金，根据《民法典》第585条的规定，则由当事人在合同中约定。当事人可以约定定额的违约金，也可以只约定违约金的计算方法。合同法既未对违约金的数额作出最高额的限制，也未作最低额的限制。但明确要求当事人约定的数额，不能明显高于或明显低于因违约给对方造成的损失额。明显高于或低于对方的损失数额的，当事人可以要求法院或仲裁机构判决适当减少或适当增加。

（四）赔偿损失

1. 赔偿损失的概念及适用要件

赔偿损失，是指当事人一方违约造成对方当事人损失时应承担的损失赔偿责任。

赔偿损失作为违约责任的一种方式，其适用要件与违约金有所不同。违约金不以对方的损失为前提，而赔偿损失则必须以对方存在损失为条件。具体言之，赔偿损失责任方式适用的要件是：①违约行为。即首先必须在客观上存在一方当事人违约的事实。这里的违约包括违约行为的各种形态。②损害结果。是指违约一方当事人使相对方当事人遭受有损失。从立法的精神和司法实践看，这里的损失应当是财产性损失，而不能包括非财产性的精神损失。在财产损失的范围内，其损失包括实际的财产损失，也包括非现实的可得利益的损失。③违约行为与损失之间具有因果关系。质言之，必须一方当事人的损失是由另一方当事人的违约行为所造成的。关于因果关系，学界有多种学说。这里我们采相当因果关系说。如果违约行为与损失之间不存在相当的因果关系，则当事人不负担损失赔偿责任。④不存在免责事由。

关于违约赔偿损失方式的适用要件，还应注意的是，当已经采用了支付违约金责任方式，且支付的违约金数额大于损失额的，则即使上述条件具备，也不能再适用违约赔偿的方式。但如果支付的违约金数额小于损失的，对于差额部分，可以再适用赔偿损失方式。

从以上赔偿损失的要件可知，赔偿损失是一种非常灵活的普遍的违约责任方式。它既可以独立适用，也可以与继续履行、采取补救措施甚至支付违约金方式并用，以作为补充。在英美法中，违约救济通常就是指赔偿损失。赔偿损失的目的和功能主要在于补偿对方的损失，而不是为了惩罚违约者。

2.赔偿损失的原则和范围

由于赔偿损失的目的和功能在于弥补对方当事人的损失，因此，赔偿损失应当执行完全赔偿的原则。所谓完全赔偿，是指“因违约方的违约使受害人遭受的全部损失都应当由违约方负赔偿责任”[①]。简单地说，就是损失多少赔多少。《民法典》第584条对这一原则是给予了肯定的，该条规定：“当事人一方不履行合同义务或者履行合同义务不符合约定，给对方造成损失的，损失赔偿额应当相当于因违约所造成的损失。”

关于违约赔偿损失的范围，中外立法和理论争议很大，众说纷呈，莫衷一是。我们认为，根据完全赔偿的原则，违约赔偿的范围应当与对方的损失范围一致，即以损失来决定赔偿的范围。据此，我国《民法典》第584条明确肯定了违约赔偿的范围包括实际损失和可得利益的损失。实际损失就是指因违约行为而造成的实际财产的减少或灭失。实际损失具有客观的可计算性，在实践中执行不难。可得利益的损失，也可称为利润损失，是指当事人预期通过合同的履行而可以实现的利润的丧失。在实践中，对可得利益损失数额的计算远较实际损失复杂和困难。一般认为，对可得利益的损失可根据情况分别采取“约定法”“比照法”“估算法”进行计算[②]。

3.赔偿范围的限制

根据完全赔偿的原则，除非受因果关系的限制，否则，违约赔偿的范围

① 王利明：《违约责任论》，中国政法大学出版社1996年版，第411页。

② 李克武：《论可得利益及其违约赔偿——兼评〈合同法〉第113条》，载《河南政法管理干部学院学报》2002年第6期。

应当是全部损失范围。但是,从国外以及我国合同法的有关规定看,违约赔偿的范围受到了“可预见性”规则、减损规则以及损益相抵规则的限制。

(1)“可预见性”限制规则

所谓“可预见性”限制规则,是指在合同当事人一方违约需要承担损失赔偿责任时,其赔偿损失的数额应相当于非违约方因此所受损失,但不得超过违约方订立合同时已经预见到或者应当预见到的因违约可能造成的损失范围。“可预见性”限制规则适用于对违约损害赔偿范围的限制,其目的主要在于限制违约当事人的赔偿范围,控制交易风险。

“可预见性”限制规则最早由法国学者 Pothier 在《论债权》一书中提出,后为西方不少国家所采用。我国《民法典》第 584 条对此也予以肯定:“当事人一方不履行合同义务或者履行合同义务不符合约定,造成对方损失的,损失赔偿额应当相当于因违约所造成的损失,包括合同履行后可以获得的利益;但是,不得超过违约一方订立合同时预见到或者应当预见到的因违约可能造成的损失。”

“可预见性”限制规则的基本内容包括以下要点:第一,预见的主体为违约方;第二,预见的时间为合同订立时;第三,预见的范围为可能造成的财产损失范围;第四,判断违约方是否预见或者能否预见采取主客观相结合,即违约者个人与社会“抽象人”相结合的标准。

不过,有人认为“可预见性”限制规则存在种种弊端,如有违违约赔偿的宗旨和完全赔偿的原则,有损合同的严肃性和对非违约方有失公平,且在实践中操作性差,因而不主张采用“可预见性”限制规则①。

(2)减损规则

减损规则,是指在当事人一方违约后,对方当事人应当采取必要措施防止损失的扩大,否则,对于扩大的损失,违约方当事人不负赔偿责任。

减损规则最早产生于英国,后被两大法系国家立法普遍采用。我国《民法典》第 591 条规定:“当事人一方违约后,对方应当采取适当措施防止损失的扩大;没有采取适当措施致使损失扩大的,不得就扩大的损失要求赔偿。”由此可见,我国合同法是明确肯定了违约赔偿的减损规则的。

① 李克武:《关于违约赔偿的可预见性限制规则之我见》,载《华中师范大学学报(人文社科版)》2001 年第 4 期。

减损规则的理论基础是诚信原则和经济原则。根据诚实信用的原则，减损是受害方的义务，这种义务被视为不真正的义务或曰间接义务，但违反这一义务同样应承担责任。其责任表现方式是不能要求违约者赔偿扩大的损失。另外，减损规则的运用，也是出于对社会整体利益的考虑，是为了避免社会资源的无谓浪费。

减损规则适用的要件是：第一，当事人一方的违约行为；第二，违约造成另一方财产损失；第三，另一方未采取适当措施避免损失的扩大。这里的问题是何谓适当。由于适当的含义并不确切，而只是一个方向性标准，因此，其具体的适用有赖于在合同实践和司法实践中当事人对“适当”一词的理解和把握，特别是有赖于法官自由裁量权的行使。我们认为，由于其损失毕竟是因对方当事人的违约行为所致，故不能对非违约方设定过高和过重的减损义务，例如，受害人没有义务用自己的金钱去冒险，没有义务采取可能为害自身人身、财产安全的措施。非违约方的减损义务应当根据“通常人”的标准去判断，如当一方违约时，另一方及时停止为履行合同而所作的准备行为，或者及时寻找合同标的的替代物等。

(3)损益相抵规则

损益相抵规则，也称为损益同销规则，是指受害人基于损失的同一原因而获得利益时，在其应得的损害赔偿额中扣除其所获得的利益部分的规则。

损益相抵规则渊源于罗马法，德国、日本等大陆法国家继承并肯定了这一规则。我国合同法未明确规定这一规则，但在学理上是被普遍认可的，在司法实践中也常常被采用。我们赞成对损益相抵规则的认可。这是因为违约赔偿的根本目的是补偿受害人的损失，如果受害人在遭受损失的同时也获得了利益，则该当事人的损失应当减掉其所得到的利益，即应当是其“净损失”。“净损失”是违约者应当赔偿的范围。否则，实际上是加大了违约者的责任。

关于损益相抵规则的适用，一定要注意因果关系，即违约行为不仅给受害人造成了损失，而且又为受害人带来了某些方面的利益，损害和受益是因同一违约行为的不同结果。一般来说，损益相抵中的受益主要包括：其一，因违约而避免的费用，如因违约停工而不必支付的工资费用等；其二，因违约而避免的损失，如因标的物价格不断下跌而减少的损失。

（4）责任相抵规则

这里所谓责任相抵，是指在双方违约的情况下，当事人应分别承担相应的违约责任。在实际计算当事人最后承担责任的数额时，将两者的责任额相减得出损失差额，并由当事人一方负担其差额的损失赔偿责任。

责任相抵规则是对大陆法的过失相抵规则的继承和发展。在大陆法中，有所谓过失相抵规则，是指双方当事人因过错都违反合同义务时，根据双方的过错由当事人分别承担相应的责任。这是基于大陆法对合同违约责任坚持过错责任原则，故强调过错。根据我国《民法典》第592条的规定："当事人双方都违反合同的，应当各自承担相应的责任。当事人一方违约造成对方损失，对方对损失的发生有过错的，可以减少相应的损失赔偿额。"因此，这一规则在我国合同法中不宜称为过错相抵规则，而应称为责任相抵规则。

责任相抵规则适用的最终结果与减损规则一样，是使违约当事人实际承担的违约赔偿数额减少。但与减损规则又有所不同，最主要的不同就在于两者适用的前提不同。减损规则只适用于一方违约而对方未尽减损义务的情形，而责任相抵适用于双方违约的情形。

（五）执行定金罚则

1.定金的概念和功能

定金，是指为了证明合同的成立和担保合同的履行，根据当事人的约定，由当事人一方在订立合同时或合同履行前支付给另一方的一定数额的货币。

定金的功能主要是：第一，证约功能。即定金的约定和支付，本身可用来证明当事人合同关系的成立。第二，担保功能。根据我国《民法典》第586、587条的规定，定金既是一种重要的担保方式，也是一种违约责任方式。定金的担保功能源于其罚则的执行。

2.定金的数额

《民法典》第586条第2款规定："定金的数额由当事人约定；但是，不得超过主合同标的额的百分之二十，超过部分不产生定金的效力。实际交付的定金数额多于或者少于约定数额的，视为变更约定的定金数额。"由此可见，法律对定金的具体数额未作规定，只是设定了最高限额。在法律限额的范围内，具体数额由当事人具体约定。实际交付的定金的数额与约定的定金数额不一致的，视为变更约定的定金数额，以实际交付的定金数额为准。

3. 定金罚则

定金作为一种担保方式和违约责任方式，其作用的发挥在于定金罚则。具体而言，定金罚则的内容是：交付定金的一方违约的，无权要求返还定金；接受定金的一方违约的，应当双倍返还定金。

4. 定金罚则执行的条件

作为一种违约责任方式，执行定金罚则的条件是：①违约行为；②合同约定了定金且符合法律的规定；③当事人一方根据约定实际交付了定金。根据《民法典》第 586 条第 1 款的规定，定金合同自当事人实际交付定金时成立。因此，定金罚则的实际执行，必须是当事人根据约定实际交付了定金。

关于定金罚则的执行，还应注意的是：第一，从理论上看，执行定金罚则应当可以与采取补救措施、赔偿损失或继续履行等并用。《民法典》第 588 条第 2 款明确规定："定金不足以弥补一方违约造成的损失的，对方可以请求赔偿超过定金数额的损失。"第二，执行定金罚则与适用违约金方式不能同时并用，只能选用其一，其选择权在非违约方。《民法典》第 588 条第 1 款明确规定："当事人既约定违约金，又约定定金的，一方违约时，对方可以选择适用违约金或者定金条款。"这是因为违约金和定金均具有较为明显的惩罚性。如果允许两者并用，很容易出现当事人责任负担过大而显失公平的现象，违背违约责任的补偿性精神。

四、预期违约及其责任

预期违约是英美法中所特有的一种与实际违约相对应的违约形态。在大陆法中，没有预期违约这一概念。在我国，长期以来，由于主要受大陆法传统的影响，一直未在合同立法中规定预期违约，在司法实践中，法官也不认定预期违约的存在。直到 1999 年《合同法》出台后，才在第 94、108 条正式将预期违约内容引入。《民法典》第 563、578 条延续了《合同法》的相关规定，对预期违约作出了基本规定。

(一)预期违约概念的提出

预期违约最早由英国在19世纪中期通过两项判例提出。

判例一:1852年霍切斯特诉陶尔雇佣纠纷案。该案的基本案情是:1852年4月,原告霍切斯特与被告陶尔签订了一份雇佣合同,合同约定,被告雇请原告从6月1日起为被告担任3个月的导游。5月11日,被告写信告诉原告他将不履行合同。5月22日,原告向法院起诉,要求被告承担违约赔偿责任。被告争辩说,由于违约实际上尚未发生,因而原告无权起诉。法院认为,被告写信告诉原告其将不履行合同,已构成预期违约,原告有权立即起诉索赔并解除合同,而不必坐等实际违约的到来,并判决被告败诉[①]。在该案中,法官很明确地提出了预期违约问题,即被告写信告诉原告其将不履行雇佣合同构成预期违约,并以此为由支持了原告的诉讼请求。

判例二:1855年爱娃诉伯顿租船合同纠纷案。该案的基本案情是:1855年,原告爱娃与被告伯顿订立租船合同。合同约定,原告应将船开至俄国的敖德萨港口,并在若干天内装载一批货物。合同签订后,原告将船提前开至约定的港口,但被告无法提供货物装载,并提出提前解除合同。原告鉴于船舶装载期限尚未届满,拒绝接受被告的提前毁约表示,要求被告装货,结果在45天装船期限届满之前,英俄爆发战争,合同已无法履行。事后原告向法院起诉,对被告提出违约索赔。法院认为,在英俄战争爆发前,尚不存在实际违约问题,因为合同约定的装船期限尚未届满,但当被告作出提前毁约表示时,已构成预期违约,由于原告拒绝接受,被告就有权得到因战争带来的好处,解除双方的合同并不承担违约责任,并判决原告败诉[②]。在该案中,法官虽然没有支持原告的诉讼请求,但同样肯定了被告的行为已构成预期违约,只是由于原告拒绝接受被告的预期违约行为,才导致被告因不可抗力而免责。

上述两项判例作出后,在英国曾一度受到学者们的批评,他们认为这是对传统合同法理论的背离,因为按照传统的合同法理论,在合同约定的

---

① 南振兴、郭登科:《预期违约理论比较研究》,载《法学研究》1993年第1期。

② 叶林:《违约责任及其比较研究》,中国人民大学出版社1997年版,第194页。

履行期限届满之前，是不存在违约问题的。但是，由于预期违约毕竟有其合理之处，因而还是很快被人们所接受，并以此为基础推动了英国预期违约制度的建立。到1894年，英国法院又通过辛格夫人诉辛格一案的判例，确认了默示预期违约形态，进一步完善了预期违约制度。在该案中，被告辛格在婚前向原告许诺将于婚后把一栋房屋转归原告所有，但此后被告又将该房屋卖给了第三人，致使其许诺成为不可能。在审理中，法官认为，尽管不排除被告重新买回该房屋以履行其许诺的可能性，但原告仍有权解除合同并请求赔偿，因而判决支持了原告的诉讼请求①。在英国法的影响下，其他英美法国家也相继继承和确立了预期违约制度，从而使预期违约制度成为英美法中一项普遍的合同法律制度。

(二)预期违约的概念及构成要件

关于预期违约的概念，国内外学者表述不尽相同。英国学者 Treitel 认为："在规定的履行期到来前，合同一方当事人表示他将不履行或者可能无能力履行，这样的行为有时被称为预期违约。"②高尔森认为："如果在履行期届临之前预先声明将不履行合同的义务，叫做预期违约。"③英国法院在1981年都森案的判决中写道："因拒绝尚未到期义务的履行而造成的违约，称作预期违约。"④我国学者崔建远教授认为：预期违约是指"当事人一方在合同规定的履行期到来之前，明确表示他届时将不履行合同，或不能履行"⑤。王利明教授则将预期违约称为"毁约"，认为预期违约包括明示毁约和默示毁约两种。我国《民法典》第578条规定："当事人一方明确表示或者以自己的行为表明不履行合同义务的，对方可以在履行期限届满前请求其承担违约责任。"笔者认为，《民法典》第578条的规定既总结和肯定了各位学者对预期违约含义理解的合理之处，又克服了其理解的不足。

结合《民法典》第578条的规定并参照国内外学者的表述，可以这样定义预期违约：预期违约也称为先期违约，是指在合同约定的履行期限届满

① 王利明：《民商法理论与实践》，吉林人民出版社1996年版，第68页。
② G. H. Treitel, The Law of Contract, Sterens & Sons, 1983, p642.
③ 高尔森：《英美合同法纲要》，南开大学出版社1984年版，第141页。
④ Downson(1981)CLJ83, Carter47MLR422.
⑤ 崔建远：《合同责任研究》，吉林大学出版社1992年版，第93页。

之前，当事人一方明确表示或者以自己的行为表明其将不履行合同约定的义务因而构成的违约。预期违约包括两种形态：一是明示预期违约，即在合同约定的履行期限届满之前，一方当事人明确肯定地告知另一方当事人其将至期不履行合同所约定的义务；二是默示预期违约，即在合同约定的履行期限届满之前，当事人一方虽然没有明确表示其将不履行合同义务，但通过其自身的行为或者其所处的状况，可以推定其将至期不履行合同义务。

与预期违约相对应的是实际违约。为了进一步准确理解预期违约的含义，有必要将预期违约与实际违约两者加以区分。两者的区别主要表现在以下几个方面：第一，预期违约发生在合同约定的履行期限届满之前，它体现为对将来的合同义务的违反；实际违约发生在合同的履行期限届满时，它体现为对已经到期的合同义务的违反。第二，预期违约存在明示预期违约和默示预期违约之分；实际违约则不存在这种区分，它只表现为一种客观的事实上的未履行状态。第三，预期违约只能是当事人一方违约，而实际违约既可以是一方违约，也可以是双方违约。第四，预期违约实质上是一种可能违约，这种可能性依其发展的结果看有两种，其一是至期果真未履行合同，构成实际违约，此时违约者当然应承担违约责任；其二是预期违约者撤回其预期违约的意思表示或者改变了其所处的客观状况或行为，并至期严格履行了合同，此时预期违约者是无需承担违约责任的。因此，预期违约的违约方并不必然承担违约责任；而实际违约由于是一种现实违约，根据合同的约定或者法律的规定，违约方一般要承担违约责任。

预期违约相对于实际违约而言，是一种特殊的违约形态，因而其构成要件应与实际违约有所不同。构成预期违约必须同时具备以下三个条件：

第一，当事人订立的合同有效成立。这一条件是构成预期违约的基础要件。这一条件包括两方面的含义，其一，当事人之间订立的合同必须成立，因为合同未成立即意味着当事人之间尚未形成合同关系，既无合同关系，则无违约可言。其二，当事人之间订立的合同必须有效，因为合同虽然成立但未必有效，唯有有效的合同，当事人必须履行。否则，应承担相应的违约责任。而对于无效合同而言，当事人根本无需履行，因而无违约可言。

第二，此种违约发生在合同约定的履行期限届满之前。这一条件是构成预期违约的时间要件。按照传统的合同法理论，当事人应在合同约定的履行期限内履行合同，也就是说，合同约定的履行期限是当事人履行合同的有效时间范围，在有效时间范围内是不存在违约问题的，只有超过合同履行期限当事人未履行合同时，才构成违约。而预期违约与传统实际违约的不同之处，就恰恰在于预期违约行为只能发生在合同约定的履行期限尚未届满之前，即在合同有效履行期限内。如果合同期限已过，则已构成实际违约，既已实际违约，当然就不存在预期违约问题。

第三，必须有表明当事人不履行合同义务的事实发生。这一条件是构成预期违约的实质要件。这里的事实可以是明示的事实，也可以是默示的事实。其中的“明示”，可以采取口头形式，也可以采取书面形式；可以在其中说明将不履行合同的原因，也可以对原因不作任何解释和说明。无论是口头的还是书面的，是有因的还是无因的，均不改变其违约的性质。其中的“默示”，则主要体现为一种推定，即根据当事人一方的行为或者所处的客观状态而作出的主观判断。如甲与乙订立一份房屋买卖合同，合同约定甲应于 5 月 30 日之前向乙交付该房屋，但于 4 月 20 日，甲却将该房屋卖给了丁。虽然甲并未明确告诉乙其到期将不履行合同，甚至也不排除甲在合同期限内重新买回该房屋以履行合同的可能性，但这毕竟不符合常理，因而可以直接判定甲的行为构成预期违约。

（三）预期违约的救济

所谓“救济”，作为一个法律概念，来自英美法，是指对于受损的合法权利通过一定的法律措施和途径进行补救。而预期违约的救济，就是指当一方当事人预期违约给另一方造成损失时，通过一定的法律措施和途径对另一方当事人（即非违约方当事人）受损的合同权利进行补救。

首先，我们应该探讨的问题是为什么要确定预期违约并对其进行救济。关于这一问题，在预期违约提出之初就曾在学术界出现过激烈的争论。美国著名的合同法学者威灵斯顿反对确认预期违约，他认为，预期违约的概念不合逻辑，因为它要求表意人过早地履行其允诺的义务，从而增加了其负担①。而另一位美国著名的合同法专家科宾则认为，针对预期违约提起诉讼是合理的，因为预期违约人的违约降低了对方享有的合同权利

① Williston, Repudiation of Contract(pt2), 14Harv. L. Rev. 421, 428, 438(1901).

之价值，因此给对方造成了损害。允许受害人提起诉讼，可以迅速地了结他们之间的纠纷[①]。科宾的观点在英美法系国家获得了普遍的赞同，例如英国学者 Treitel 即认为，确认预期违约并予以违约救济，至少有以下两个优点：第一，它有助于使损失降低到最低限度。例如在霍切斯特诉陶尔一案中，如果原告不能立即获得救济，他就得准备履行合同。明示预期违约规则赋予原告立即起诉权，等于鼓励他解除合同。这样，可以避免额外的损失。第二，明示预期违约规则有利于对受害人合理而充分的保护。例如，如果他预先履行将来的义务，然后对方表示拒绝履行其义务，若让债权人坐等合同履行期到来后才向对方主张补救，那么他将遭受更大损失。

对于科宾和 Treitel 的观点，笔者表示完全赞同。总而言之，预期违约虽然不是现实违约，但其转化为实际违约的可能性是客观存在的，且是极大的，因而给对方当事人的合同权益所构成的损害威胁也是客观存在的和巨大的，如果不确认预期违约并给予非违约方当事人以救济，则显然将置非违约方当事人于不利的境地中，人为地造成和扩大不应有的经济损失，这不仅对非违约方有失公平，而且也不利于社会经济秩序的稳定。反之，如果确定预期违约并给予违约救济，则不仅可以充分保护非违约方的合同权益，避免扩大不必要的损失，而且可以及时了结合同争议，解决合同纠纷。因此，从立法上确定预期违约并对非违约方提供救济，其意义是重大的。

接下来，应该探讨的问题是应如何对非违约方进行救济，即预期违约的救济方式。根据我国《民法典》第 563、578 条的规定和英美两国的判例实践，当一方存在预期违约时，非违约方有权就以下两种方式进行选择，以获得救济：①接受预期违约，立即解除合同并要求对方承担违约责任，以获得损失赔偿。如在前文所述 1852 年英国霍切斯特诉陶尔一案中，当被告陶尔明示预期违约时，原告霍切斯特立即提出违约索赔之诉，获得了法官的支持。在 1894 年辛格夫人诉辛格案中，因存在预期违约情形，辛格夫人将辛格起诉至法院，获得了法院的支持。选择这种救济方式的优点在于可以立即进行违约索赔，及时了结双方之间的合同关系。②不接受预期违

---

① 参见[美]科宾：《科宾论合同》(下册)，王卫国等译，中国大百科全书出版社 1998 年版，第 451—452 页。

约，要求实际履行合同，如果至期未履行，再按实际违约追究违约责任，以获得救济。如在前文所述1855年爱娃诉伯顿一案中，原告爱娃即选择了这种救济方式。选择这种救济方式的优点在于可以保留机会，让预期违约者撤回预期违约，实际履行合同，并通过合同履行实现合同目的。但选择这种方式也有其弊端，这就是，当非违约方拒绝接受预期违约后，如果出现不可抗力等免责因素致使违约方获得免责时，非违约方的救济权就得不到法院的支持。例如在1855年爱娃诉伯顿一案中，在原告爱娃拒绝了被告伯顿的明示毁约表示后，由于出现英俄战争导致被告免责，故法院没有支持原告的诉讼请求。

五、违约责任与侵权责任的竞合

(一)关于责任竞合

1. 责任竞合的概念

所谓责任竞合，即法律责任的竞合，是指同一个行为同时违反了数种法律上的义务，依不同的法律同时符合数种法律责任的构成要件的现象。

法律责任竞合既可能发生在同一法律部门内(如同在民法部门内发生的违约责任与侵权责任的竞合)，也可能发生在不同的法律部门之间(如因同一非法致人人身伤害的行为，因分别适用刑法、行政法和民法而产生的刑事责任、行政责任和民事侵权责任的竞合)。

理解责任竞合应注意把握以下要点：

(1)责任竞合是因同一违法行为而引起的。如果是同一行为人实施了数个不同行为，分别违反了不同的法律上的义务，并符合不同的法律责任构成要件，则不是责任竞合。由此可见，责任竞合强调的是产生责任的行为的同一性。

(2)责任竞合表现为同一违法行为同时符合数个不同法律责任的构成要件。这是责任竞合现象最为明显的特征。

同一行为同时构成数个责任的现象在法律适用中是客观存在的。之所以会出现这种现象，主要缘于社会关系的复杂性和行为的多重性。国家法律为了有效调控社会关系，不得不建立一个立体法律体系，进行分工和协作，其间难免存在不同部门的法律对同一行为进行规范的现象，于是便为责任竞合提供了可能性。从这一点上看，责任竞合或法律适用的竞合并非不正常现象。

(3)数个责任之间相互冲突。这里所说的相互冲突，一方面是指行为人承担不同的法律责任，在后果上是不同的；另一方面是意味着数个责任既不能相互吸收（即指一种责任不能包容另一种责任），也不能同时并存（是指所构成的数种责任不能由责任人同时承担）。如果数种责任是可以相互包容或并存的，则行为人的责任已经确定，不发生责任竞合的问题。

2.责任竞合与相关概念的关系

(1)责任竞合与法律规范冲突

法律规范冲突，也称法律适用的冲突，是指数个法律规范在适用于同一个行为时，彼此之间在内容上相互矛盾。

责任竞合不同于法律规范冲突。两者的区别主要是：责任竞合是同一行为根据数个法律符合数种责任要件的现象，其结果是要进行选择适用；法律冲突则是因法律规范本身规定的矛盾和不协调而导致法律适用的冲突，其完善需要借助立法的完善。当然，在立法修改前，也涉及法律适用的选择问题。

(2)责任竞合与责任聚合

责任聚合，是指同一违法行为，依法应同时承担多种可以并存的不同形式的法律责任的现象。如某一侵害他人名誉权的行为，依法应同时承担消除影响、恢复名誉、赔礼道歉和赔偿损失等责任形式。

责任竞合不同于责任聚合。两者最主要区别在于，责任竞合是同一行为构成不同性质的法律责任，而不是其责任形式，且这些不同性质的法律责任是相互冲突的，需要选择适用；责任聚合则是同一行为构成同一性质责任，而依法应同时采用不同的形式承担该性质的责任。质言之，责任竞合是不同性质责任的同时构成，责任聚合是不同责任形式的同时采用。

(3)责任竞合与规范竞合

所谓规范竞合，即法律规范的竞合，也可称为法律适用的竞合，是指同一行为可以同时适用不同的法律规范的现象。规范竞合同样既可以存在于同一法律部门之内，也可以存在于不同的法律部门之间。

责任竞合与规范竞合具有密切的联系。实际上,责任竞合是因不同法律对同一行为适用而得出的结果。因此,责任的竞合,从法律适用的角度看,就是法律规范的竞合。不过,两者仍是不同的两个概念。责任竞合着眼于责任的构成,而规范的竞合着眼于法律的适用。从外延上看,规范的竞合应当大于责任竞合,或者说,规范的竞合包括责任的竞合。

3. 责任竞合的处理

责任竞合表现为同一行为同时符合数个责任的构成要件,且数个责任是相互冲突而不能并行适用的。因此,对于责任的竞合不能像责任聚合那样一并适用,而只能选择适用。由非违约方当事人选择适用一种责任方式是责任竞合的一般处理规则。

(二)违约责任与侵权责任的竞合及其处理

如前所述,责任的竞合既可以发生在同一法律部门内,也可以发生在不同的法律部门之间。其中,发生在民事法律部门内的责任竞合可以称之为民事责任的竞合。在民事责任的竞合中,最为主要、最为重要、最为常见的就是违约责任与侵权责任的竞合。

为了说明和分析违约责任与侵权责任的竞合,这里有必要首先对违约责任与侵权责任两者的关系加以比较分析。

1. 违约责任与侵权责任的联系和区别

违约责任是指当事人约定或法律规定的一方当事人违约时应当向对方当事人承担的民事法律责任。侵权责任是指因不法侵害他人人身权或财产权而依法应承担的民事法律责任。

违约责任与侵权责任具有密切的联系,两者都是因违反了民事法律义务而产生,都是民事性质的责任,是民事责任中的两种最基本、最重要的责任,两者在责任构成、责任方式、基本功能上具有相同之处。

违约责任又不同于侵权责任,两者的区别主要有:

(1)产生的根据不同。违约责任以合同关系的存在为基础,因违反合同义务而产生;侵权责任则因违反法定的义务而产生,通常表现为违反了法律要求的不作为义务。

(2)归责原则不同。从英美法和我国合同法的规定来看,违约责任以无过错责任(或称严格责任)为一般归责原则。而侵权责任,在世界各国的法律中，基本采用的是以过错责任原则（适应于一般侵权）为一般、以无过错责任原则（适用于特殊侵权）为补充的多元归责原则体系。

由于归责原则的不同，就相应决定了两者在责任构成和举证责任分配上的不同。在责任构成方面，违约责任只要客观存在违约行为，且不存在免责事由即可；而特殊侵权责任的构成则要求有侵权行为、损害后果，且侵权行为与损害后果之间存在因果关系。一般侵权责任除特殊侵权责任的构成要件外，还要求行为人主观上必须有过错。在举证责任分配方面，主张违约责任的原告（非违约方）无须负举证责任，但在一般侵权案中，原告（受害人）负有举证责任。

(3)责任形式不同。违约责任体现为财产责任，因此，其责任形式表现为财产责任形式，人身性的、精神性的责任形式不宜适用于违约责任。根据我国《民法典》的规定，违约责任形式主要有继续履行、采取补救措施、支付违约金、赔偿损失和执行定金罚则等。而侵权责任则既包含人身性质，也包含财产性质，因此，侵权责任的形式既可以是人身性质的形式，也可以是财产的形式。在侵权责任中，可以适用精神损害赔偿责任方式。

(4)功能不尽相同。违约责任所保护的是相对权和期待权，违约责任承担的目的和结果应当是如同合同被正常履行的状况；而侵权责任所保护的权利是现有权利和绝对权利，侵权责任承担的理想结果是恢复到权利被侵害之前的状况。

(5)诉讼管辖不同。当事人主张违约责任的诉讼，因以合同关系为基础，故由被告所在地或合同履行地法院管辖，且法律允许当事人在合同中约定选择被告所在地、合同履行地、合同订立地或标的物所在地法院管辖；而当事人主张侵权责任的诉讼，则是由被告所在地或侵权行为地法院管辖。

除以上主要方面外，违约责任与侵权责任还有其他方面的区别，在此就不一一列举。

2.违约责任与侵权责任的竞合

违约责任与侵权责任的竞合，是指同一违反民事义务的行为，既依合同法构成违约责任，也依侵权行为法符合侵权责任的要件。

违约责任与侵权责任的竞合既是缘于两者的密切联系，也是缘于两者的区别。应该说，正是因为两者存在密切联系和明显区别，才为两者发生竞合提供了可能。

违约责任与侵权责任竞合的典型情形主要有以下几种：

(1)侵权性违约。指侵权行为直接是当事人一方违约的原因。例如，依保管合同，保管人占有委托人的财产，但保管人非法使用该财产，造成财产的毁损、灭失。此时，保管人的行为既构成违约行为，也构成侵权行为，因而既符合违约责任要件，也符合侵权责任要件。

(2)违约性侵权。指违约行为直接侵害了对方的人身权或财产权。例如，供电部门违约而终止供电，致用电方若干台贵重计算机损坏。此时，受害人既可以主张违约责任，也可以主张侵权责任。

(3)产品责任情形。因卖方提供的产品存在质量瑕疵致买方人身或财产损害的，既依合同法构成违约责任，也依产品质量法而构成侵权责任。

3. 违约责任与侵权责任竞合的处理

(1)国外对违约责任与侵权责任竞合的不同处理方式

考察国外有关的立法和判例，对违约责任与侵权责任竞合的处理主要有三种不同的态度和方式①。

第一种是否认和禁止竞合，以法国法为代表。法国法认为，如果允许合同当事人提起侵权之诉，则法律就没有必要区分为合同法与侵权法，并且也违反了当事人的意思自治原则，漠视了合同另一方当事人的意志。因此，法国法禁止合同当事人将对方的违约行为视为侵权行为而提起侵权之诉，只有在没有合同管辖的情况下才产生侵权责任。法国法之所以否认和禁止违约责任与侵权责任竞合，其原因主要在于《法国民法典》对侵权行为及侵权责任的规定比较笼统和模糊，如果允许合同当事人选择侵权责任，则很多违约行为均可以作为侵权责任处理，从而导致法律适用的混乱和侵权责任对违约责任的侵蚀。

第二种是选择请求权，以德国法为代表。德国法认为，合同法和侵权法不仅适应于典型的违约行为和侵权行为，而且共同适应于双重违法行为。受害人基于对方当事人的双重违法行为产生两项请求权，受害人可以提起违约之诉，也可以提起侵权之诉。如果一项请求权因时效届满而被驳

---

① 参见王利明、崔建远：《合同法新论·总则》，中国政法大学出版社 2000 年版，第628—630 页。

回时，还可以行使另一项请求权。但是，受害人的双重请求权因其中一项请求权的实现而消灭，而不能同时使两项请求权得到实现。

第三种是有限制的选择诉讼，以英国法为代表。在英国法中，是认可违约救济与侵权救济的竞合的。根据英国法，如果原告属于双重违法行为的受害人，则他既可以获得侵权之诉的附属利益，也可以获得合同之诉的附属利益。同一违法行为既可以成为合同之诉的诉因，也可以成为侵权之诉的诉因。但是，对于上述当事人的选择之诉，英国法设有一定的限制，如选择之诉的当事人必须存在于有偿合同关系中。再如只有在被告既违反了合同又违反了侵权法，并且后一种行为即使在无合同关系的条件下也已构成侵权时，原告才具有双重诉因的诉权。

比较上述三种对违约责任与侵权责任竞合的不同态度和处理方式，我们认为，法国法和英国法都是不足取的。相对而言，德国法比较科学、适当和可取。

(2)我国有关法律对违约责任与侵权责任竞合的处理

我国有关法律对违约责任与侵权责任竞合的处理主要体现在《民法典》第 186 条的规定中。《民法典》第 186 条明确规定："因当事人一方的违约行为，侵害对方人身权益、财产权益的，受损害方有权选择请求其承担违约责任或者侵权责任。"由此可见，我国法律对违约责任与侵权责任竞合的态度和处理方式受了德国法的影响，即明确认可两者的竞合，并由受害人选择行使请求权。一般而言，经审理符合竞合的，法官应当尊重受害人的选择，不能排斥当事人的意思而强行适用。

由于违约责任和侵权责任两者的区别，为了保障受害人获取补救的最大化，在实践中选择适用违约责任和侵权责任竞合的处理方案时应注意以下几点：

第一，在合同关系中，一方的违约行为造成对方人身伤亡和明显精神损害的，应当选择适用侵权责任之诉。因为违约责任中不支持精神损害赔偿和人身责任方式，而侵权责任中则完全适用。

第二，在当事人之间存在合同关系，一方当事人的违法行为只造成另一方的财产损失的，则应当选择适用违约责任，因为违约责任是一种财产性质的责任，且原告无须负举证责任，便于纠纷的解决。

第三，如果当事人事先在合同中明确约定了对竞合的处理，则应按照合同的约定处理。因为这实际上就是当事人的选择，只是事先选择而已。不过，当事人在合同中的约定必须是有效的，例如，当事人为了免除其故意或重大过错而给对方造成人身伤害的精神损害赔偿责任而约定只能适用违约责任而不能适用侵权责任的，这种约定即是无效的。此时，应允许受害人选择适用违约责任或侵权责任。

第九章　合同纠纷的解决

一、解决合同纠纷的途径

在合同实践中，因各种原因，合同纠纷在所难免。出现合同纠纷，就应当依法进行解决。根据《民法典》的相关规定，解决合同纠纷的途径有四种，即和解、调解、仲裁和诉讼。

（一）和解

所谓和解解决合同纠纷，是指在出现合同纠纷后，由当事人自行通过协商，就如何解决纠纷达成协议，解决合同纠纷。

和解在本质上属于当事人自力（私力）解决合同纠纷的方式。它要求当事人互谅互解，相互礼让，在分清原因和责任的基础上，对解决合同纠纷达成协议。由于和解方式不需要通过国家机关和公力救济的途径，成本最小，而且通过和解方式解决纠纷，可以避免当事人之间合作关系的破裂，保持当事人之间良好的合作关系，有利于合同的继续履行。因此，和解方式是解决合同纠纷的最佳途径，值得提倡和鼓励。不过，和解方式不具有强制力，如果当事人达成和解协议后又反悔的，则仍然需要借助于其他途径，如仲裁或诉讼，但和解协议具有证据意义。

（二）调解

广义上的调解，是指由第三人居中进行调停，在依法分清原因和责任的基础上，促成当事人就解决合同纠纷达成协议，以解决合同纠纷。广义的调解包括法院在诉讼过程中的调解、仲裁机构在仲裁过程中的调解和诉讼、仲裁之外的调解。这里所谓的调解，是指在诉讼和仲裁之外的调解。基于这种调解，其调解人可以是当事人双方所信任的任何人，可以是双方的共同上级主管领导，也可以是律师，还可以是其他任何人。另外，这种调解在性质上也属于当事人自力解决合同纠纷的方式。调解不成或经调解后当事人又反悔的，则仍然需要通过诉讼或仲裁途径解决纠纷。

（三）仲裁

仲裁是指仲裁机构依据仲裁程序依法对当事人提请仲裁的合同纠纷进行审理并作出裁决，以解决合同纠纷。

仲裁是国际上较为通行的解决合同纠纷的、经济快捷而又权威的途径。我国也专门制定有仲裁法律，成立了仲裁机构，为当事人解决合同纠纷提供了在诉讼之外的另一权威救济途径。

合同纠纷进入仲裁机构并通过仲裁程序解决的条件是：当事人在合同约定了仲裁条款或者在出现合同纠纷后当事人达成书面仲裁协议。否则，当事人不能提起仲裁，仲裁机构也不应予以受理。另外，我国《仲裁法》规定，仲裁实行“或裁或决”制，如果当事人提起了诉讼的，则不得再提起仲裁；反之，当事人已依法提起了仲裁的，也不得再提起诉讼。并且，仲裁实行“一裁制”，即一次裁决为终局裁决，不得上诉。

另外，根据我国仲裁法的规定，在我国，仲裁实行先行调解的原则，在作出裁决前，应当先行进行调解，调解不成的，应当即时进行裁决。仲裁调解协议和仲裁裁决具有强制执行的效力。

（四）诉讼

诉讼解决合同纠纷，就是在出现合同纠纷后，由当事人一方依法向人民法院提起民事诉讼，由法院通过民事诉讼程序进行受理并依法通过调解或判决，以解决当事人之间的合同纠纷。合同纠纷的诉讼，完全依照《民事诉讼法》的规定执行，并无单独的合同纠纷诉讼程序。

二、解决合同纠纷的法律适用

（一）合同特别法优于合同一般法

合同法是一个法律规范体系，包括专门对合同关系进行全面规范的合同基本法《民法典》合同编（为合同一般法），还包括其他有关合同的法律

(为合同特别法)，如《专利法》《海商法》《著作权法》等。当合同特别法与合同一般法的规定不一致时，根据“特别法优于一般法”的法律适用原则，应当优先适用合同特别法。合同特别法未作规定或不足以解决的，则应执行合同一般法的规定。

(二)无名合同的法律适用

合同可以分为有名合同与无名合同。有名合同适用法律法规的规定，如我国《民法典》规定的19种具体合同均为有名合同。由于现实生活的丰富性和复杂性，除有名合同之外，还大量存在无名合同。对于无名合同，由于没有明确的法律规定，在出现合同纠纷时，该如何适用法律呢？《民法典》第467条第1款对此作了基本规定：“本法或者其他法律没有明文规定的合同，适用本编通则的规定，并可以参照适用本编或者其他法律最相类似合同的规定。”由此可知，对于无名合同，首先应当适用《民法典》合同编“通则”关于合同的一般规定，即适用合同法的一般原理。其次，在对无名合同适用法律时，还可以参照合同编“典型合同”分编的规定或者其他法律中最相类似合同的规定执行。

(三)涉外合同的法律适用

所谓涉外合同，是指具有涉外因素的合同，包括主体的涉外、合同标的涉外、或引起合同关系发生、变更的法律事实发生在国外等。

由于涉外合同的涉外性，其法律适用就不像国内合同关系那样单纯，往往会涉及他国法律的适用问题。因此，对涉外合同的法律适用应遵循不同的规则。

根据《民法典》第467条第2款和《涉外民事关系法律适用法》的相关规定，涉外合同的法律适用规则如下：

首先，法律对涉外合同的法律适用有特别规定的，从其规定。如《民法典》第467条第2款所规定的对在中国境内履行的中外合资经营企业合同、中外合作经营企业合同、中外合作勘探开发自然资源合同专属适用中国的法律。此即法律的专属适用。

其次，法律对涉外合同的法律适用无特别规定的，则从当事人的约定。当事人可以在涉外合同中约定对合同纠纷的法律适用，既可以选择中国法律作为准据法,也可以选择适用他国或地区的法律。除非法律另有专门规定,否则,按照当事人的约定执行。

最后,在无法律特别规定、也无当事人约定的情况下,则适用与合同有密切联系国家的法律。判断是否具有密切联系,主要的根据是确定密切联系点。凡是与合同有密切联系点的法律,均可认定为是具有密切联系的法律。从国际私法学看,属于密切联系点的有:合同缔结地、合同标的物所在地、合同履行地、当事人所在地、管辖法院所在地。具体法律的适用由法官根据个案情况选择决定。

三、合同争议提起仲裁和诉讼的时效

根据《民法典》第 594 条的规定,国际货物买卖合同和技术进出口合同,提起仲裁和诉讼的时效为 4 年。其他合同纠纷提起仲裁和诉讼的时效期间执行有关法律的规定。我国《民法典》第 188 条规定的一般诉讼时效为 3 年,诉讼时效期间自权利人知道或者应当知道权利受到损害以及义务人之日起计算。

第十章　合同的解释

合同解释是合同法理论和实践中具有普遍意义的、极为重要而又十分复杂的问题，自罗马法以来一直受到世界上许多国家立法和司法实践的重视，成为许多国家法学者精心研究的重要问题。我国《民法典》第 466 条对合同解释作出了规定。

一、合同解释的概念

关于什么是合同解释，我国合同法未作立法界定，理论上则有不同的主张。有的认为，对于合同解释应作广义理解，无须限定主体，即合同解释"是指对合同内容的含义的理解和探讨"[①]。有的主张，合同解释的主体不会也不应该是任何人，主要是法院、仲裁庭、合同当事人、代理律师、专家证人和学者[②]。有的主张，合同解释仅指受理案件的法庭或仲裁庭依职权对合同条文或所用文句的正确含义所作的解释[③]。有的认为，合同解释的对象应及于整个合同内容；有的则认为，合同解释应仅限于发生争议的合同中使用的语言文字，揭示合同条文或所用文句的正确含义。那么，到底该如何理解合同解释的含义呢？我们不妨先从以下几个方面进行分析，然后再作结论。

（一）合同解释的主体

应该肯定，对合同及其相关资料的含义进行分析和说明，任何人都可以进行。在日常的民事、经济交往过程中，公民、法人要对其参与订立的合

---

① 王利明等主编：《民法新论》（下），中国政法大学出版社 1998 年版，第 392 页。

② 参见崔建远：《合同解释论：规范、学说与案例的交互思考》，中国人民大学出版社 2020 年版，第 69—85 页。

③ 参见[美]E. 艾伦·范斯沃思：《美国合同法》，葛云松、丁春艳译，中国政法大学出版社 2004 年版，第 453 页。

同进行解释；在因合同纠纷而发生的诉讼中，法官、仲裁员、当事人、诉讼代理人以及证人、鉴定人等，也都可能和可以从各自的角度对合同进行解释；在合同公证和合同鉴证时，公证人员和鉴证人员也要对合同进行解释；消费者协会等社团组织以及有关主管部门在处理群众投诉时，也需要对合同进行解释……因此，从主体上看，合同解释的主体是非常宽泛的。

但是，应当明确的是，合同解释的目的是最终明确合同当事人的权利和义务以解决合同纠纷。而在以上各种对合同进行解释的主体中，唯有法院和仲裁机构的解释是最权威的，具有最终的决定意义，其他主体的解释都只能作参考，不能作为定案的依据。而且，如果对合同解释的主体不作限定，则在立法上难以规范。因此，合同解释的主体应当限定为受理合同案件的法院或仲裁机构。

（二）合同解释的客体

合同解释的客体，亦即合同解释的对象。在合同解释实践中，合同解释的对象并不总是相同的：在因合同中的语言文字的表达含糊不清、模棱两可或相互矛盾而发生争议时，合同解释的对象就是该含糊不清或矛盾的语言文字的准确含义；在当事人一方主张合同的文字的含义不符合当事人内心的真实意思表示时，合同解释的对象是当事人的真意；在合同的条款欠缺时，合同解释的对象是漏掉的条款及其含义；在合同的内容不适法时，合同解释的对象是合同的内容，等等。由此，我们可以得出以下结论：第一，合同解释的对象不仅仅是发生争议的合同中所使用的语言文字，没有争议的合同文字有时也需要解释，也就是说，合同解释的范围有可能广及甚至超过整个合同所使用的语言文字；第二，需要解释的不仅仅是合同条文或所使用文句的正确含义，与合同相关的当事人的行为、订约或履约过程以及行业习惯等客观情况所体现出来的意义，同样需要解释。因此，可以概括地认为，凡与合同有关的资料（包括合同的语言文字、当事人的行为、订约的环境等）及其所体现出来的含义，都可以成为合同解释的客体。

（三）合同解释的效力

合同解释的原因和目的是明确当事人之间有争议的合同的内容，解决当事人之间的合同纠纷。而在法律程序上，解决当事人之间的纠纷最终依赖于法院和仲裁机构的裁决或调解，但调解和裁决的主要依据就是法院和仲裁机构从方方面面对合同的解释。因此，可以说合同解释是非常严肃认真的，其结果对当事人具有法律约束力。

通过以上三个方面的分析，合同解释的概念可以表述为：合同解释，是指受理合同纠纷的法院或仲裁机构，为合理确定当事人之间的合同内容，解决当事人之间的合同纠纷，依法对合同的语言文字及相关资料的含义所作出的有拘束力的分析和说明。

二、合同解释理论述评

(一)大陆法中的合同解释理论

大陆法是以罗马法为基础的。但由于罗马法存在于简单商品经济社会，其法律注重的是交易的安全而不是交易的效率，是法律行为的形式而不是当事人的意思。罗马法规定了当事人在订立合同时必须履行的种种严格的仪式，该仪式的履行不仅是合同有效的要件，也是确定合同效力的一种方法，使得罗马法所规范的合同严谨但刻板。虽然在罗马帝国的中后期，也曾有部分法学家提出过合同解释的主张，但罗马法中并没有形成真正意义上的合同解释。

大陆法合同解释理论的确立是从1804年《法国民法典》开始的。1804年《法国民法典》根据资产阶级民法的“意思自治”原则在第1150条明确规定，合同的成立以及内容应以当事人的意思为准，法官的作用仅在于保证当事人的意思得到实现。当合同发生争议需要解释时，“法官应探究缔约当事人的意思，而不拘于文字的字面意思”。1804年《法国民法典》的这一规定被称为合同解释的意思主义理论。

但是，自19世纪末20世纪初资本主义进入垄断资本主义阶段以后，国家对社会经济生活的干预不断加强，意思自治原则逐渐衰落，意思主义理论受到强大的冲击，继之而起的是表示主义理论越来越受到人们的重视。这种理论反映到合同解释问题上，就是主张合同解释所应探究的不是当事人内心究竟想些什么或是什么意思，而是其行为使人确信他想些什么,有什么意思。作为大陆法另一代表立法的《德国民法典》即奉行表示主义理论,在第157条强调"契约的解释,应遵守诚实和信用的原则,并考虑交易的习惯"。当然,为了顺应现代民法的发展,现代法国民法也对原来所持的意思主义理论进行修改,逐渐采用表示主义理论。

(二)英美法中的合同解释理论

由于法律传统的不同,英美法与大陆法关于合同解释的理论也有区别。英美法在合同解释问题上一向奉行的是以表示主义理论为基础的客观解释标准。根据英美法,法官在解释合同时,应"尽可能地坚持使用可以找得到的确切言词,并给这些言词以它们原来的和通常的含义",拒绝寻求外在的帮助,拒绝填补任何空白①,从而成为严格的解释者。也就是说,英美法强调的是从合同条款的本身,从合同当事人的外在行为表现而不是从当事人内心真意的角度去解释合同的含义和内容。

(三)我国合同法应持的正确态度

结合《民法典》的规定和合同法理论上的主张,我们认为我国合同法对合同解释应持的正确态度是:我们不能置合同的语言文字不顾去探究当事人的内心真意,而应当以合同的语言文字为基本依据,结合当事人的特定行为、缔约的目的以及与合同有关的其他资料、周围环境等对合同进行完整的解释。如果当事人存在约定的漏洞,法院必要时可以根据诚实信用的原则直接将有关法律规范引入合同之中成为其条款,以明确当事人之间的权利和义务。

三、合同解释的基本原则

关于合同解释所应遵循的基本原则,学界探讨较多,但见仁见智,争议较大②。我们认为,合同解释应遵循以下基本原则:

---

① [英]A. 丹宁:《法律的训诫》,群众出版社1985年版,第1页。

② 参见崔建远:《合同解释论:规范、学说与案例的交互思考》,中国人民大学出版社2020年版,第156—227页。

(一)以合同文句为基础,客观主义与主观主义相结合的原则

合同解释是要明确合同的内容从而确定当事人之间的权利和义务。而合同的内容是通过合同的文句表示出来的。因此,解释合同当从合同的文句入手,以合同的文句为基础。这一点已为《民法典》第142、466条所肯定。但是,对合同文句进行阐释,探究其含义,是以当事人内心的主观意思为准还是以合同文句所客观反映出来的意思为准呢?以《法国民法典》为代表的19世纪的民法遵循的是主观主义的原则,即法官在解释合同时所应探讨的是当事人的内心真实意思。但是从《德国民法典》来看,则改用表示主义立法例,即解释合同文句的含义应以其客观表示出来的意思为准,但同时也应兼顾当事人缔约的目的和当事人的主观意思。这实际上是将客观主义与主观主义相结合的原则。我国《民法典》第142、466条的规定体现了这一原则的精神。

在实践中,运用这一原则,要求法官或仲裁员首先应以合同的文句为基本根据,阐释合同文句的含义,但同时又不应完全拘泥于合同的文句,必要时可以将自己置身于当事人同样的地位,从缔约的目的、时间、背景以及起因等方面进行综合考虑,在此基础上试图探究当事人的真实意思。

(二)整体性解释原则

整体性解释原则是指受理合同纠纷的法院或仲裁机构在解释合同时,应把合同的所有条款和各构成部分看作一个统一的整体,相互联系地进行理解,分析和说明当事人争议的合同内容或含义。

合同整体性解释原则为大陆法和英美法所共同肯定。《法国民法典》第1161条规定:"契约的全部条款得相互解释,以确定每一条款从整个行为所获得的意义。"美国《合同法重述》第235节第3条规定:"文书之解释,应就其全部作为整体而为之。同一交易行为,有多种文书形成其部分者,应合并解释。"我国合同法虽没有直接的明确规定,但学界均认为应遵循这一原则。

适用这一原则,应注意以下问题:

第一,合同中印刷条款与打印条款或手写条款并存且相互抵触时,应确认手写条款的效力优于打印条款,打印条款优于印刷条款。

第二，数量或价金条款的大小写不一致时，应确认大写的效力优于小写，但大写含糊不清时，应以小写为准。

第三，解释时应尽量照顾每一条款和文句，不应将其中部分弃而不用。

第四，合同中的主要条款或文句，经当事人作具体、明确而特别约定时，其含义对合同其他一般文句有约束力。

(三)符合合同目的原则

这一原则是指在合同解释时，应当充分考虑当事人的缔约目的，并以此目的为依据，确定合同的内容或文句的含义。

合同是具有目的性的。合同当事人之所以订立合同，是想借以达到某种目的，此即合同目的。而合同的文句是用来表达和实现这些目的的手段。因此，在合同出现争议时，对合同文句的解释，决不能离开合同的目的，应尽可能体测当事人的目的，并作出符合该目的的解释。关于这一原则，尽管也有少数学者提出疑义，但世界上绝大多数国家或地区的立法、判例和学说是持肯定态度的。《法国民法典》第 1158 条明确规定："文字可能有两种解释时，应采取适合于契约目的的解释。"美国《合同法重述》第 236 节 b 款也规定："当事人的主要的明显的目的，在决定其意思表示或其中任何一部分的意义时，有重大的分量。"

但是，如果合同的目的违法或者存在情势变更情形时，不能适用此原则。

(四)参照习惯或惯例原则

参照习惯或惯例原则是指在合同存在约定的漏洞或对合同的文字条款的含义发生争议时，应根据惯例或习惯加以补充或明确。

对于这一原则，有学者提出非议，认为这是对法律一般原则的侵害。但是，我们看到，迄今为止，世界上大多数国家的合同立法对于这一原则都是给予肯定的。《法国民法典》第 1159 至 1160 条、《德国民法典》第 157 条、日本判例学说以及美国《统一商法典》和判例等都有明确规定。此外，《联合国国际货物销售合同公约》和《国际贸易术语解释通则》等国际性公约也都作了概括性规定。

适用这一原则，应注意以下几个问题：

第一，习惯或惯例必须是客观存在的。主张适用者须负举证责任。

第二，须是国家法律、法规存在规定空缺且该习惯或惯例不与法律、法规相冲突，不危害国家利益和社会公共利益。

第三，该习惯或惯例必须是当事人已知或应知且未明示排除适用的。

(五)诚信原则

诚信，是现代世界各国普遍确认的民法的一项基本原则。合同行为是一种重要的民事行为，当事人在合同行为中必须做到诚实、讲信用。因此，当合同出现纠纷时，适用诚信的原则进行合同解释，不仅有必要，也是适当和可能的。

对于诚信的解释，《德国民法典》第 157 条明确规定："契约的解释，应遵守诚实和信用的原则，并考虑交易上的习惯。"日本判例也明确指出，诚信原则"应成为解释当事人缔约目的适用的标准"。《联合国国际货物销售合同公约》第 7 条亦规定，在解释该公约时，应考虑到遵守诚信原则的需要。

诚信的解释原则比较笼统。从有关国家的立法及学说看，它通常是在适用其他原则仍无法合理解释合同时，作为最后一种补救措施而发挥作用。

除以上原则外，合同解释的原则还有"合法性"原则、历史解释原则等。以上这些原则可以并用，但如果适用各原则发生冲突，则应结合各原则的具体情况而决定适用某一原则而不适用其他原则。

四、格式合同的解释

格式合同在本质上仍是合同，但格式合同又不同于一般的合同。其最大的区别在于，格式合同的条款是由当事人一方预先单方决定的，交易对方对合同条款只能被动地接受或不接受，而不能加以变更。因此，对格式合同的解释应与一般合同的解释有所不同。

对格式合同进行解释，应遵循以下原则：

(一)以合理的客观性标准进行解释的原则

由于格式合同是由当事人一方预先单方拟定的，未能与对方进行具体、充分的协商，具有作为交易上的制度或规范的性质。从消极方面说，对格式合同进行解释应不受交易当事人个别主观情形的影响；从积极方面讲，对格式合同进行解释应使将来不特定的多数交易具有统一的内容。这就要求解释格式合同不考虑订立合同的单个因素和具体因素，即不采取主观解释标准而应采取合理的客观性解释标准。所谓单个因素，是当事人的看法、意图和理解力；所谓具体因素，是指订立合同的个案情形。《民法典》第498条规定，对格式条款的理解发生争议的，应当按照通常理解予以解释。

（二）严格解释的原则

严格解释的原则，也称为限制解释的原则，它包含两层含义：其一是指在解释时，应从维护公平、正义的目的出发，对合同没有规定或规定不完备的事项，不得采用根据该合同订立的宗旨及某些条文的规定进行类推和扩张的解释方法；其二是指如果某个条款的适用范围不明确时，应从最狭义的含义进行解释。

严格解释的目的是保护处于弱势地位的相对人的利益，防止在解释时给弱者一方带来更不利的后果。

（三）作对条款拟定人不利的解释原则

这一原则来自罗马法。罗马法曾确立了一项原则，即“有疑义应为表意者不利之解释”。这一原则后来一直为许多国家的立法、判例及学说所接受。英国普通法、意大利民法以及德国一般合同条款法都有类似的规定。

我们认为这一原则具有相当的合理性，是通过合同解释对格式合同的拟定人的利益进行限制和对交易相对人利益进行保护。我国《民法典》第498条明确了这一解释原则，规定：“对格式条款有两种以上解释的，应当作不利于提供格式条款一方的解释。”

五、免责条款的解释

免责条款，是指订入合同之中的用以免除当事人责任的条款。

对于免责条款,是应与合同中的其他条款一起解释,还是应当单独解释呢?在学界存在抗辩说和界定说之争①。抗辩说认为,免责条款是“请求损害赔偿”的抗辩。在确定当事人的义务范围时可先不考虑免责条款,在依其他条款确定当事人义务后,若有义务未被履行,则构成违约,此时再看该免责条款是否涵盖了被违反的义务,以决定其赔偿的范围。抗辩说曾为英国的判例所采用。界定说则认为,免责条款与其他条款均为合同的组成部分,必须合并解释才能界定当事人的义务范围。我们赞成界定说主张。但也认为,免责条款亦有其相对独立的意义,因此,在将免责条款融入合同条款之中进行解释的同时,也应考虑其特殊解释规则。

作为合同条款之一,对免责条款的解释应遵循合同解释的一般原则。此外还应特别注意以下几点:

1. 免责条款必须是有效的。如果免责条款存在法定的无效情形,则该条款无效,不产生免责的效力。免责条款不得存在《民法典》第 153 条、154 条、506 条、497 条规定的情形,否则无效。

2. 免责条款的解释不得违反合同的主要目的。合同是当事人实现特定目的的手段和工具。因此,对合同的解释不应反对合同当事人的目的。英国著名法官丹宁勋爵曾指出:“假如免责条款可以被解释为免除船公司将货物交给明知无受领权之人,其推论结果,无异于免除承运人将货物随便交付给过路之人,将货物焚毁,甚至任意将货物抛弃所生责任一样。如将免责条款如此解释实非当事人本意。”

3. 解释免责条款应区分是否为企业合理化经营所必需。免责条款的功能在于控制交易的风险。但是,根据公平原则,只应允许免除合理化风险,非合理化风险不应允许免除。就企业而言,应区分其合理化经营所必需的免责条款和非为企业合理化经营所必需的免责条款。前者旨在使企业确定风险,预估成本,一方面避免企业遭受突发的或不可抗拒的损害,直接以维护企业的合理经营,间接以保护社会经济秩序的安定;另一方面也兼为保障对方的利益,使之能以合理负担获得对价的利益。法律应当认可这类免责条款的效力。如免除战争、地震等自然灾害的免责条款即是。后

---

① 参见王利明、崔建远:《合同法新论·总则》,中国政法大学出版社 2000 年版,第 493—494 页。

者则旨在排除或限制企业应负的责任，或谋取不公平的利益，故法律应当加以严格控制。如我国《民法典》第506条的规定即是。

4. 当免责条款未指明是免除违约责任还是侵权责任时，解释为只免除违约责任。因为侵权责任规范较违约责任规范而言，属于强制性法律规范，是适当兼顾"人类活动自由"和"民事主体合法权益不容侵犯"两种价值的规范，是关乎社会公共利益的大问题。因此，应树立侵权责任不得免除的基本思想。

5. 当合同约定的免责条款未指明是免除当事人的过错责任还是无过错责任时，应解释为只免除无过错责任，而不免除过错责任。这是因为过错责任是法律对过错行为的否定性评价，是保护受害人利益的需要。为维护法律的严肃性和权威性，应树立一般不得免除过错责任的思想。但如果当事人明示免除过错责任，且该约定并不存在无效情形，则应允许免除过错责任。

6. 当合同约定的免责条款未指明是免除隐蔽性瑕疵责任还是表面瑕疵责任时，应解释为只免除隐蔽性瑕疵责任，而不应免除表面瑕疵责任。

第二编　分论

第十一章　买卖合同

一、买卖合同的概念和特点

（一）买卖合同的概念

买卖合同是合同实践中最为重要、最为普遍、最为典型的合同之一。

对于买卖合同含义的理解，从世界范围来看，有狭义和广义两种不同理解和规定。英美法和《联合国国际货物销售合同公约》采狭义之说，规定买卖合同是以转移物之所有权为主要内容的合同，其买卖标的物仅限于实物；大陆法主要国家（德、法、日、意等）则多采广义之说，规定买卖合同除实物所有权买卖之外，还包括其他财产权利的买卖，如股票、债券、专利权、商标权、土地使用权等的买卖。我国《民法典》是采狭义之说进行规定的。根据《民法典》第595条的规定，在我国，所谓买卖合同，是指当事人订立的由一方向另一方交付标的物并转移标的物所有权，另一方接受标的物及其所有权并支付相应价款的协议。其中，交付标的物并转移标的物所有权的一方当事人称为出卖人（或卖方），接受标的物所有权并支付价款的一方当事人称为买受人（或买方）。

（二）买卖合同的主要特点

（1）买卖合同是转移物之所有权的合同。买卖合同的主要目的、内容和效力表现为实现标的物所有权由一方转移给另一方。这一点将买卖合同与只转移标的物他物权的租赁合同、保管合同、借用合同等区别开来。

（2）买卖合同是双务有偿合同。合同有单务与双务之分。从买卖合同的内容看，买卖合同是双务合同，并且是典型的双务合同。卖方负有交付标的物所有权的义务，享有接受价款的权利；买方相对应地享有接受标的物所有权的权利，负有支付价款的义务。

(3)买卖合同是诺成合同。从买卖合同的成立看,买卖合同自双方就标的物的买卖达成合意时成立,并非自卖方实际交付标的物时成立。因此,买卖合同属于诺成合同。买卖合同标的物的交付是合同的履行行为,而非成立要件。

二、买卖合同当事人的主要义务

(一)卖方的主要义务

(1)按照合同的约定向买方交付合同标的物并转移标的物所有权。这是买卖合同中卖方最基本、最主要的义务。这里的合同约定,包括合同中有关合同标的物的质量、数量、包装,合同的履行时间、地点、方式等方面的约定。卖方应当本着全面适当履行的原则,按照合同的约定履行自己的义务。在任何方面对合同约定的违反均构成违约。我国《民法典》第598、601、602、615、616等条款中对此有所规定。交付合同的标的物,是指卖方向买方转移对标的物的占有,将标的物实际转移给买方控制。转移标的物所有权,是指在法律上实现物之所有权的变动,其变动的方式遵循物权法中物权变动的方式,具体可按动产和不动产而分别确定:对于动产,一般来说,交付即公示着所有权的转移(《民法典》第224条),但当事人另有约定的,从约定。例如,当事人可以在合同中约定在买方未履行支付价款或者其他义务之前,卖方保留对该合同标的物的所有权。学界将这种买卖称为保留所有权的买卖。在保留所有权的买卖合同交易中,该买卖合同标的物的所有权不是自交付时转移,而是自满足所附转移条件时转移(《民法典》第641—643条);对于不动产,则必须以登记方式实现所有权的转移(《民法典》第209条)。

(2)按照合同的约定或者有关法律的规定或者交易的习惯,向买方交付有关标的物的单证或者资料,如向买方交付购物发票,向买方提供标的物的使用说明资料,向买方提供商品的合格证书、保修单等等。这一义务是为了保障买方合同目的实现而由法律规定的卖方应负担的从属性义务。

(3)买卖合同标的物瑕疵担保义务。为了保障交易的秩序,保障实现买方的合同目的，大部分国家的合同立法均规定买卖合同的卖方须负担标的物瑕疵担保义务。这一义务从来源上看具有法定性；从地位上看具有从属性。违反该义务的，应承担标的物瑕疵担保责任。

买卖合同卖方标的物瑕疵担保义务，从内容上看包括两种：

一是标的物权利瑕疵担保义务。所谓标的物权利瑕疵担保义务，是指买卖合同的卖方应担保其对合同的标的物拥有合法的所有权和处分权，应保证任何第三人不得对买方就该合同标的物主张任何权利。但是，法律另有规定的，或者买方于订立合同时知道或者应当知道存在标的物权利瑕疵的，卖方免除标的物权利瑕疵担保义务。卖方违反标的物权利瑕疵担保义务的，买方有权请求除去瑕疵、拒付价款或者解除合同，要求赔偿损失等（《民法典》第 612、613 条）。

二是标的物质量瑕疵担保义务。所谓标的物质量瑕疵担保义务，是指买卖合同的卖方应保证其向买方交付的标的物的质量符合合同的约定，符合该类物通常应具有的价值或效用。我国《民法典》第 615 条规定："出卖人应当按照约定的质量交付标的物。出卖人提供有关标的物质量说明的，交付的标的物应当符合该说明的质量要求。"另外，我国《产品质量法》也对出卖人的标的物的质量瑕疵担保义务有所规定。出卖人违反标的物质量瑕疵担保义务的，买受人可以根据《民法典》第 582 条的规定要求卖方承担瑕疵担保责任，包括承担违约金、采取相应的补救措施、解除合同、赔偿损失等。

（二）买方的主要义务

（1）根据合同的约定或者交易的习惯及时验收的义务。买卖合同的履行，除卖方的交付之外，还必须有买方的验收，才能完毕。因此，为了使合同能够顺利地、及时地履行，法律规定买方负有一项协助义务，即对卖方的交付及时验收的义务（《民法典》第 620 条）。

（2）及时瑕疵异议通知义务。这一义务的基本内容是，买方在验收卖方交付的标的物时，对于该标的物存在的瑕疵，必须及时通知卖方，否则，视为卖方的交付无瑕疵。我国《民法典》第 621、629 条对买方的及时瑕疵异议通知义务作出了规定，其内容如下：第一，合同约定了买方的检验期限的，如果存在交付瑕疵，买方必须在该期限内将瑕疵情况通知卖方，否则，视为无瑕疵。第二,合同未约定检验期限的,买方应于发现或者应当发现瑕疵之日起合理期限内进行瑕疵异议通知或者自标的物交付之日起2年内进行瑕疵异议通知。否则,视为无瑕疵。第三,合同约定或者出卖方单方许诺质量担保期的,瑕疵异议通知的期限依其约定。第四,出卖人明知标的物存在瑕疵的,买受人不受异议期限的限制。

(3)按照合同的约定向卖方支付价款。这是买卖合同中买方最为基本、最为主要的义务。具体而言,买方必须按照合同约定的数额、地点、时间、方式等向卖方支付价款(《民法典》第626、627、628条)。

三、买卖合同标的物的风险负担规则

(一)买卖合同标的物风险负担的基本含义

所谓买卖合同标的物的风险,在这里具有特别含义,它是指由于不可归责于合同当事人的原因(如不可抗力事由)致使买卖合同的标的物毁损、灭失而造成的损失。如果是由于合同当事人的过错或者第三人的过错造成的标的物的毁损、灭失,则其损失由过错者承担。此种情形不属于买卖合同标的物的风险。至于风险负担,则是指由于不可归责于当事人的原因致使买卖合同标的物毁损、灭失所造成的损失分配给谁承担的问题。如果由卖方负担,则意味着卖方并未履行其交付标的物的义务,因而无权要求买方支付价款;如果是由买方负担,则意味着买方已经接受了卖方的交付,买方需要履行付款义务,如果已付款,则无权要求返还价款。除法律另有规定或者当事人另有约定的以外,一般而言,负担标的物风险的一方当事人可以免除承担违约责任。由于买卖合同交易是一个动态的交易,涉及标的物的交付和所有权的转移。因此,买卖合同标的物的风险负担不应是静态的、一成不变的,而是会随着交付或者所有权的转移而转移。而确定标的物风险转移之最关键者在于确定风险转移的标准和时间。

(二)买卖合同标的物风险负担的一般规则

从各国合同立法的有关规定看,确定买卖合同标的物风险负担的一般规则的基本思路是:首先由当事人约定,有约定的从约定;无约定的,则执行法律的规定。就各国关于买卖合同标的物风险负担的一般规则的规定而言，大致有两种立法例：其一是风险随所有权，即所有权转移之时为标的物风险负担转移之时。法国、英国及我国的香港地区的立法采取的是这种立法例。其二是风险随交付，即标的物完成交付之时就是风险负担转移之时。《德国民法典》、美国《统一商法典》及《联合国国际货物销售合同公约》即采此立法例。

从我国《民法典》的有关规定来看，我国立法采取第二种立法例。《民法典》第 604 条规定，买卖合同"标的物毁损、灭失的风险，在标的物交付之前由出卖人承担，交付之后由买受人承担，但法律另有规定或者当事人另有约定的除外"。

虽然如此，但从学术的观点看，我们更赞成第一种立法例。理由主要有：第一，风险随所有权规则更符合买卖合同的特性。买卖合同的实质是转移所有权，标的物所有权的转移与价款的取得构成两个相互的对价。所有权未转移，就意味着无权获得价款。因此，所有权转移之前标的物的风险应该由卖方负担，转移之后则应该由买方负担。第二，风险随交付规则所强调的是对标的物的实际控制状况，如果说其风险包括当事人的过错所致标的物毁损、灭失情形，则较为合理。但事实是买卖合同标的物风险是特指由于不可归责于当事人的原因致使标的物的毁损或者灭失，并不考虑当事人的控制状况。因此，强调当事人对标的物的实际控制，并以此强调标的物的风险负担是不合理的。

（三）买卖合同标的物风险负担的特别规则

我国《民法典》在确立风险随交付的一般规则的同时，又针对一些特别情形，确立了买卖合同标的物风险负担的特别规则。主要有：

第一，因买受人的原因致使标的物不能按照约定的期限交付的，买受人应当自违反约定之日起承担标的物的风险（《民法典》第 605 条）。

第二，出卖人出卖交由承运人运输的在途标的物，除当事人另有约定外，其标的物的风险自合同成立时由买受人承担（《民法典》第606 条）。

第三，当事人没有约定交付地点或者交付地点约定不明确，而该合同标的物需要运输的，自出卖人将标的物交付给第一承运人后，标的物的风险由买受人承担（《民法典》第 607 条）。

第四,出卖人根据约定将标的物置于交付地点,买受人违反约定没有收取的,该标的物的风险自买受人违反约定之日起由买受人承担(《民法典》第 608 条)。

第五,因出卖人交付的标的物的质量不符合约定,买受人拒绝接受或者解除合同的,标的物的风险由出卖人承担(《民法典》第 610 条)。

四、几种特殊形式的买卖

(一)分期付款买卖

所谓分期付款买卖,是指在订立合同后,出卖人一次性将合同标的物交付给买受人,买受人在一定期限内分期支付价款而发生的买卖。

分期付款买卖的特殊性主要表现在付款的时间上。为了既保护出卖人的利益,也保护买受人的利益,我国《民法典》第 634 条对分期付款买卖作了基本规定,主要在于两点:

(1)法律允许和鼓励当事人进行分期付款买卖。当事人从事分期付款买卖的,出卖人应当一次性将合同标的物交付给买受人,而买受人应当按照合同约定的期限向出卖人付款。买受人未按期支付价款的,构成违约,应当根据约定承担违约责任,但出卖人并不能立即解除合同。只有当买受人未支付到期价款的金额达到合同全部价款的五分之一时,出卖人才可以或者要求买受人一次性支付剩余全部价款或者解除合同。

(2)对处于弱势地位的买受人的利益给予倾斜保护。当出卖人解除合同时,出卖人在收回标的物的情况下,只能要求买受人支付对标的物的合理使用费,而不能对买受人进行违约罚款。出卖人收取的部分价款,在扣除使用费后应予以返还。当然,如果买受人对标的物造成损坏的,出卖人有权要求赔偿。

(二)凭样品买卖

凭样品买卖,是指当事人以特定的样品作为确定合同标的物质量和验收标的物依据所进行的买卖。凭样品买卖也被简称为样品买卖。

凭样品买卖是现实生活中客观存在的一种买卖形式。在凭样品买卖中，特定的样品对于合同交易具有重要意义。我国《民法典》第 635、636 条对凭样品买卖作了简单规定。主要为：

(1)在凭样品买卖中，买卖的当事人应当将特定的样品封存，并可以对样品的质量进行说明。

(2)出卖人以样品为标准向买受人交付标的物，买受人也以样品为依据验收标的物的质量。

(3)出卖人向买受人交付的标的物的质量应当符合样品。符合样品的，视为标的物质量符合合同约定，即使标的物存在表面瑕疵，出卖人不负瑕疵担保责任。但是，如果样品存在隐藏的瑕疵，则即使交付的标的物与样品相符，出卖人仍然应当承担标的物瑕疵担保责任。出卖人免除瑕疵担保责任的最低标准是该标的物符合同种物的通常质量标准。

(三)试用买卖

所谓试用买卖，实际上就是指附试用条件的买卖。在试用买卖中，标的物处分权人在达成合意时将标的物交付给意欲购买该标的物的一方当事人占有、试用一定期限，由试用人在试用后决定是否购买该标的物。试用买卖与一般的买卖最明显的区别在于试用买卖附设有试用条件，并由试用人在试用后决定是否进行实际的买卖。

试用买卖存在的现实根据在于商品经济的竞争性。在商品竞争中，商家为了销出商品，赢得竞争，不得不采用各种促销手段，先试后买的试用买卖便应势而生。试用买卖作为一种合同交易，与合同法的契约自由的精神也是相一致的，因而其存在也具有合理的法律根据。我国《民法典》在第 637—640 条对试用买卖作了规定，这是对现实生活中的试用买卖的立法肯定。

在试用买卖中，比较重要的问题有：

(1)试用的期限。试用买卖是以试用为条件的买卖，而试用不应是无限期的。因此，试用期限之设定在试用买卖中具有重要意义。《民法典》第 637 条规定，试用买卖的当事人可以约定标的物的试用期限。对试用期限没有约定或者约定不明确的，按照《民法典》第 510 条的规则确定，如果按照第 510 条仍然不能确定的，则由出卖人确定试用期限。

(2)试用的效力。试用作为实际买卖的条件，并不必然导致实际买卖的出现。在试用后是否实际进行买卖的决定权在试用人,而不在出卖人。《民法典》第 638 条规定,试用买卖的买受人在试用期内可以购买标的物,也可以拒绝购买。但是,试用期限届满后,对于是否购买,试用人必须明示。否则,视为同意购买。试用买卖的买受人在试用期内已经支付部分价款或者对标的物实施出卖、出租、设立担保物权等行为的,视为同意购买。

(3)试用的有偿与无偿。对此,《民法典》第 639 条明确规定,除非当事人有明确约定,否则应为无偿,出卖人不得向试用人收取试用费。但是,如果因试用人的过错导致标的物的毁损、灭失的,出卖人有权要求赔偿。

(4)试用期内标的物风险负担。根据《民法典》第 640 条的规定,试用期内标的物毁损、灭失的风险由出卖人承担。

(四)互易

1. 互易合同的概念和特点

互易,俗称为物物交易或以物易物。互易合同,就是指当事人就相互之间以实物进行交易所订立的协议。

互易是商品交换的早期形式,一般来说,它是商品交换不发达的表现。早期互易的发展,被以货币为媒介的商品交换所代替。但是,互易的商品交换形式也有其不可替代的优势,它具有交易的直接性特点和互通有无、调剂余缺的功能。因此,即使在商品经济发达的现代社会,互易仍然是一种客观存在的交易形式,互易合同也是客观存在的合同的一种。我国《民法典》在第 647 条对互易合同作了肯定,但规定非常简单。

互易合同在本质上仍属于买卖合同,因而具有买卖合同的一般特征,如互易合同的目的和结果也是转移财产的所有权;互易合同也具有双务性、诺成性等特点。但互易合同与一般的买卖合同又存在一定的区别。与一般买卖合同相比,互易合同最主要的特点表现在互易合同是以物易物的合同。也就是说,在互易合同中,不是以货币为媒介,当事人一方交付实物的对价不是另一方支付的作为价款的货币,而是另一方当事人相应交付的另一实物。

2. 互易合同当事人的主要义务

互易合同因为是物物交易合同,因而双方当事人的权利义务具有对应性和同质性。概而言之,双方当事人的主要义务为:

(1)按照合同的约定向对方交付标的物并转移所有权。其基本规则和要求与买卖合同中出卖人负担该义务时的规则和要求相同。

(2)按照合同的约定受领对方交付的标的物。其基本规则与买卖合同中买受人负担该义务时的规则相同。

(3)标的物瑕疵担保义务。其基本规则与买卖合同中出卖人负担标的物瑕疵担保义务的规则相同。

除上述特殊买卖以外，我国《民法典》还规定有分批交货买卖(第 633 条)、所有权保留买卖(第 641—643 条)、招投标买卖(第 644 条)和拍卖(第 645 条)等。

第十二章　租赁合同

一、租赁合同的概念和特点

（一）租赁合同的概念

所谓租赁合同，根据《民法典》第 703 条的规定，是指出租人将租赁物交付承租人使用、收益，由承租人支付租金的合同。其中交付租赁财产的一方当事人称为出租人，占有、使用他人财产并支付租金的一方当事人称为承租人，出租人交由承租人使用的财产称为租赁物，承租人为使用他人租赁物而支付的对价称为租金。

（二）租赁合同的主要特点

(1)租赁合同只转移标的物的使用权而不转移所有权。这一点明显不同于买卖合同。买卖合同是转移标的物所有权的合同，而租赁合同只是有期限性地转移标的物的占有、使用和收益权，不转移标的物的最终处分权。由于租赁合同不转移标的物所有权，因此，租赁合同终止后，承租人应当将原物返还给出租人。

(2)租赁合同的标的为"物"，且只能是有体(形)物、特定物(包括特定化的种类物)和非消耗性物。无体物的使用权的取得不适用租赁合同，例如，取得专利使用权不是通过租赁合同，而是通过专利实施许可合同。种类物经特定化后也可以作为租赁合同的标的。租赁合同的标的物还应是非消耗性物，也就是说租赁合同的标的物虽然会因使用而耗损，但不会因使用而消灭，如食物一般是不能租赁食用的。

(3)租赁合同具有明显的期限性。租赁合同是为了实现物尽其用而有期限性地由承租人取得标的物的占有、使用和收益权，而不是永久的占有、使用和收益。各国合同立法都对租赁合同的期限作了规定，并且大多规定了最长期限。我国《民法典》第705条规定："租赁期限不得超过二十年。超过二十年的，超过部分无效。"

(4)租赁合同为双务合同、有偿合同和诺成合同。

二、租赁合同的形式与内容

(一)租赁合同的形式

所谓租赁合同的形式，是指当事人用以表达租赁合同内容的方式。《民法典》第469条规定，当事人订立合同可以采用口头形式、书面形式和其他形式。法律、法规规定或者当事人约定采用书面形式的，应当采用书面形式。这是对合同形式的一般规定。就租赁合同而言，由于其标的为物，在市场经济社会里，一般的物是可以任意流通的。因此，一般来说，对于租赁合同的形式可以遵循契约自由的原则，任由当事人选择。但是，租赁合同的标的物也可能价值较大，甚至可能是国家限制流通的物，为了保障合同交易的安全，或者国家为了对特定限制流通物进行控制，需要对租赁合同的形式作一定的限制。基于这些考虑，我国《民法典》第707条对租赁合同的形式作出了较为特别的规定。综合《民法典》第707条的规定和我国其他有关法律的规定，关于租赁合同的形式，我们应注意以下几点：

(1)我国合同法以租赁期限作为确定租赁合同形式的依据。

(2)租期6个月以上的，应当采用书面形式。但是，此时的书面形式并非作为该租赁合同的有效要件，而只是赋予其证据的效力。未采用书面形式且无法确定租赁期限的，视为不定期租赁合同。

(3)对于租期在6个月以下的，法律未作规定，既可以采用书面形式，也可以采用口头形式。

(二)租赁合同的主要内容

《民法典》第704条规定："租赁合同的内容包括租赁物的名称、数量、用途、租赁期限、租金及其支付期限和方式、租赁物的维修等条款。"根据这一规定，租赁合同的主要内容应当包括以下方面：

1. 租赁物

租赁物即租赁合同的标的物。租赁物是租赁合同的必备内容，没有租赁物或者租赁物不明，则该合同不成立。租赁合同应当明确约定租赁物的名称、数量和用途。

关于租赁物，我们应注意几点：第一，租赁物应为有体物。无体物一般是不能作为租赁物的。第二，租赁物应为特定物。种类物必须经特定化才能作为租赁物。未被特定化的种类物无法进行租赁。第三，租赁物应为非消耗性物。一经使用便灭失的消耗性物，如食品等，由于不符合租赁合同的特性，不能作为租赁物。第四，租赁物不能为禁止流通物。国家禁止流通的物，当然不能买卖，也不能租赁。如淫秽录像带、军用枪支等，是不能作为租赁物的。第五，租赁某整体物的一部分的，应当明确界定其范围。

2. 租赁期限

租赁期限，也就是租赁合同的期限，实质上是指承租人有权占有、使用出租人租赁物的期限。租赁期限直接关系着租赁合同的形式、租金的数额及租赁物的返还等重要问题，因此，租赁期限是租赁合同的重要条款。《民法典》第705条对租赁期限作出了规定。

关于租赁期限，我们应注意几点：第一，除法律、法规有特别规定者外，租赁期限由当事人约定。当事人应当在合同中明确约定租赁期限。第二，法律规定或当事人明确约定租赁期限的，为定期租赁。定期租赁合同至约定的期限届满时终止。第三，当事人对租赁期限未约定或者约定不明的，或者法律规定应当采用书面形式而当事人未采用书面形式订立的，视为不定期租赁。对于不定期租赁合同，当事人双方均可随时解除合同，但应当给对方必要的准备时间，特别是出租人解除合同的，应当提前在合理的时间通知承租人。第四，租赁期限最长不得超过20年，超过20年的部分无效。租赁期限届满，当事人可以续定租赁合同，但续定的租赁合同的期限仍然不得超过20年。

3. 租金

租金是承租人为使用租赁物而应向出租人支付的以货币计量的代价，是出租人出让租赁物使用权的对价。由于租赁合同为双务有偿合同，因此租赁合同不可以没有租金条款。当事人在租赁合同中应当明确约定计量租金的货币名称、数额、支付期限和支付方式等。

4. 租赁物维修义务

租赁合同的租赁物不能是消耗性物，但可能是耗损物。为了保证租赁物的功用，实现承租人的目的，经常会涉及租赁物的维修问题。因此，租赁物的维修义务的负担便是租赁合同中特有的重要条款之一。当事人应当在合同中明确约定租赁物维修义务的负担人及履行要求等。当然，租赁物维修义务的负担条款并不是租赁合同的必备条款，缺乏该条款，不影响合同的成立和效力。

三、租赁合同当事人的主要义务

（一）出租人的主要义务

（1）按照合同约定的期限、地点、数额和方式等将租赁物交付给承租人占有、使用和收益。

（2）负担租赁物瑕疵担保义务。为了保证租赁物适于使用，实现承租人的目的，出租人应当对承租人负担租赁物瑕疵担保义务。包括租赁物质量瑕疵担保义务和权利瑕疵担保义务。

首先，是租赁物质量瑕疵担保义务。出租人应当担保其交付的租赁物在质量上不仅要符合合同的约定，还应符合该种物通常的功用。租赁物功用明显下降或者改变的，如果是种类物，出租人应当及时更换；如果是特定物，出租人应当及时维修。而且，《民法典》第731条还特别规定："租赁物危及承租人的安全或者健康的，即使承租人订立合同时明知该租赁物质量不合格，承租人仍然可以随时解除合同。"出租人不得以合同免责条款免除其租赁物质量瑕疵担保义务（《民法典》第506条）。

其次，是租赁物权利瑕疵担保义务。承租人应当担保其交付给承租人使用的租赁物不存在权利瑕疵。如果第三人向承租人主张权利影响承租人正常使用租赁物的，出租人应承担权利瑕疵担保责任，主要包括减少租金、解除合同、赔偿损失等。《民法典》第723条明确规定："因第三人主张权利，致使承租人不能对租赁物使用、收益的，承租人可以要求减少租金或者不付租金。"

（3）除合同另有约定的以外，承担租赁物维修义务。如前所述，租赁物维修义务是租赁合同的重要条款。租赁物维修义务的负担应当由当事人约定。如果当事人未作约定或者未作另外约定,则租赁物维修的义务应当由出租人负担。出租人应当根据承租人的通知和要求,及时对有瑕疵的租赁物进行维修,使其处于适于正常使用状态(《民法典》第712、713条)。立法规定出租人负担这一义务的合理性,在于租赁合同的特性和出租人对租赁物的瑕疵担保义务。在房屋租赁合同实践中所形成的对租赁物的"大修归房东,小修归租户"的习惯做法,基本符合这一立法精神。

(4)在房屋租赁合同中,出租人出卖租赁房屋的,应当提前合理的时间通知承租人。在同等条件下,承租人享有对该房屋的优先购买权(《民法典》第726条)。如果承租人放弃优先购买权,或者未在同等条件下出租人将租赁物(包括房屋)所有权转移给第三人的,根据《民法典》第725条的规定,"不影响租赁合同的效力"。这即学理上所谓的"买卖不破租赁"法理。根据这一法理,受让租赁物所有权的第三人无权单方解除租赁合同。另外,《民法典》第734条第2款还赋予了承租人优先承租权。这意味着在租赁期限届满,出租人继续出租该房屋的,应当在同等条件下优先考虑与原承租人签订租赁合同,并提前合理的时间通知承租人。

(5)依诚信原则负担必要的协助义务,以使承租人能正常使用租赁物。

(二)承租人的主要义务

(1)按照合同约定的期限、数额、方式等向出租人支付租金。这一义务应当是承租人最主要的义务。关于这一义务,应该注意以下几点:

第一,租金应当以货币计额,但理论上并不禁止以他物的给付作为租金。承租人不得以劳务抵作租金①。

第二,租金的数额由当事人约定。如果法律对某租赁物的租金有明确规定的,执行该规定,高于法定限额的,高出部分无效。如果因承租人的原因导致不能正常使用租赁物的,承租人仍应按约定交付租金,不能免交。但如果由于不可归责于承租人的原因致使租赁物毁损或者灭失的,承租人可以减付租金或者不付租金,情况严重的,可解除合同(《民法典》第724、729条)。

---

① 魏振瀛主编:《民法》,北京大学出版社、高等教育出版社2000年版,第476页。

第三,租金支付的期限和方式,执行当事人的约定。当事人未约定租金支付期限或者对租金支付期限约定不明确的,按照《民法典》第 510 条的规定确定(协商或者执行交易习惯),按照第 510 条仍不能确定的,则租期不满 1 年的,应当在租期届满时支付;租期为 1 年以上的,应当在每届满 1 年时支付,剩余期间不满 1 年的,应当在租赁期间届满时支付(《民法典》第 721 条)。"承租人无正当理由未支付租金或者迟延支付租金的,出租人可以请求承租人在合理的期限内支付;承租人逾期不支付的,出租人可以解除合同。"(《民法典》第 722 条)

(2)妥善保管租赁物。由于租赁合同不转移所有权,但转移占有、使用权,因此,承租人应当善尽保管租赁物的义务。如果因承租人的过错导致租赁物毁损、灭失的,承租人应承担赔偿责任(《民法典》第 714 条)。

(3)按照约定方法使用租赁物。租赁物的使用方法由当事人约定。当事人约定了使用方法的,承租人应当按照该约定的方法使用;当事人未约定使用方法的,应当按照租赁物的性质合理使用。承租人按照约定或者依租赁物性质所确定的合理方法使用的,租赁物的损耗为合理损耗,承租人不负担责任;未按照该方法使用而致租赁物损耗的,承租人应承担赔偿责任,出租人有权解除合同(《民法典》第 709—711 条)。

(4)非经出租人同意不得擅自转租租赁物。擅自转租的,构成违约,出租人有权解除合同。经过出租人同意而转租的,原租赁合同继续有效,承租人须就第三人过错导致租赁物的损失向出租人承担责任(《民法典》第 716 条)。

(5)非经出租人同意不得对租赁物进行改造或添加他物。未经同意而擅自对租赁物进行改造或者添加他物的,出租人有权要求恢复原状或者赔偿损失(《民法典》第 715 条)。

(6)租赁期满,应当将租赁物返还给出租人。返还的租赁物应当符合合同约定的状况,或者符合按租赁物的性质使用后应有的状况(《民法典》第 733 条)。

第十三章　承揽合同

一、承揽合同的概念和特点

（一）承揽合同的概念

承揽合同，是指当事人之间就一方根据另一方的要求完成一定的工作并向另一方交付工作成果，而由另一方接受工作成果并支付报酬所订立的协议。其中完成一定工作并交付工作成果的一方当事人称为承揽人，接受工作成果并支付报酬的一方当事人称为定作人，所完成并交付的工作成果称为定作物。

承揽合同与买卖合同一样，也是现实经济生活中非常重要的一种合同，应用相当广泛，是人类赖以创造财富的重要方式。我国《民法典》将承揽合同作为 19 种有名合同之一作了具体规定。

（二）承揽合同的主要特点

（1）承揽合同的标的具有特殊性。具体表现在：第一，承揽合同的标的是承揽人完成并交付的工作成果，而不是承揽人完成工作的行为或过程；第二，这一工作成果是根据定作人的特别要求而完成的，并且在订立合同时该成果尚不存在，而是在订立合同后由承揽人创造、完成的。

（2）承揽合同的承揽人应当以自己的人力、设备和技术完成定作人要求的工作，并在工作成果交付前承担其风险责任。这表明承揽合同的履行对承揽人具有较强的人身依赖性。

（3）承揽合同为诺成合同、双务合同、有偿合同。

二、承揽合同的主要类型

承揽合同是一类较为抽象、概括的合同，它是由一方当事人完成特定的工作成果，而另一方当事人支付报酬的合同。基于承揽合同的这一实质特性，承揽合同在现实经济生活中具有十分丰富的具体类型。

（一）加工合同

加工合同也称为来料加工合同，是指承揽人使用定作人提供的原材料，根据定作人的特定要求完成一定的工作成果，而由定作人支付报酬的合同。

加工合同与定作合同很相近。两者最大的不同在于，加工合同是由定作人提供原材料，而定作合同则是由承揽人自己提供原材料。

（二）定作合同

定作合同是指承揽人根据定作人的要求，自己提供原材料为定作人完成一定的工作成果，而由定作人支付报酬的合同。

定作合同是一种典型的承揽合同，它与加工合同的最大区别就在于其原材料是由自己提供，如服装定作、家具定作、礼品定作等。

（三）修理合同

修理合同是指承揽人用自己的人力、设备和技术根据定作人的要求为定作人修理损坏的物品，由定作人支付报酬的合同。

修理合同是针对特定损坏物品的修复订立的合同。修理合同不同于修缮合同，修缮是针对房屋的维修而言的。修缮合同也属于承揽合同。

（四）复制合同

复制合同是指承揽人根据定作人的要求，按照定作人提供的样品，为定作人重新制作类似物品，由定作人支付报酬的合同。

（五）测试合同

测试合同是指承揽人以自己的人力、设备、技术，根据定作人的要求，对定作人提供的特定物品进行测试并提交测试结果，由定作人支付报酬的合同。

（六）检验合同

检验合同是指承揽人根据定作人的要求，以自己的人力、设备、技术，对定作人提出的特定事物的质量和性能等进行检查化验，由定作人接受检验成果并支付报酬的合同。

此外，较为重要的承揽合同还有印刷合同、广告合同、设计合同、鉴定合同、翻译合同等。由于篇幅所限，在此不一一详述。

三、承揽合同的主要内容

《民法典》第 771 条规定："承揽合同的内容包括承揽的标的、数量、质量、报酬，承揽方式，材料的提供，履行期限，验收标准和方法等条款。"由此可见，承揽合同的主要内容有：

1. 标的及其数量和质量

承揽合同的标的是承揽合同当事人权利和义务所共同指向的对象。标的条款是承揽合同的必备条款，缺失标的条款，则承揽合同不能成立。因此，当事人必须在承揽合同中明确约定标的的名称以及使标的具体化和特定化的标的的数量和质量。

2. 报酬

报酬是定作人接受承揽人交付的工作成果所应支付的相应对价。由于承揽合同是双务有偿合同，因此，报酬条款也是承揽合同的必备条款，缺失报酬条款，该合同是不能成立的。当事人应当在合同中尽可能清楚地约定报酬的数额、支付期限和支付方式等。

一般而言，报酬应当以货币计量。但是，在理论上并不否认可以用实物来计量。另外，在承揽合同中，应注意区分报酬与原材料的价款。报酬是定作人因承揽人交付了承揽的工作成果而支付给承揽人的代价，而价款则是原材料价值的体现。

3. 承揽方式

承揽方式是指承揽人完成工作的方式。主要涉及三个方面的问题：第一，承揽工作是由承揽人独自完成还是与他人共同完成；第二，是否允许承揽人转承揽；第三，承揽人是否应采用特定的行为方式或者仪器设备完成工作成果等。

4. 履行的期限、地点和方式

履行的期限是指双方当事人各自履行自己合同义务的时间。就承揽人而言，包括其完成承揽工作的期限、接受和检验原材料的期限、交付工作成果的期限等。就定作人而言，包括其提供原材料的期限、验收工作成果的期限和支付报酬的期限等。

履行的地点包括完成工作成果的地点、交付工作成果的地点、支付报酬的地点、提供及验收原材料的地点等。

履行的方式主要是指承揽人交付承揽工作成果的方式(如定作人自提或者承揽人送货上门等)、定作人支付报酬的方式等。

5. 验收标准和方法

验收标准和方法是指定作人检验接受承揽人交付的工作成果的标准和方法。由于承揽合同的特殊性，为了保障承揽人完成工作的质量，实现定作人的合同目的，避免不必要的纠纷，验收标准和方法条款具有重要意义。因此，当事人必须对验收标准和方法给予高度重视，应当在合同中予以明确约定。

四、承揽合同当事人的主要义务

(一)承揽人的主要义务

根据《民法典》的有关规定，承揽人的主要义务有：

(1)除定作人同意外，应以自己的人力、设备、技术完成主要承揽工作，不得转承揽。否则，定作人可以解除合同，并可以追究其违约责任。经定作人同意而转承揽的，由承揽人对转承揽人的行为向定作人承担责任。

(2)由承揽人自己提供原材料的，应当按照约定的质量和数量选用材料，不得短斤少两，以次充好。

(3)合同约定由定作人提供原材料的，应当及时检验原材料并合理使用，不得擅自更换。如果发现定作人提供的原材料不符合约定，应及时通知定作人更换、补足。

(4)妥善保管工作成果和定作人提供的原材料。因承揽人过错造成工作成果或原材料毁损、灭失的，由承揽人承担责任。

(5)接受定作人必要的监督、检查。

(6)保密的义务。承揽人应保守在履行承揽合同过程中所了解的定作人的秘密,未经定作人允许,不得保留复制品、技术资料等。

(7)按约定交付工作成果及必要的相关资料和质量证明。

(8)工作成果瑕疵担保义务。

(二)定作人的主要义务

(1)必要的协助义务。由于承揽合同规定由承揽人为定作人完成一定的工作,从承揽合同的实践来看,不少类型的承揽合同是承揽人对定作人提供的特定物在定作人所在地完成工作的,因此,承揽人完成承揽工作往往需要定作人的协助。在这种情况下,定作人应负担必要的协助义务。根据《民法典》第 778 条的规定,定作人不履行协助义务的,承揽人有权催促定作人履行,并可以适当顺延完成承揽工作的期限。定作人拒不履行协助义务的,承揽人可以解除合同。

(2)按照约定向承揽人提供原材料。

(3)按照约定的期限、地点、方式向承揽人支付约定的报酬和材料费。这是定作人最主要的义务。如果定作人不按约定支付报酬或者材料费的,除当事人另有约定的以外,承揽人对工作成果享有留置权(《民法典》第 783 条)。

五、定作人的随时解约权和共同承揽人的责任承担

(一)定作人的随时解约权

承揽合同是一种典型的民事合同形式,其解除应当遵循《民法典》中关于合同解除的基本规定。从《民法典》关于合同解除的基本规定的精神看,对当事人的解除权是采取限制态度的,特别是对当事人的单方解约权是加以严格限制的。这是基于维护合同交易正常秩序的需要,具有合理性。但是,《民法典》在分则部分对承揽合同的规定中,却例外地赋予了定作人的单方解约权。《民法典》第 787 条规定:"定作人在承揽人完成工作前可以随时解除合同,造成承揽人损失的,应当赔偿损失。"从法律适用的角度看,关于同一问题既有一般规定,又有特别规定的,应当优先适用特别规定。因此,对于《民法典》第 787 条的规定,除非立法修改,否则应予优先适用。

学者们一般认为,该规定允许定作人随时解除合同可以避免更多浪费[①]。但是,从学理的角度看,我们对这一规定不无疑问。首先,这一规定表明,只要定作人赔偿承揽人的损失,就可以随时解除合同,但并未明示其损失的范围。这里的问题是:定作人所赔偿的损失是否应包括承揽人可得利益的损失?抑或仅仅是实际损失?其次,赋予定作人随时解约权,对承揽合同交易的安全和稳定是否有害?最后,赋予定作人随时解约权对承揽人公平吗?从学术的观点说,笔者不赞成《民法典》的这一规定。

(二)共同承揽人的责任承担

承揽合同既可以是由一人独自承揽,也可以是由两人以上共同承揽。对于由一人独自承揽的,由独自承揽人独自承担责任当然是无疑的。但对于由两人以上共同承揽的,其相互责任关系如何呢?对此,我国《民法典》第 786 条给予了明确的规定,具体为:第一,当事人(共同承揽人与定作人)可以约定共同承揽人之间的责任关系,既可以约定为按份责任,也可以约定为负连带责任,还可以约定为其他责任。当事人有约定的,从约定。第二,当事人未约定的,则由共同承揽人对定作人承担连带责任。我国《民法典》的这一规定既顾及了当事人的意思自治,又注意到了对债权人的保护,是符合法理的。

---

① 参见崔建远:《合同法学》,法律出版社 2014 年版,第 410 页。

第十四章　借款合同

一、借款合同的概念和特点

(一)借款合同的概念

关于借款合同的含义,国内外在理解上存在较大的分歧。自罗马法以来的传统大陆法系民法中,未使用借款合同概念,而是采用借贷合同概念,主要包括使用借贷和消费借贷两种。使用借贷是为使用原物但并不毁损原物的借贷。使用借贷合同终止后,借用人(或称受贷人)一般应当返还原物。消费借贷是因使用消费物而产生的借贷。消费借贷合同终止后,受贷人一般不是返还原物,而仅需返还同种类物即可。我国学者一般将使用借贷合同称为借用合同,而仅将消费借贷合同称为借贷合同,并认为借贷合同不包括借用合同。对于狭义借贷合同的适用范围,又存在不同认识①。我国原《经济合同法》使用了借款合同概念,但其所规定的借款合同仅仅是指以金融机构为出借人的借款合同,不包括自然人之间的借款合同。我国《合同法》仍然采用了借款合同,但《合同法》所规定的借款合同既与传统大陆法系民法中的借贷合同不同,也与原《经济合同法》的规定有别,主要表现在《合同法》中的借款合同不包括借用合同,但包括自然人之间的借款合同。我国《民法典》保留了《合同法》的规定,并完善了其中的部分条文。

根据《民法典》第 667 条的规定,所谓借款合同,是指当事人之间就一方向另一方提供以货币为标的的借款,由另一方于一定期限后返还借款并支付利息而订立的协议。其中,提供借款的一方称为出借人或者贷款人,

---

① 参见魏振瀛主编:《民法》,北京大学出版社、高等教育出版社 2000 年版,第 458—459 页。

接受借款并还本付息的一方称为借款人或者借贷人。

(二)借款合同的主要分类

借款合同根据不同的标准可以作不同的分类。其中,最为主要的且被我国《民法典》予以采纳的分类,是以出借人的不同为标准分为银行借款合同与自然人之间的借款合同。

银行借款合同是指从事贷款业务的银行作为出借人与相对人(自然人或者非自然人的法人和其他组织)之间订立的以货币为标的的借款合同。银行借款合同是最典型、最主要的借款合同。由于这种合同交易直接关系到国家的金融秩序,故《民法典》对银行借款合同作了较多调整,如在第680条规定,禁止银行发放高利贷,银行贷款的利息不得违反国家的有关规定;借款合同对利息没有约定的,视为没有利息;约定不明的,由当事人补充约定,不能达成补充协议的,按照当地或者当事人的交易方式、交易习惯、市场利率等因素综合确定利息。除《民法典》有所规定和调整以外,金融法律和行政法规对银行借款合同还有很多限制。

自然人之间的借款合同,是指在自然人之间订立的以货币为标的的借款合同。这里有几点需要说明。第一,自然人之间的借款合同与银行的借款合同并不形成完整的分类对应。与银行的借款合同相对应的应当是非银行的借款合同,包括自然人之间的借款合同、非自然人的法人和其他组织之间(除银行外)的借款合同以及法人和其他组织与自然人之间的借款合同。但在我国,为了稳定国家金融秩序,法律是禁止社会组织之间相互借款的。因此,我国《民法典》并未规定法人和其他组织之间的借款合同以及其与自然人之间的借款合同,故我们这里只讲自然人之间的借款合同。我们认为,在市场经济发展的今天,完全禁止非银行社会组织之间的借款是不合适的。第二,我国《民法典》对自然人之间的借款合同作了某些有别于银行借款合同的规定,如规定自然人之间的借款合同为实践合同(《民法典》第679条规定,自然人之间的借款合同自贷款人提供借款时成立并生效)。第三,对于自然人之间的借款利息,法律"不鼓励不禁止",但禁止高利贷(《民法典》第680条规定,自然人之间的借款合同对利息没有约定或者约定不明的,视为无利息)。

(三)借款合同的特点

借款合同的特点主要有：

(1)借款合同的标的是货币。我国《民法典》所规定的借款合同仅以货币为标的,不包括非货币的其他消费性物。以其他消费性物为标的而具有借贷性质的合同不是《民法典》中的借款合同,但可以参照借款合同的规定执行。标的的货币性是借款合同与其他合同的最主要区别。

(2)借款合同直接关系着国家的金融秩序,因此借款合同受到国家有关金融法律、法规的严格规制,如关于借款合同主体的限制,关于借款利息的管制等。

(3)借款合同一般为诺成合同,但自然人之间的借款合同为实践合同(《民法典》第 679 条)。

(4)借款合同一般为双务合同、有偿合同和要式合同,但也可以是单务合同、无偿合同。

(5)借款合同以使用借款为目的,但所转让的是货币的所有权①。借款人与贷款人订立借款合同的目的是使用借款,但是履行借款合同的结果是贷款人将借款的所有权转移给借款人。借款人到期所还的本金并不是贷款人所提供的货币的原物,而只是种类物。这一点与租赁合同和借用合同是不同的。

二、借款合同的形式和内容

(一)借款合同的形式

由于借款合同标的的特殊性和借款合同与国家金融秩序的紧密联系性,我国《民法典》对借款合同形式的规定总体上从严,对银行借款合同要求采用书面形式,而对自然人之间的借款合同,则允许采用口头形式。《民法典》第 668 条第 1 款规定:“借款合同应当采用书面形式,但自然人之间

① 对此我国民法学界有两种观点,一说认为转移的只是使用权,不是所有权,因为借款合同到期借款人应当返还本金;另一说则认为转移的是所有权,理由如上文。可参见魏振瀛主编:《民法》,北京大学出版社、高等教育出版社 2000 年版,第 459 页。

的借款另有约定的除外。”

(二)借款合同的主要内容

《民法典》第668条第2款规定:“借款合同的内容一般包括借款种类、币种、用途、数额、利率、期限和还款方式等条款。”由此可见,借款合同的主要内容包括:

(1)借款种类。主要是确定所贷款项是投资借款还是消费借款,是长期借款还是短期借款,是固定投资借款还是流动资金借款等。我国对不同种类的借款在不同时期分别有不同的政策,这些政策直接影响借款合同的订立和履行。因此,当事人订立借款合同,尤其是银行借款合同,应当明确借款种类。

(2)币种。币种包括人民币或其他国家的货币。若为外币,则贷款人应当具备经营外币的资质,并且必须遵循外汇管理规定。

(3)借款用途。借款用途是借款合同中的重要条款。一是因为借款用途决定资金的流向,而资金的流向又直接关系到国家的经济政策导向;二是因为借款用途直接影响借款的收益,并进而直接影响借款人到期的还款能力和出借人合同权益。因此,借款合同,特别是银行的借款合同必须明示借款用途。出借人有权也应当对借款人的借款用途进行监督。

(4)借款数额、利率和期限。其中,对借款利率,允许当事人作出约定,但必须受到国家关于利率的限制。超出法定利率的部分无效。对于借款期限,应当明确约定出借人提供出借款项的期限和借款人还款(本金和利息)的期限。

(5)还款方式。当事人可以约定一次性全额还款,也可以约定分期还款。

三、借款合同当事人的主要义务

(一)出借人的主要义务

基于借款合同的特性,根据《民法典》的规定,借款合同出借人的主要义务是按照合同约定的时间、方式足额向借款人提供借款。这里需要特别注意的是,《民法典》明确禁止出借人预先在借款本金中扣除利息。出借人预先在本金中扣除利息的,借款人只需按实际借款数额还本付息(《民法典》第670条)。出借人未按约定的日期、数额提供借款,给借款人造成损失的,出借人应当赔偿该损失(《民法典》第671条第1款)。

(二)借款人的主要义务

(1)按照约定的时间、数额收取借款。借款人未按约定日期、数额收取借款的,仍然按照约定的日期、数额支付利息(《民法典》第671条第2款)。

(2)按照约定的用途使用借款。否则,出借人可以停止继续发放借款、提前收回借款或者解除合同(《民法典》第673条)。出借人有权对此予以监督,借款人有义务接受出借人的监督(《民法典》第672条)。

(3)按照约定期限、数额、方式向出借人还本付息(《民法典》第674、675条)。否则,应按约定或者国家有关规定支付逾期利息(《民法典》第676条)。借款人提前返还借款的,按照实际借款时间计算利息,当事人另有约定的除外(《民法典》第677条)。借款人在还款期限届满前申请展期并得到出借人同意的,可以展期(《民法典》第677条)。

第十五章　赠与合同

一、赠与合同的概念和特点

(一)赠与合同的概念

所谓赠与合同,根据《民法典》第 657 条的规定,是指当事人将自己的财产无偿给予另一方,并由另一方表示接受而订立的合同。其中,将自己的财产无偿给予另一方的当事人称为赠与人,表示接受赠与的另一方当事人称为受赠人。

(二)赠与合同的主要特点

(1)赠与合同是一种转移财产所有权的合同。当事人订立赠与合同的目的和履行赠与合同的结果是赠与人将赠与财产的所有权转移给受赠人。在这一点上,赠与合同与典型的转移财产所有权的买卖合同相同,而与只转移财产使用权的借用合同、租赁合同等不同。

(2)赠与合同是单务、无偿合同。在赠与合同中,赠与人将特定财产的所有权无偿地转移给受赠人,受赠人不负担对应义务。因此,赠与是单务的、无偿的。

(3)赠与是一种双方法律行为,需要赠与人与受赠人意思表示一致才能成立。如上所述,赠与合同是单务合同、无偿合同,但是,根据《民法典》第 657 条的规定,赠与合同必须经赠与人与受赠人意思表示一致才能成立,仅有赠与人愿意赠与的单方意思而没有受赠人同意接受赠与的意思,是不能成立赠与合同的。因此,赠与合同是一种双方法律行为,而不是单方法律行为。

(4)赠与合同一般为实践合同,但特殊赠与合同为诺成合同。在传统民法理论和立法中,赠与合同是一种实践合同,在赠与人将赠与财产所有权转移给受赠人之前，赠与人可以撤销赠与。就一般的赠与而言，由于其单务性和无偿性，这是合理的。世界各国的民事立法至今仍然坚持了这一点。我国《民法典》第 658 条第 1 款也是如此规定的。但是，在现代社会，对于某些特殊的赠与，例如，具有救灾、扶贫性质的社会公益性的赠与，如果坚持其实践性，则会产生明显的社会负面作用，是不适当的。这就需要适当限制赠与合同的实践性，赋予特殊赠与以诺成性。我国《民法典》适应现代社会的这一变化，在第 658 条第 1 款规定赠与合同的实践性之后，紧接着在第 2 款又作限制性规定："经过公证的赠与合同或者依法不得撤销的具有救灾、扶贫、助残等公益、道德义务性质的赠与合同，不适用前款规定。"这实际上是肯定特殊赠与合同的诺成性。

(5)赠与合同是非要式合同。无论是一般赠与合同还是特殊赠与合同，法律均未规定必须具备一定的形式或者必须经过一定的程序才能成立或者生效。

二、赠与合同的种类

学界根据不同的标准，对赠与合同进行了不同的分类，如一般赠与合同与特殊赠与合同、现实赠与合同与非现实赠与合同、有字据的赠与合同与无字据的赠与合同、道义赠与合同与非道义赠与合同、无条件赠与合同与附条件赠与合同等等。应该说，这些分类都具有一定的意义。但是，如果从《民法典》的有关规定看，赠与合同总体上可以分为两大类，即一般赠与合同与特殊赠与合同。

一般赠与，也称为普通赠与，即具备赠与的一般要件，法律对其对象、内容、形式及效力等未作特别规定的赠与。一般赠与合同具有实践合同的性质，在赠与财产所有权转移给受赠人之前，赠与人可以撤销赠与。这里财产所有权的转移规则依物权法中所有权转移的规定，一般说来，动产的所有权于交付时转移，不动产所有权于登记后转移。

特殊赠与，即法律对赠与的对象、内容、形式或效力等有特殊规定的赠与。特殊赠与又包括公证赠与、道义赠与、附义务赠与三种。

所谓公证赠与，是指当事人达成赠与合意，订立赠与合同后，经过公证机关公证的赠与。对于公证，我国采取自愿原则，并未规定赠与必须经过公证。但是,由于赠与具有直接的、明确的财产给付内容,如果经过公证,则应当赋予其特别的效力,即赋予其诺成合同的效力。赠与人不履行公证赠与合同,受赠人可以依法请求强制执行。

所谓道义赠与,是指基于道德义务或者社会公益的赠与。如养子对确有生活困难的生父母的赠与,再如救灾扶贫捐赠等。道义赠与也具有诺成合同的性质,赠与人负有按照赠与合同履行赠与的义务。

所谓附义务赠与,也称为附条件赠与,是指赠与合同中对受赠人取得赠与物附设有一定条件或一定义务的赠与,如附赡养义务的赠与即是。附义务赠与又可以分为附对自己(赠与人)义务的赠与和附对他人义务的赠与。从法理上看,附义务赠与与一般赠与是有一定差异的,即一般赠与具有典型的单务性和无偿性,而附义务赠与的受赠人应负有一定的义务。但是,从本质上看,附义务赠与仍然属于赠与。根据《民法典》第 661 条的规定:"附赠与义务的,受赠人应当按照约定履行义务。"也就是说,附义务赠与的受赠人须按约定履行所附义务才能取得赠与财产所有权。附义务的赠与也应被赋予诺成合同性质。

三、赠与人的义务及责任

从总体上看,赠与合同是单务合同、无偿合同。因此,在赠与合同中,受赠人是享受权利的人,而赠与人是义务人,赠与人违反其义务,便产生赠与责任。

(一)交付赠与物的义务及责任

此项义务及责任因一般赠与和特殊赠与的不同而有所不同。在一般赠与合同中,在合同有效成立后,赠与人应当履行交付赠与物的义务;反过来看,赠与人向受赠人交付赠与物,是对合同义务的履行。由于赠与的单务性和无偿性,法律明确规定了在交付赠与物之前,赠与人可以(即有权)撤销赠与。由此可见,一般赠与合同的赠与人并不负担真正的交付赠与物的义务。但是,赠与人撤销赠与给受赠人造成损失的,应当赔偿受赠人的损失。这个损失应当以实际损失为限。赠与人因撤销赠与而承担的损失赔偿责任,在性质上应当属于缔约过失责任。特殊赠与合同不适用上述撤销规定。

(二)有限制的承担赠与物瑕疵担保义务及责任

在转移所有权的双务有偿合同中,财产所有权的出让人应对合同标的物承担瑕疵担保义务和责任。这是世界各国民事立法和理论的通例,如买卖合同中卖方的标的物瑕疵担保义务及责任。但是,在转移所有权的单务、无偿合同中,物之所有权的出让人是否也要承担物之瑕疵担保义务及责任呢?对此,各国立法的基本结论是:有限制的承担瑕疵担保义务及责任。我国《民法典》第 662 条也持这种态度。具体而言,可以分列为以下几点:

(1)原则上,赠与财产有瑕疵的,赠与人不负担瑕疵担保义务和责任;但是,如果赠与人明知赠与财产有瑕疵故意不告知受赠人或者赠与人已经保证赠与财产无瑕疵,因赠与物瑕疵造成受赠人损失(包括人身和其他财产损失)的,赠与人应当承担瑕疵担保义务及赔偿责任。

(2)在附义务的赠与中,赠与人应当负担相应的瑕疵担保义务及责任。《民法典》第 662 条规定:"附义务的赠与,赠与的财产有瑕疵的,赠与人在附义务的限度内承担与出卖人相同的责任。"

(三)过错损害赔偿责任

过错损害赔偿责任是指因赠与人的故意或者重大过错造成特殊赠与合同应当交付的赠与物毁损、灭失的,赠与人应承担损失赔偿责任(《民法典》第 660 条第 2 款)。

(四)赠与义务的免除

赠与义务是指一般赠与合同的赠与人未撤销赠与以及特殊赠与中赠与人应负担赠与的义务。这是维持合同严肃性和交易安全的要求,符合合同法的基本原则。但是,在某些特殊情况下,如赠与人经济状况严重恶化,出现生产经营或生活困难时,仍然坚持赠与人的赠与义务,则显然与公平原则不符。这时,免除赠与人的赠与义务是合理的。《民法典》第 666 条对此作出了肯定。根据此条规定,赠与人在经济状况明显恶化,严重影响其生产经营或者家庭生活的，可以免除尚未履行的赠与义务。但是，对于已经履行的赠与，则不能溯及。

四、赠与的撤销

(一)赠与撤销的概念和种类

赠与的撤销，是指赠与合同成立后，在法律允许的情况下或者在出现法律规定的情形时，赠与人或其他撤销权人依法行使撤销权，撤销赠与合同。

赠与的撤销与赠与的免除不同。赠与的免除是在出现法定的情况下，赠与人免除尚未履行的赠与义务，但对于已经履行的，则无溯及的效力。赠与的撤销则是使整个赠与合同消灭，具有溯及的效力。尚未履行的赠与，不必履行；已经履行的赠与，受赠人应当返还。

赠与的撤销，根据其适用的情形不同，可以分为任意撤销和法定撤销两种。任意撤销是指在一般赠与中，赠与人在未交付赠与物之前，以单方意思撤销赠与。任意撤销只适用于一般赠与合同。法定撤销是指在出现法定可撤销赠与的情形时，赠与人或其他权利人为意思表示撤销赠与。法定撤销既可以适用于一般赠与，也可以适用于特殊赠与；既可以适用于已经履行赠与的情形，也可以适用于尚未履行赠与的情形。

(二)法定撤销赠与的可撤销情形

根据《民法典》第663条的规定，法定撤销赠与的可撤销情形主要包括：①受赠人严重侵害赠与人或者赠与人近亲属的合法权益；②受赠人对赠与人负有扶养义务而不履行该义务；③受赠人不履行附义务赠与合同所约定的义务。

(三)赠与撤销权的行使

(1)赠与撤销权的主体。根据《民法典》的规定，在一般情况下，赠与撤销权的主体是赠与人。但在赠与人死亡或者丧失民事行为能力情况下，赠与撤销权的主体是赠与人的合法继承人或法定代理人(《民法典》第664条)。

（2）赠与撤销权的行使方式。对此，我国《民法典》未作明示。依学界的观点和相关立法判断，赠与撤销权的行使似采取撤销权人直接向受赠人主张的方式。当然，理论上并不反对通过向法院或者仲裁机构行使请求权的方式。

（3）赠与撤销权行使的效力。依民法撤销权效力的基本原理和《民法典》第 665 条的规定，赠与撤销权的行使效力表现为消灭赠与合同关系，尚未履行的赠与，不必履行；已经履行的赠与，受赠人应当返还。

（4）赠与撤销权的期限。对此《民法典》第 663、664 条分别作了规定，即由赠与人行使撤销权的，撤销权的期限为 1 年；由赠与人的继承人或者法定代理人行使撤销权的，撤销权期限为 6 个月。这里的“1 年”和“6 个月”期限均是自知道或者应当知道撤销事由时起计算。从性质看，撤销权期限应当属于除斥期间，而非诉讼时效。

第十六章　保证合同

一、保证合同概述

(一)保证合同的概念和特点

保证合同，是指保证人与债权人约定，在债务人不履行到期债务或发生约定情形时，由保证人履行债务或承担责任，以保障债权实现的合同。根据《民法典》第 681 条的规定，保证合同本质上是通过债权人与保证人之间的约定，将债权实现的责任财产从债务人的一般财产扩展到保证人的一般财产。其中，为保证合同所保障的债权(务)称为主债权(务)；产生主债权(务)的合同称为主债权债务合同，简称主合同；主合同的债权人也被称作保证权人，主合同的债务人也被称作主债务人；保证人所履行的债务即保证债务，保证人的保证责任本质上就是保证债务，不是民事责任而是民事义务，包括履行债务或承担责任两种形式且二者可以相互转换。

保证合同的特点主要有：

1. 保证合同是附从性合同。保证属于人的担保，具有从属性。保证合同是主合同的从合同，以主合同的存在为前提，并从属于主合同。因此，保证合同与并存的债务承担(《民法典》第 522 条)虽然对于保障债权的实现都具有重要作用，但是有着本质的区别。保证合同作为主合同的从合同，并不是主合同的一部分，而是一个具有相对独立性的合同。保证责任属于补充责任，其产生以债务人不履行到期债务或当事人约定的情形发生为前提。并存的债务承担中，第三人直接加入到债务中成为合同债务人，对自己的债务承担责任，其责任重于保证责任①。保证合同的附从性决定了保

① 参见王利明:《我国〈民法典〉保证合同新规则释评及适用要旨》，载《政治与法律》2020 年第 12 期。

证合同以主合同的有效成立为前提,但是保证合同无效并不导致主合同无效。

根据《民法典》第682条的规定,除法律另有规定外,主合同无效的,保证合同无效;保证合同被确认无效后,债务人、保证人、债权人有过错的,应当根据其过错各自承担相应的民事责任。对此,《民法典担保制度解释》第17条作了更为详细的规定:(1)若主合同有效而保证合同无效,债权人与保证人均有过错的,保证人承担的赔偿责任不应超过债务人不能清偿部分的二分之一;保证人有过错而债权人无过错的,保证人对债务人不能清偿的部分承担赔偿责任;债权人有过错而保证人无过错的,保证人不承担赔偿责任。(2)主合同无效导致保证合同无效,保证人无过错的,不承担赔偿责任;保证人有过错的,其承担的赔偿责任不应超过债务人不能清偿部分的三分之一。

2.保证合同的主体具有限定性。保证是以第三人的信用保障债权的实现,而保证人的清偿能力、履约能力是决定债权是否能够实现的关键,因此,《民法典》第683条对保证人的主体资格进行了限定。根据该规定:(1)机关法人原则上不得为保证人,但是经国务院批准为使用外国政府或者国际经济组织贷款进行转贷的除外;(2)以公益为目的的非营利法人,如学校、幼儿园、医疗机构、养老机构等不得为保证人,但是如果前述主体登记为营利法人的,当事人以其不具有担保资格为由主张保证合同无效的,人民法院不予支持(《民法典担保制度解释》第6条第2款);(3)非法人组织,如企业法人的分支机构、职能部门等,因其不具备清偿能力或履约能力而不得为保证人。

3.保证合同是无偿、单务合同。在保证合同中,保证人承担保证债务不以从债权人处取得一定的财产权益为对价,故为无偿合同。保证合同的单务性表现为在保证关系中,仅保证人对债权人负保证债务,债权人对保证人并不负对待给付义务,双方的权利义务不具有对等性。

4.保证合同为诺成合同、要式合同。

(二)保证合同的内容和形式

1.保证合同的内容

保证合同的内容,也是保证合同的主要条款,既是确定保证合同当事人权利义务的根据，也是确定保证是否合法、有效的要件。根据《民法典》第684条的规定，保证合同一般包括以下内容：

(1)主债权种类、数额。主债权的种类亦即主债务的种类，是指债权人与债务人所订立的主合同是何种类型的债务，如给付金钱的债务、交付标的物的债务、付出劳务的债务等。主债权的数额也就是主债务的数额，是指主合同的标的额。由于保证合同是以担保债权的履行为目的，保证人在债务人不履行债务时，要依约定履行债务或承担保证责任。因此，保证合同中应当对被保证的主债权的种类、数额作出规定，以便保证人能切实有效地履行保证债务或者承担保证责任。

(2)债务人履行债务的期限。债务人履行债务的期限和保证人有着直接的关系，因为债务人在合同规定的履行期限内不能履行债务时，保证人就要履行债务或者承担保证责任。它是衡量债务人是否违约的标准之一，也是保证人是否实际承担保证责任的因素之一。因此应该在保证合同中明确规定债务人履行债务的期限。它有两种情形：一为日期，一为期间。

(3)保证方式。保证方式是保证人如何承担保证责任的重大问题，根据我国《民法典》第686条第1款的规定，保证方式有两种：一般保证和连带责任保证。前者是指当事人在保证合同中约定，债务人不履行债务时，才由保证人承担保证责任的保证方式(《民法典》第687条)；后者则是指当事人在保证合同中约定保证人和债务人对债务承担连带责任的保证方式(《民法典》第688条)。若当事人对保证方式没有约定或者约定不明，则由法律推定。我国《民法典》第686条第2款颠覆了《担保法》第19条“按照连带责任保证承担责任”的规则，确定了“按照一般保证承担责任”的推定规则。《民法典担保制度解释》第25条进一步确定了以是否具有债务人应当先承担责任的意思表示为标准，认定一般保证与连带责任保证的规则。其法理依据在于，保证合同是无偿、单务合同，保证人履行保证债务或承担保证责任具有补充性，为平衡债权人与债权人的利益，立法应当采取推定一般保证的立场。

(4)保证范围。保证范围即保证人履行保证债务或承担保证责任的范围。保证合同的双方当事人可以在保证合同中约定保证的范围，明确约定是对全部债务负清偿责任，还是对部分债务负清偿责任。如果当事人对保证范围没有约定或约定不明的，根据《民法典》第691条的规定，保证范围包括主债权及其利息、违约金、损害赔偿金和实现债权的费用。

(5)保证期间。保证期间是保证人承担保证责任的起止时间，保证人在规定的期间内承担保证责任。过了此期间，即使债务人未履行债务，保证人也不再承担保证责任。保证期间对保证合同双方当事人的权益有明显的影响，应当在保证合同中由双方当事人明确约定。但是，当事人关于保证期间的约定受到《民法典》第692条的限制：一是，保证期间应当晚于主债务履行期限，否则视为没有约定；二是，当事人没有约定或者约定不明的，保证期间为主债务履行期限届满之日起6个月。

当然，根据合同自由原则，保证人和债权人还可以就上述内容之外的、双方认为需要约定的事项作出约定，如赔偿损失的范围及计算方法、是否设立反担保、保证责任的免除等。

2.保证合同的形式

我国《民法典》第685条明确要求保证合同为要式合同，应当采取书面形式，但是对于其具体形式没有严格要求。实践中，保证合同的书面形式主要包括以下四种：

(1)单独订立的书面保证合同。此时，虽然保证合同在形式上相较于主合同单独存在，但是保证合同仍然是主合同的从合同。

(2)主合同中的保证条款。保证人在订有保证条款的主合同上，作为一方当事人签名、盖章或者按指印的，保证合同成立。此时，虽然保证合同与主合同共存于同一份书面合同中，但是保证合同仍然是一个独立的合同。

(3)保证人以书面形式向债权人作出保证，债权人接收且未提出异议。保证人以书面形式单独出具明确表示为主债权承担保证义务的担保书视为要约，债权人接受即为承诺，保证合同成立。虽然保证人作出保证须以书面形式，但是债权人接受保证的意思表示形式不限，可以是口头形式、书面形式，还可以采取积极行为的方式接受保证(如债权人收到保证承诺书后履行主合同的行为)①。

(4)主合同中虽然没有保证条款，但是保证人在主合同上以保证人的身份签字、盖章或者按指印的，保证合同也成立。这种形式的保证合同的

① 曹士兵：《中国担保诸问题的解决与展望》，中国法制出版社2001年版，第106页。

成立具有推定性，推定需要以保证人有明确的承担保证义务的意思表示为前提。

二、保证责任

(一)保证范围

保证范围是指保证人在债务人不履行到期债务或者发生当事人约定的情形时，向债权人履行债务或承担责任的限度，也就是保证债务或者保证责任的效力所及的范围。保证范围直接涉及保证责任的大小或者保证债务的多少，明确保证担保的范围无论对于债权人还是保证人都非常重要。保证范围应当首先根据保证人和债权人的约定来确定，约定的范围不必与主债务的范围相一致，但只可小于主债务的范围，不得超出主债务的范围。否则，超出部分无效。这是由保证合同的从属性决定的。对此，各国法律都有规定，如《日本民法典》第448条规定："保证人的负担，就债务的标的或样态，较主债务为重时，缩减至主债务的限度。"《法国民法典》第2013条也规定："保证，不得超过债务人负债的范围，亦不得约定较重的条件。超过债务的保证，或约定较重条件的保证，并非无效；此种保证应减除至主债务的限度。"①

我国《民法典》第691条规定："保证的范围包括主债权及其利息、违约金、损害赔偿金和实现债权的费用。保证合同另有约定的，按照其约定。"由此可知，我国合同法上的保证范围分为约定保证范围和法定保证范围。前者由当事人自由约定；后者则由法律直接规定，包括主债权及其利息、违约金、损害赔偿金和实现债权的费用。并且，《民法典》第691条关于法定保证范围的规定属于任意性而非强制性规范，仅仅是为约定保证范围提供示范和指引。保证合同当事人根据自己的意愿，在法定保证范围内，既可以约定对全部的债务负保证责任，也可以约定仅对部分的债务负保证责任。学理上，前者称为无限保证，后者称为有限保证。基于保证的合同属性和担保功能，保证范围应当按照"约定优先、法定补充"的规则确定，即当

---

① 参见叶金强：《担保法原理》，科学出版社2002年版，第51页。

事人对保证范围没有约定或约定不明的，保证范围按照法律规定推定为包括主债权及其利息、违约金、损害赔偿金和实现债权的费用。

(二)保证期间

1. 保证期间的概念

保证期间制度是法律在平衡保证人和债权人利益之后的理性选择，既限制保证人的责任，也督促债权人及时行使权利。这体现出合理分担风险的原则，同时也达到稳定经济秩序的目的。保证期间具有极其重要的意义，无论在一般保证或是在连带责任保证中，保证期间都是必备内容之一。根据《民法典》第 692 条的规定，保证期间是指基于保证人和债权人的约定或法律的规定，在主债务履行期届满后，确定保证人承担保证责任的不变期间。对于保证期间，具体可从以下几个方面把握：

(1)保证期间是债权人应当主张权利的期间。《民法典》第 693 条规定："一般保证的债权人未在保证期间对债务人提起诉讼或者申请仲裁的，保证人不再承担保证责任。连带责任保证的债权人未在保证期间请求保证人承担保证责任的，保证人不再承担保证责任。"可见，在该期间债权人未主张权利的，保证人免除责任。本质上，保证期间是一项旨在维护保证人利益的制度。

(2)债权人主张权利的对象及方式因保证方式不同而有所不同。一般保证的债权人，主张权利的对象是主债务人，方式仅限于提起诉讼或申请仲裁；连带责任保证的债权人，主张权利的对象是保证人，方式则不限于提起诉讼或申请仲裁。

(3)从法律后果来看，保证期间的经过具有消灭债权人对保证人权利的法律效果，但其效果取决于在保证期间内，债权人是否已经主张权利。一方面，若债权人逾期未主张权利的，则保证人免除保证责任；另一方面，债权人按上述对象和方式主张权利的，保证人也未必承担保证责任。如在一般保证中，若主债务人在债权人提起诉讼后完全适当地履行了债务，则保证人不承担责任；若主债务人未完全适当地履行债务，即便保证期间已结束，保证人仍然承担保证责任。

(4)保证期间的长度既可约定，亦可法定。根据《民法典》第 692 条的规定，保证期间有约定保证期间和法定保证期间两种，并且与保证范围一样采取“约定优先、法定补充”的规则确定保证期间。当事人对保证期间有约定的从其约定，但是当事人的约定受到《民法典》第 692 条第 2 款的限制：保证期间可以晚于主债务的履行期限，但是不得早于主债务履行期限或者与主债务履行期限同时届满；否则，视为没有约定。当事人没有约定或者约定不明的，保证期间为主债务履行期限届满之日起六个月。

（5）保证期间的起算时间同样既可约定，也可法定。首先，当事人对保证期间的起算时间有约定的从其约定，但是所约定的起算时间早于主债务履行期限或者与主债务履行期限同时届满的，视为没有约定；其次，当事人未约定保证期间的起算时间，但是主合同当事人对主债务履行期限有约定的，保证期间自主债务履行期限届满之日起计算；最后，保证期间的起算时间和主债务履行期限均未约定或者约定不明的，保证期间自债权人请求债务人履行债务的宽限期届满之日起计算。

尚存疑问的是，当主债务人预期违约，债权人在主债务履行期限届满前请求主债务人承担违约责任时，如何确定保证期间的起算时间。对此，主要有三种观点：一是主张提前起算，即主债务人预期违约的，主债务加速到期，保证期间应当从债权人请求主债务人承担违约责任之日起计算①；二是主张保护保证人的期限利益，除非保证人也预期违约，否则保证期间应当自原定的主债务履行期限届满之日起计算②；三是区分保证合同中是否约定主债务人预期违约，债权人即可行使保证债权，区分不同情形确定保证期限的起算日期③。笔者认为，保证期间既可约定，也可法定，既是督促债权人行使权利的期间，也是保证人所享有的期限利益，因而在主债务人预期违约，债权人在主债务履行期限届满前请求主债务人承担违约责任时，保证期间的起算时间宜按照如下规则确定：若债权人与保证人有约定的，从其约定，但是约定的保证期间起算时间应当晚于主债务履行期限，否则视为没有约定；若当事人没有约定或约定不明的，由于债权人在主债务履行期限届满前请求主债务人承担违约责任属于积极行使自己的权利，保证期间自债权人知道或者应当知道主债务人违约之时起算。

---

① 参见姜启波主编：《担保纠纷新型典型案例与专题指导》，中国法制出版社 2009 年版，第 151 页。

② 参见金永熙：《借贷合同诉讼》，人民法院出版社 2002 年版，第 176 页。

③ 参见高圣平：《特殊情形之下保证期间的计算三论》，载《法学杂志》2021 年第 4 期。

2.保证期间的性质

关于保证期间的性质,学理上存在争议,主要的观点有诉讼时效说、除斥期间说、特殊的除斥期间说、特殊期间说等。根据《民法典》关于保证期间的相关规定,笔者赞成特殊期间说,认为保证期间既不是诉讼时效,也不是除斥期间,而是一种独立的行使权利的特殊期间。

(1)保证期间不属于诉讼时效。理由主要是:第一,保证期间允许当事人约定,一般是约定期间,并且约定优先,只有在当事人没有约定或约定不明时,才采用 6 个月的法定保证期间;而诉讼时效为强制性的法定期间,不允许当事人约定,保证债务的诉讼时效期间属于普通诉讼时效期间,长度为 3 年。第二,保证期间是不变期间,不发生中止、中断和延长;而诉讼时效是可变期间,可因法定事由产生中断、中止和延长的法律效果。第三,保证期间的起算时间有约定的从约定,没有约定或约定不明的则根据《民法典》第 692 条第 2 款和第 3 款的规定确定;而保证债务的诉讼时效不得由当事人约定,应当根据《民法典》第 694 条的规定,区分一般保证和连带责任保证分别适用不同的诉讼时效起算规则。第四,保证期间届满,债权人未主张权利的,保证债务因保证责任免除而消灭;而诉讼时效届满,并不导致保证债务消灭,但是保证债务转化为自然债务,保证人有权提出时效抗辩。

保证期间和保证债务的诉讼时效虽然都是债权人主张权利的期间,但是二者性质不同,属于相互衔接的不同阶段。保证期间是决定保证债务是否产生的期限,而保证债务的诉讼时效则是债权人行使保证债权的期限。在保证期间内,若债权人主张权利,保证期间就因完成“历史使命”而失去效力,开始计算保证债务的诉讼时效。根据《民法典》第 694 条的规定,在一般保证中,债权人在保证期间届满前对主债务人提起诉讼或者申请仲裁的,自保证人拒绝承担保证责任的权利消灭之日起,开始计算保证债务的诉讼时效;在连带责任保证中,债权人在保证期间届满前请求保证人承担保证责任的,从债权人请求保证人承担保证责任之日起,开始计算保证债务的诉讼时效。

(2)保证期间不同于除斥期间。理由在于:第一,虽然二者均属不变期间,但除斥期间是法定的不变期间,而保证期间可以是约定的不变期间,即便适用法律推定的期间,也只是法律对当事人意思自治的补正,而非直接由法律规定。第二，就客体而言，因除斥期间届满而消灭的是形成权，如撤销权、解除权等；而因保证期间届满而消灭的是保证债权，即保证期间指向债权人的请求权，债权人请求保证人承担保证债务或向主债务人提起诉讼或仲裁裁决，是请求权而非形成权。第三，就期间起算点而言，保证期间的起算时间有约定的从约定，没有约定或约定不明的，自主债务履行期届满之日或债权人请求债务人履行债务的宽限期届满之日起计算；而除斥期间自权利发生之时计算，比较复杂[①]。由上述分析可知，虽然保证期间也在一定程度上具有除斥期间的性质，如不发生中止、中断和延长，具备除权的法律效果，但是其具备不同于除斥期间的特征，是一种独立的特殊期间。

(三)主合同变更对保证责任的影响

保证合同作为从合同，主合同变更[②]对保证合同具有显著影响，集中体现在保证责任方面。依合同相对性原理，主合同变更对保证责任的影响取决于是否应当有保证人的意思参与。这种意思参与主要体现为保证人同意。若主合同变更应当经过保证人同意的，则保证人同意后，该变更对保证人发生效力，保证人应当对变更后的主合同承担保证责任；否则，该变更对保证人不发生效力，保证人对变更的部分不承担保证责任。这是因为主合同变更经过保证人同意后，即表明该变更是保证人与主合同当事人意思表示一致的结果，相当于保证人与债权人订立了新的保证合同，以保障变更后的主债权实现。由于保证合同为要式合同，应当采取书面形式，故保证人同意也应当采取书面形式。当然，在主合同变更无需保证人意思参与的情形下，则该变更直接对保证人发生效力，保证人应当对变更后的主合同承担保证责任。

1. 主合同内容变更对保证责任的影响

根据《民法典》第 695 条的规定，主合同内容变更因以下三种情形而对保证责任产生不同的影响：

(1)主合同当事人变更主合同内容，减轻主债务的，未经保证人书面同意，保证人仍对变更后的债务承担保证责任。主合同内容变更减轻主债务

---

① 崔建远:《合同法》，法律出版社 2003 年版，第 149 页。

② 合同变更有广义与狭义之分。此处所谓的主合同变更是就广义的合同变更而言，包括合同内容变更(狭义的合同变更)与合同转让(合同主体变更)。

的，变更部分属于减轻的主债务，导致保证人对该变更部分不再承担保证责任，减轻了保证责任。对于主合同未变更的部分，该部分的主债务（即减轻后的主债务）未发生变动，相应的保证责任亦未变动。因此，主合同变更减轻主债务的，即使未经保证人同意，该债务减轻对保证人也发生效力，保证人仍对变更后的债务承担保证责任。

(2)主合同当事人变更主合同内容，加重主债务的，未经保证人书面同意，保证人对加重的部分不承担保证责任。原因在于，主债务的加重，会导致保证责任的增加。主合同变更加重主债务的，保证人需要就加重的主债务承担保证责任，增加了保证责任。此时，主合同变更应当经过保证人的书面同意，保证人才对加重的部分承担保证责任；否则，加重的部分对保证人不发生效力，保证人对加重的部分不承担保证责任。当然，对于变更前的主债务部分，保证人应当按照保证合同的约定承担保证责任。

(3)主合同的当事人变更主债务履行期限，未经保证人书面同意，保证期间不受影响。如前文所述，保证期间是保证人的期限利益，并且主债务履行期限直接影响着保证期间。为防止主合同当事人通过变更主债务履行期限影响保证期间，损害保证人的期限利益，未经保证人书面同意，主债务履行期限变更不影响保证期间。

2.主合同转让对保证责任的影响

保证是保证人就主债务人的履约能力对债权人提供担保，因而主合同无论是债权人还是债务人发生变更以及发生何种形式的变更，对于保证责任都会产生不同影响。对此，《民法典》第696、697条作出了明确规定，具体而言：

(1)主债权转让。依合同转让的一般原理，保证债权作为主债权的从权利，主债权转让的，保证债权随之一并转让。债权人转让全部或者部分债权的，无需保证人书面同意，但是应当通知保证人；否则，该转让对保证人不发生效力（《民法典》第696条第1款）。如果保证人与债权人约定禁止主债权转让，则表明保证人仅愿意为特定债权人提供担保，法律应当尊重并保护当事人的意思自治。保证合同当事人约定禁止债权转让，该约定对保证人和债权人具有约束力，若债权人未经保证人书面同意转让债权的，则保证人对受让人不再承担保证责任（《民法典》第696条第2款）。

(2)主债务转移。保证人的保证责任与债务人的履约能力密切关联，因而主债务转移应当经过保证人书面同意。根据《民法典》第 697 条第 1 款的规定，保证人对于未经其书面同意转移的债务不承担保证责任，但是债权人和保证人另有约定的除外。即是说，保证合同当事人对主债务转移事先有约定的，从其约定；没有约定的，债权人未经保证人书面同意，允许主债务全部或部分转移的，保证人对未经其同意移转的债务不再承担保证责任。

(3)第三人加入债务。相较于主债务转移，第三人加入债务属于并存的债务承担，原债务人并不退出主合同关系，第三人和债务人成为共同债务人。因而，第三人加入债务，并不影响债权人和保证人之间的合同关系，保证人的保证责任不受影响(《民法典》第 697 条第 2 款)。

(四)保证责任的免除

所谓保证责任的免除，是指保证责任因为当事人约定或者法律规定而除去，保证人不再承担保证责任。根据《民法典》的规定，保证责任免除的原因除了前文所述的当事人约定的保证责任免除情形发生、债权人在保证期间内未主张权利、未经债权人同意变更合同内容加重主债务、主债务转移未经保证人同意之外，还包括：

其一，债权人放弃物的担保。《民法典》第 392 条规定："被担保的债权既有物的担保又有人的担保的，债务人不履行到期债务或者发生当事人约定的实现担保物权的情形，债权人应当按照约定实现债权；没有约定或者约定不明确，债务人自己提供物的担保的，债权人应当先就该物的担保实现债权；第三人提供物的担保的，债权人可以就物的担保实现债权，也可以请求保证人承担保证责任。"为保护保证人的权益，债权人放弃部分或者全部物的担保，则保证人在债权人放弃权利的范围内免除保证责任。并且，债权人在主合同履行期届满后怠于行使担保物权，致使担保物的价值减少或者毁损、灭失的，应当视为债权人放弃部分或者全部物的担保，产生保证责任免除的效果。

其二，一般保证的保证人在主债务履行期限届满后，向债权人提供债务人可供执行财产的真实情况，债权人放弃或者怠于行使权利致使该财产不能被执行的，保证人在其提供可供执行财产的价值范围内不再承担保证责任(《民法典》第 698 条)。

此外,保证责任还可因主债务的消灭(清偿、抵销、混同、免除等),主合同当事人双方恶意串通骗取保证人提供保证,以及主合同债权人采取欺诈、胁迫等手段使保证人在违背真实意思的情况下提供保证等情形而免除。

三、保证人的权利

(一)保证人对债权人的权利

虽然保证合同是单务合同,保证人对债权人不享有请求给付的权利,但为了衡平保证合同当事人利益,《民法典》也赋予了保证人一定的防御性或消极性权利,主要包括以下几方面:

1. 保证人享有主债务人的抗辩权利

保证合同是主合同的从合同,基于保证债务的从属性,保证人享有主债务人对于债权人所享有的抗辩权、抵销权和基于主债务人的撤销权所享有的抗辩权。

(1)主债务人的抗辩权。关于主债务人的抗辩权,《民法典》第701条规定:"保证人可以主张债务人对债权人的抗辩。债务人放弃抗辩的,保证人仍有权向债权人主张抗辩。"此时,保证人应是基于自身的地位以自己的名义主张债务人的抗辩权,而非代债务人主张抗辩权,即使债务人放弃了抗辩权,保证人也有权独立主张。保证人可以主张的债务的抗辩权主要有三类:一是权利未发生的抗辩权。例如,主债权因合同不成立而无效时,保证人可对债权人主张主债权未成立的抗辩。但如果保证人明知主债权无效情形而为保证的,则不享有抗辩权。二是权利已消灭的抗辩权。如主债务因清偿、提存、抵销、更改等原因消灭的,保证人可对债权人主张债权已消灭的抗辩,从而拒绝债权人的履行请求。主债务因不可归责于主债务人之事由而发生给付不能,导致主债务消灭的,保证人亦得主张抗辩[①]。三是拒绝履行的抗辩权。主合同是双务合同的,主债务人享有同时履行抗辩权、不安抗辩权、时效完成的抗辩权等,因保证债务的从属性,保证人亦可主张上述抗辩权,拒绝履行保证债务。

① 邱聪智:《新订债法各论》(下),元照出版有限公司2003年版,第540页。

(2)主债务人的抵销权。如果主债务人对债权人有抵销权，主债务人自己未主张抵销时，为减少保证人的风险，保护保证人权益，应允许保证人行使主债务人的抵销权，在相应的抵销范围内拒绝承担保证责任。

(3)基于主债务人撤销权享有的抗辩权。当主债务人享有撤销主合同债权债务关系的权利时，如主债务人行使了撤销权，保证人可享有主债权未发生的抗辩；如主债务人未行使撤销权，保证人可以以主债务人有撤销权为由抗辩，在相应的撤销范围内拒绝承担保证责任。

2.一般保证人的先诉抗辩权

先诉抗辩权是保证合同制度的重要内容，是法律赋予一般保证人用于保护其合法权益的特有抗辩权，以实现一般保证人与债权人之间的利益平衡。《民法典》第687条第2款规定："一般保证的保证人在主合同纠纷未经审判或者仲裁，并就债务人财产依法强制执行仍不能履行债务前，有权拒绝向债权人承担保证责任。"根据该规定，先诉抗辩权，又称检索抗辩权，是指一般保证人在债权人未就主债务人财产依法强制执行而无效果前，可拒绝向债权人承担保证责任的权利。先诉抗辩权是一般保证人依法享有的权利，它源于一般保证债务相对于主债务的补充性。

先诉抗辩权可以在诉讼外行使，当债权人要求保证人履行债务时，由保证人直接对债权人行使，保证人有权暂时拒绝履行保证债务；先诉抗辩权亦可在诉讼中行使，当债权人起诉保证人，要求法院强制保证人履行债务时，由保证人作为一种实体上的诉权行使，即要求法院判令由主债务人首先履行债务；先诉抗辩权还可在执行程序中行使，在未对债务人财产依法强制执行仍不能履行债务前，保证人可以拒绝承担保证责任。

但是，依据我国《民法典》第687条第2款的规定，有以下情形之一的，保证人不能行使先诉抗辩权：(一)债务人下落不明，且无财产可供执行；(二)人民法院已经受理债务人破产案件；(三)债权人有证据证明债务人的财产不足以履行全部债务或者丧失履行债务能力；(四)保证人书面表示放弃先诉抗辩权。前三种情形均是债务人履行债务存在客观障碍，不具备履行债务的能力或可能性，此时若仍然将"主合同纠纷未经审判或者仲裁，并就债务人财产依法强制执行仍不能履行债务"作为保证人承担保证责任的前置程序，则会导致不必要的司法资源浪费，不当增加债权人的负担。至于最后一种情形，先诉抗辩权作为保证人享有的一种民事权利，在不损害他人利益和社会公共利益的前提下，保证人当然可以自由放弃。一旦保证人书面放弃先诉抗辩权，便不能再向债权人主张①。

3. 保证人基于一般债务人的地位应享有的权利

在保证合同关系中，保证人是债务人，基于保证的从属性，保证人可以享有主债务人享有的权利，那么作为一般债务人，保证人也应享有其应享有的权利。如保证合同不成立、无效或被撤销致使保证债务不存在时，保证人有权拒绝履行保证债务；保证债务已经单独消灭时，保证人有权主张保证债务消灭的抗辩；保证债务未到清偿期，保证人有权抗辩等。

（二）保证人对债务人的权利

保证合同虽然是保证人和债权人之间的关系，其效力本不包括保证人与债务人之间的关系，但是保证人就债务人的履约能力对债权人提供担保，本质上是在债务人不履行到期债务或者发生当事人约定的情形时，以保证人履行债务或承担责任代替债务人履行债务。因此，法律必须在保证人与债务人之间谋求一种权利衡平，规定保证人对债务人享有追偿权、代位权、保证责任除去请求权和要求提供反担保的权利，以维护保证人的合法权益。

1. 保证人的追偿权

保证人的追偿权又称保证人的求偿权，是指保证人按照约定履行保证债务后向主债务人请求偿还的权利。从保证人与主债务人的关系来看，保证人履行保证债务或者承担保证责任实质上是清偿主债务人的债务，而非自己的债务。根据担保法的一般原理，提供担保的第三人承担担保责任后，有权向债务人追偿(《民法典》第 392 条)。因此，《民法典》第 700 条明确规定："保证人承担保证责任后，除当事人另有约定外，有权在其承担保证责任的范围内向债务人追偿，享有债权人对债务人的权利，但是不得损害债权人的利益。"依该规定，保证人追偿权的成立必须具备以下条件：一是保证人向债权人承担了保证责任，即保证人已经履行了保证债务。不管保证人以何种方式履行债务，也不管保证人是履行了全部债务还是部分债务，均享有追偿权。二是须因保证人承担保证责任而使债务人免责。若主债务人免责是因为主债务人履行债务、债权人免除债务或者不可抗力，而

① 参见魏淑君：《谈保证人的抗辩权》，载《政法论丛》2001 年第 6 期。

非因保证人承担保证责任，则保证人不享有追偿权。此外，若当事人另有约定或者法律另有规定的，保证人追偿权的成立不受此限。如《企业破产法》第 51 条第 2 款规定，除债权人已经向管理人申报全部债权外，保证人尚未代替债务人清偿债务的，以其对债务人的将来求偿权申报债权。

但是，如果保证人是基于赠与主债务人的意思而履行保证责任的，则无追偿权，此时主债务人应对保证人有赠与的意思负举证责任。此外，保证人因自己的过错履行了不应履行的保证责任的（如保证人履行保证债务后未通知主债务人，致使主债务人再为履行的；主债权罹于消灭时效，主债务人、保证人均享有时效抗辩，而保证人仍为清偿的等），保证人亦不享有对债务人的追偿权。

2. 保证人的代位权

保证人的代位权，是指保证人向债权人承担保证责任后，取代债权人的地位，对主债务人行使其债权的权利。由于保证人向债权人承担保证责任或清偿债务后，债权人对于主债务人的债权在保证人清偿限度内，移转给了保证人，因此，就应由保证人以债权人的身份向主债务人行使债权人的债权。代位权实质是对求偿权的确保，法律为了平衡保证人与主债务人的利益，规定保证人清偿后，可以向债务人求偿，是对保证人利益的进一步强化。

传统合同法理论认为，追偿权与代位权在保证法律关系中并存，保证人可以择一行使。因而诸多民法典都明确规定了保证人的代为权，如《德国民法典》第 774 条规定："在保证人向债权人清偿的限度内，债权人对主债务人的债权转让于保证人。"但是，我国《民法典》仅在第 700 条规定，保证人承担保证责任后，在不损害债权人利益的前提下，可以享有债权人对债务人的权利，并未明确规定保证人的代位权。

3. 保证责任除去请求权

保证责任除去请求权，是指保证人在具备法定事由时，在承担保证责任前，可以向主债务人请求除去其保证责任的权利。由于保证人承担保证责任是以债务人当时的资信状态为准，如果主债务人丧失偿债能力或者对主债务人的追诉发生重大困难时，保证人仍须承担保证责任，就将极大加重保证人的责任。因此，为了救济保证人，应赋予保证人在此情况下向主债务人主张免除其保证责任的权利，以除去保证责任。如德国、瑞士等国家的民法典以及我国台湾地区的有关规定，当债务人出现财产恶化、住所变更、迟延履行债务等情形，保证人可请求债务人通过向债权人清偿债务或者另行提供担保来免除保证责任。保证人的免责请求权与预先求偿权一样，都是为了协调或救济处于特定境况下的保证人利益而创设的制度。我国《民法典》没有规定这一权利，但学界多主张我国法律上有必要赋予保证人的保证责任除去请求权，以解决保证人的后顾之忧，维护法律的公平正义[①]。

4. 要求债务人提供反担保的权利

反担保，是指为了换取担保人提供保证、抵押或质押等担保方式，由债务人或第三人设定的确保担保人承担担保责任后实现对主债务人的追偿权的担保。其中，提供反担保的债务人或第三人称为反担保人。在担保和反担保关系中，担保人和被担保人的关系对调，担保关系中的担保人，在反担保关系中是被担保人，反之亦然。担保所保障的是主债权，而反担保保障的是保证人的追偿权。因此，我国《民法典》第 698 条明确规定："保证人可以要求债务人提供反担保。"债务人为保证人提供反担保的方式，既可以是债务人的抵押或者质押，也可以是第三人提供的保证、抵押或者质押。之所以在债务人作为反担保人时不采取保证方式，是因为债务人以保证的方式设定反担保相当于债务人自己为自己提供保证，不具备保障保证人追偿权的意义。并且，债务人提供的反担保形式限于约定担保，即保证人与债务人意思表示一致而设定的担保。留置等法定抵押权是基于法律规定设定的法定担保，不是当事人意思自治的产物，不能作为反担保的方式。

四、特殊形式的保证

(一)最高额保证

1. 最高额保证的概念和特点

最高额保证，是指保证人与债权人协商订立一个总的保证合同，在最

---

① 参见尉兰琴：《关于担保法中保证人利益保障问题的探讨》，载《兰州学刊》2005 年第 3 期。

高债权额限度内对一定期间连续发生的债权提供保证。这种保证合同仅需当事人设立一个保证的最高债权额，而不需要就一定期间连续发生的系列债权分别订立保证合同，即可为主债权人长期交易提供便利和充分的保障。最高额保证是适应近现代经济发展的需要而出现的一种新的特殊保证制度，虽然在一定程度上突破了保证合同的附从性，但是为立法和司法实践所承认。我国《民法典》对其亦持肯定态度，在第 690 条第 1 款规定："保证人与债权人可以协商订立最高额保证的合同，约定在最高债权额限度内就一定期间连续发生的债权提供保证。"最高额保证是最高额担保的一种形式，与最高额抵押具有一定的相似性和共通性，因而《民法典》第 690 条第 2 款规定，最高额保证除适用保证合同的规定外，参照适用最高额抵押的有关规定。

最高额保证与普通的保证相比，具有以下特点：

(1)最高额保证担保的债权具有不确定性。一方面，最高额保证的有效成立与被保证的债权实际发生无关，其担保的债权不仅在保证合同成立时尚未发生，而且将来是否会实际发生也不确定；另一方面，最高额保证设立前已经存在的债权，经保证合同当事人同意，可以转入最高额保证的债权范围(《民法典》第 420 条第 2 款)。

(2)最高额保证担保的债权是一定期间连续发生的系列债权，而不是单个债权。

(3)最高额保证存在最高债权额。虽然最高额保证担保的债权具有不确定性，但是当事人可以约定最高债权额作为保证人承担保证责任的限度。当事人没有约定或者约定不明的，最高债权额应当根据《民法典担保制度解释》第 15 条的规定确定，包括主债权及其利息、违约金、损害赔偿金、保管担保财产的费用、实现债权或者实现担保物权的费用等在内的全部债权。

(4)最高额保证的债权确定前，部分债权转让的，除当事人另有约定外，最高额保证不得转让。普通保证合同具有从属性，除当事人约定禁止债权转让外，主债权转让的，保证债权随之转让。但是，最高额保证参照适用《民法典》第 421 条的规定，除非当事人另有约定，最高额抵押担保的债权确定前，部分债权转让的，最高额保证不得转让，保证人对转让部分债权的受让人不承担保证责任。

2. 最高额保证的债权确定

最高额保证的首要特征是其担保的债权具有不确定性，故其保证责任范围的确定是保证人承担保证责任的关键，而其保证责任范围的确定取决于保证权人的债权确定。根据《民法典》第 690 条第 2 款规定，最高额保证的债权确定参照适用《民法典》第 423 条最高额抵押担保的债权确定规则，即存在下列情形之一的，保证权人的债权确定：(一)约定的债权确定期间届满；(二)没有约定债权确定期间或者约定不明确，保证权人或者保证人自最高额保证权设立之日起满二年后请求确定债权；(三)新的债权不可能发生；(四)保证权人知道或者应当知道保证人的财产被查封、扣押；(五)债务人、保证人被宣告破产或者解散；(六)法律规定债权确定的其他情形。

最高额保证的债权确定之日在实践中也被称为决算期。最高额保证的债权确定前，保证人和债权人可以通过协议变更决算期，但是变更不得对其他债权人产生不利影响(《民法典》第 422 条)。决算期只是债权确定的日期，并不一定是最高额保证的债权履行期限届满之日，也不一定是保证期间的起算之日。根据《民法典担保制度解释》第 30 条的规定，最高额保证合同对保证期间计算方式有约定的，从其约定；没有约定或者约定不明，被担保债权的履行期限均已届满的，保证期间自债权确定之日起开始计算；被担保债权的履行期限尚未届满的，保证期间自最后到期债权的履行期限届满之日起开始计算。

(二)共同保证

1. 共同保证的概念和特点

共同保证，是指两个以上保证人为同一债权提供保证的特殊保证形式。由于共同保证中数个保证人为同一个债权提供担保，因而能够更充分地保障债权实现。

共同保证的特征主要有两点：

一是，保证人为复数，即存在两个以上的保证人。依担保法理，共同保证只需要客观上有两个以上保证人担保同一债权即可成立，而不论保证人之间是否具有为同一债权担保的共同意思。数个保证人与债权人签订同一个保证合同担保同一债权，或者分别签订数个保证合同担保同一债权均可成立共同保证。

二是，数个保证人必须为同一债权提供担保。这里只要求数个保证人担保的债权具有同一性，而不要求共同保证的主债权人或主债务人具有同一性。

2. 共同保证的保证责任承担

共同保证的核心问题是数个保证人如何承担保证责任。对此，《民法典》第 699 条规定："同一债务有两个以上保证人的，保证人应当按照保证合同约定的保证份额，承担保证责任；没有约定保证份额的，债权人可以请求任何一个保证人在其保证范围内承担保证责任。"根据各保证人对外承担保证责任的方式，共同保证存在按份共同保证与连带共同保证之分：保证人在保证合同中对保证份额有约定的，为按份共同保证，保证人按照份额各自承担保证责任；没有约定保证份额的，为连带共同保证，各保证人对保证责任承担连带责任，债权人可以请求任何一个保证人在其保证范围内承担保证责任。此处，需要注意区分连带共同保证与连带责任保证：前者是保证人为两人以上，且数个保证人之间对保证责任承担连带责任；后者的保证人可以为一人也可以为数人，是保证人与主债务人之间对主债务承担连带责任。

共同保证作为共同担保的一种形式，其保证责任承担可以适用《民法典担保制度解释》关于共同担保中担保责任承担的规定：其一，共同保证中，债权人不得以其已经在保证期间内依法向部分保证人行使权利为由，主张已经在保证期间内向其他保证人行使权利，即债权人应当在保证期间内向各保证人分别行使权利(《民法典担保制度解释》第 29 条第 1 款)。其二，按份共同保证人约定相互追偿的，承担了保证责任的保证人可以向其他保证人按照约定的份额追偿；按份共同保证人之间未约定相互追偿，但是各保证人在同一份合同书上签字、盖章或者按指印，承担了保证责任的保证人可以请求其他担保人按照比例分担向债务人不能追偿部分；连带共同保证中，各保证人按照比例分担向债务人不能追偿的部分；除前述情形外，共同保证人之间不具有追偿权(《民法典担保制度解释》第 13 条)。其三，共同保证中，保证人受让债权的，应当认定该行为系承担保证责任，受让债权的担保人不得作为债权人请求其他担保人承担担保责任，但是该保证人请求其他担保人分担相应份额的，按照保证人之间追偿权的规定处理

(《民法典担保制度解释》第 14 条)。其四,若共同保证人之间相互有追偿权,债权人未在保证期间内依法向部分保证人行使权利,导致其他保证人在承担保证责任后丧失追偿权,其他保证人有权主张在其不能追偿的范围内免除保证责任(《民法典担保制度解释》第 29 条第 2 款)。

第十七章 运输合同

一、运输合同概述

(一)运输合同的概念和特点

所谓运输合同,根据《民法典》第809条的规定,是指承运人将旅客或者货物从起运地点运输到约定地点,由旅客、托运人或者收货人支付票款或者运输费用的合同。

运输合同在现实生活中运用十分广泛,不可或缺。运输合同是运输经营者开展运输业务的法律依据,是实现人员、财物跨地域流动的重要法律工具。

运输合同的特点主要有:

(1)运输合同的标的是运输行为,而不是运输的货物或者旅客的人身。运输合同,从目的上看,是将货物或者旅客从一地运送到另一地。运输合同双方当事人权利义务的聚焦点是承运人的运输行为,而不是所运输的货物或者旅客人身。从这一点看,运输合同是不同于承揽合同的。不过,大陆法系是将运输合同作为一种特殊的承揽合同对待的。

(2)运输合同为双务合同、有偿合同。运输合同,从其内容看双方当事人互负义务。承运人有义务使用约定的运输工具将约定的货物或者旅客运送到约定的地点,而托运人或者收货人或者旅客有义务为此支付约定的运输费或者票款。因此,运输合同是双务性的有偿合同。不具有这一特点者,即使存在使用一定的工具运送货物或者人员的行为,如私车主无偿将某人从一地搭运到另一地,他们之间不应作为运输合同关系对待。

(3)运输合同为诺成合同。在传统民法中,一般是将运输合同作为实践合同对待的,即只有托运人将货物交付给承运人并由承运人验收时,运输合同才成立。但是,在现代社会里,正如人们对仓储合同、赠与合同等的性质发生认识改变一样，人们对于运输合同的实践性也改变了认识。在大多数情况下，如果坚持运输合同的实践性，是不利于保护当事人的合法权益，不利于稳定交易秩序的，而赋予运输合同以诺成性更合理、更有利。

(4)运输合同多为格式合同。这是因为：其一，在运输交易中，与承运人交易的对象是大规模的、不固定的，为了提高交易的效率，需要采用格式合同。其二，从我国运输业的现状看，在铁路运输、航空运输领域，事实上是垄断经营，普遍采用格式合同；在公路汽车运输方面，最具有实力者也是一些大型的汽车运输公司，其通常采用的也是格式合同。当然，也存在一些零散运输经营者采用非格式合同。这亦无不可。

(5)运输合同承运人的主体资格受到法律限定。我国对运输经营采取许可制，只有得到运输许可的合法主体，才能从事运输经营，其订立的运输合同才有效。无运输主体资格者不得从事运输业务，因而其订立的运输合同是无效的。

(二)运输合同的种类

根据不同的标准，可以对运输合同作不同的分类。在实践中，运输合同主要分为以下几种：

(1)以运输对象为标准，运输合同分为货运合同和客运合同两种。我国《民法典》主要是按照这种分类规定运输合同的。

(2)以运输工具为标准，运输合同分为铁路运输合同、公路运输合同、航空运输合同、水上运输合同、海上运输合同和管道运输合同。

(3)以运输方式为标准，运输合同分为单一运输合同与多式联运合同。我国《民法典》对多式联运合同作出了较为具体的规定。

二、客运合同

(一)客运合同的概念和特点

客运合同，也称为旅客运输合同，是指承运人将旅客及行李运抵目的地，由旅客支付相应票款的合同。

客运合同作为运输合同中重要的一种，既具有运输合同的基本特点，也有与其他运输合同不同的特点。这些特点主要有：

第一，在客运合同中，旅客既是合同的当事人，又是运输的对象。而货物运输合同则是以货物为运输对象。由于客运合同的这一特点，《民法典》对客运合同的承运人提出了更高的注意要求，如对旅客人身伤亡承担无过错赔偿责任，对患有急病、分娩、遇险旅客承担救助义务等。

第二，客运合同大多同时包含有行李运输的内容。由于旅客出行，通常会随身携带一些行李，除非行李过量，在客运合同中将旅客人身运输与旅客行李运输分别订立合同进行运输是不合理的，应当将两者作为一个运输整体。因此，在客运合同中，通常都会同时涉及行李的运输问题。由于这一特点，在客运合同中，承运人除对旅客的人身承担义务外，同时附带地也应对旅客的行李承担一定的义务和责任。

第三，客运合同通常都是采用票证形式。在旅客运输实践中，为了减少不必要的麻烦，提高交易的效率，通常都是采用票证形式订立合同。我国《民法典》对此也给予了肯定。车票既是客运合同成立的凭据，又是客运合同的具体形式。在客运车票中，包含了该客运合同的最主要内容。

(二)客运合同的成立时间

根据合同成立的基本原理，客运合同应当于双方当事人对合同主要内容意思表示一致时成立。但是，在旅客运输实践中，何时是当事人意思表示一致的标志呢？是否有例外？对此，《民法典》在第 814 条作出了具体规定。从该条的规定看，确定客运合同成立时间的规则是：在一般情况下，客运合同自承运人向旅客出具客票时成立，但是，如果当事人对合同的成立有其他约定或者在客运合同实践中另有交易习惯的，则优先执行当事人的约定或者交易的习惯。例如，在城市出租车运营中，交易的习惯是先运输，下车时再付款取票。此时如果执行交付客票时合同成立规则显然不妥。如此，按照惯例，合同应自旅客上车时成立。

(三)客运合同当事人的主要义务及责任

1. 承运人的主要义务及责任

抽象地说，客运合同承运人所应负担的基本义务就是按照合同的约定

将旅客及其随身行李安全运抵目的地。具体而言,有以下几个方面:

(1)必要的告知义务。承运人应当告知旅客安全运输所应注意的事项(《民法典》第 819 条),以及在不能按约定和规定正常运输、延迟运输时,及时提醒和告知旅客,并将不能正常运输的原因告知旅客(《民法典》第 820 条)。

(2)按照客票所载时间、班次和座位号进行运输。否则,应采取必要的安置措施,根据旅客的要求退票或改排其他班次,并向旅客赔偿因此造成的损失(《民法典》第 820 条)。

(3)不得擅自变更运输工具,降低服务标准。否则,应当根据旅客的请求退票或者减收票款。但是,承运人擅自提高服务标准的,不得加收票款(《民法典》第 821 条)。

(4)运输过程中,尽力救助患有急病、分娩、遇险的旅客的义务(《民法典》第 822 条)。

(5)对旅客人身伤亡承担无过错赔偿责任。在旅客运输中,除因为旅客自身健康原因或者有证据证明因旅客故意或重大过失造成旅客人身伤亡的以外,承运人应当对旅客(包括按规定免票、持优待票及经承运人允许搭乘的无票旅客)的人身伤亡承担损害赔偿责任(《民法典》第 823 条)。

(6)对旅客随身携带的行李物品的毁损、灭失承担过错赔偿责任,对旅客托运的行李的毁损、灭失承担如同货运人的赔偿责任(《民法典》第 824 条)。

(7)从事公共运输的承运人不得拒绝旅客通常的合理的运输要求(《民法典》第 810 条)。

2.旅客的主要义务及责任

根据《民法典》的有关规定,旅客的主要义务有:

(1)按照约定支付票款。这是客运合同中旅客最基本的义务。

(2)持有效票证乘运的义务。旅客应当按照有效客票记载的时间、班次和座位号乘坐。旅客无票、超程、越级或持不符合减价条件的优惠客票乘运的,应当补交票款,承运人可以按规定加收票款。如果旅客拒绝补交或者补加票款,承运人可以拒载。但是,实名制客运合同的旅客丢失客票,可以请求承运人挂失补办,不必再次支付票款和其他不合理费用(《民法典》第 815 条)。

(3)因自己的原因不能按时乘运时,应在约定期限内及时办理退票或变更手续。否则,承运人可不退票款,且不运输(《民法典》第816条)。

(4)按约定携带行李的义务。超量或违反品类要求携带行李的,超出和不符合要求的部分应当办理托运手续(《民法典》第817条)。

(5)不得携带违禁品。否则,承运人可卸载、销毁或送交有关部门。旅客坚持携带的,承运人应当拒绝运输(《民法典》第818条)。

(6)积极协助和配合承运人为安全运输所作合理安排的义务(《民法典》第819条)。

三、货运合同

(一)货运合同的概念和特点

货运合同是指承运人将托运人托运的货物运输至指定地点并交付给收货人,由托运人或收货人支付运费的合同。

货运合同是运输合同中非常重要的一种,当然具有运输合同的一般特点。除此之外,货运合同还有与客运合同不同的一些特点。主要有:

第一,在货运合同关系中,除托运人与承运人之外,多涉及第三人及收货人。

第二,承运人必须将货物运抵目的地并交付给指定收货人才履行完承运义务。

(二)货运合同当事人的主要义务及责任

1. 托运人的主要义务及责任

第一,如实表明托运货物的有关情况。否则,给承运人造成损失的,应当赔偿损失。这里的有关情况包括托运货物的名称、性质、重量、数量、收货人及收货地点等(《民法典》第825条)。

第二,向承运人提交运输托运物所需要的审批、检验等有关手续文件。如野生动植物准运、动物检疫、货物进出口报关等手续文件(《民法典》第826条)。

第三,按约定方式包装托运货物。否则,承运人可以拒运(《民法典》第

827 条)。

第四,对危险品的必要注意义务。具体而言,对易燃、易爆、有毒、有腐蚀性、有放射性等危险物品,托运人应当做到妥善包装,作出危险品标志和标签,并将有关危险物品的名称、性质和防范措施等书面材料提交给承运人。否则,承运人可以拒运,也可以采取必要的防范措施,但其费用支出由托运人承担(《民法典》第 828 条)。

第五,变更合同时的赔偿义务。在承运人将货物交付给收货人之前,托运人可以要求承运人中止运输、返还货物、变更到达地或收货人,但应当赔偿承运人因此所受到的损失(《民法典》第 829 条)。

第六,如果合同约定由托运人支付运费的,应当按照约定支付运费。

2. 承运人的主要义务及责任

第一,货物运抵目的地后,应及时通知收货人提货,并根据约定向收货人交货(《民法典》第 830 条)。

第二,对运输中货物的毁损、灭失承担无过错责任。除因不可抗力、货物本身的性质、合理损耗,或者有证据证明是托运人、收货人的过错所造成的以外,承运人对运输中货物的毁损、灭失应承担赔偿责任(《民法典》第 832 条)。不过,对于在运输中因不可抗力致托运货物灭失的,除法律另有规定外,承运人虽然不赔偿该灭失的货物的损失,但不应收取运费,已经收取的,托运人有权要求返还(《民法典》第 835 条)。

3. 收货人的主要义务及责任

第一,及时提货。否则,应当向承运人支付保管费用,承运人可根据情况依法予以提存或者留置该托运的货物(《民法典》第 830、836、837 条)。

第二,及时检验货物。如果货物有瑕疵的,应当在约定的期限内或者合理的期限内及时提出异议;否则,视为货物无瑕疵(《民法典》第 831 条)。

第三,如果合同约定由收货人支付运费的,应当按照约定支付运费。

四、多式联运合同

(一)多式联运合同的概念和特点

所谓多式联运合同,是指由多式联运经营人以两种以上的不同运输方式将货物运抵目的地并交付给收货人，由托运人或收货人支付运费的合同。

多式联运合同除具有运输合同的一般特点外，还有一些不同于其他运输合同的特点，主要有：

(1)“一人”，即合同的承运人为多式联运经营人一人，由其负责组织全程多式联运(经营人订立多式联运合同后可以与各区段或各方式的二级承运人再具体签订合同，这是另一层法律关系)，多式联运合同的权利、义务由多式联运经营人享有和承担。

(2)“一票”，即多式联运合同或单据是同一的。

(3)“一个费率”，即多式联运全程收费费率为统一的费率，非因区段或方式不同而不同，向托运人一次性收费。

(4)“两种方式”，即多式联运必须有两种以上运输方式(或工具)运输。

(二)多式联运经营人的权利和义务

(1)作为多式联运合同的一方当事人，负责组织全程多式联运，对全程运输享受承运人的权利，承担承运人的义务(《民法典》第838条)。

(2)经营人收到托运人交付的货物后，应签发多式联运单据。根据托运人的要求，该单据可以是可转让的，也可以是不可转让的(《民法典》第840条)。

(3)在多式联运中，货物毁损、灭失的，由多式联运经营人负损害赔偿责任(《民法典》第838、839、842条)。

(4)因托运人的过错致使多式联运经营人损失的，即使联运单据已经转让，托运人仍然应承担赔偿责任(《民法典》第841条)。

第十八章　保管合同

一、保管合同的概念和特点

(一)保管合同的概念

所谓保管合同,又称为寄存合同或寄托合同,是指保管人保管寄存人交付的保管物,并返还该物的合同。《民法典》第888条第1款对保管合同作了如上定义,同时该条第2款对“视为保管”的情形作了规定,即除当事人另有约定或另有交易习惯外,寄存人到保管人处从事购物、就餐、住宿等活动,将物品存放在指定场所的,视为保管。

保管合同可追溯到罗马法。在罗马法中,保管通常被称为寄托,包括一般寄托和特殊寄托两种。一般寄托是无偿的,标的物仅限于动产。由于在这种寄托中,受寄托人既不取得标的物的占有,更不能取得标的物的所有,故学者称之为“空虚占有”。特殊寄托包括必要寄托、变例寄托和争讼寄托。必要寄托是指在紧急危险中所成立的寄托;变例寄托是指以代替物为寄托的标的物,受寄托人可以消费该物而以同种类、同品质、同数量的物返还的寄托,如储蓄即为此例;争诉寄托是指因多人对某标的物产生争执,在就该标的物的诉讼终结前,保管人应当保管其至诉讼终结时,并根据裁判结果确定标的物所有人的寄托。作为大陆法代表的法国民法和德国民法,虽然对寄托的分类各有所不同,但总体上继承了罗马法的规定。

保管合同在近代以前,一般适用于一方为另一方保管物品的情形。后来,随着仓储业的发展,在各国民法中,仓储合同逐渐从传统的保管合同中分离出来,作为一种独立的合同形式。我国《经济合同法》只对仓储保管合同作了规定,而没有规定保管合同。《合同法》则遵循各国的通例,在分则部分,既专门规定了保管合同,也规定了仓储合同。《民法典》延续了这种立法方式。

(二)保管合同的主要特点

(1)保管合同的标的是保管行为,而不是保管物。保管合同中保管人的保管是对物的保管,即保管行为的对象是物,但保管合同当事人权利义务所共同指向的对象却不是物,而是保管行为。

(2)保管合同原则上是实践合同①。《民法典》第890条规定,除当事人另有约定的以外,保管合同自保管物交付时成立。

(3)保管合同既可以是无偿合同,也可以是有偿合同。在近代以前的传统民法中,保管合同一般是无偿的。在现代社会里,随着保管合同适用范围的不断扩大,特别是在商品流通领域的适用,民法并不否认保管合同的有偿性。当事人有权约定保管费用,有约定的,从约定。但是,法律并不鼓励保管合同的有偿性。当事人对保管费用没有约定或者约定不明的,视为无偿保管(《民法典》第889条)。由此可见,在保管合同有偿性和无偿性两者的关系上,我国采用的是以无偿为原则,以有偿为例外。

(4)保管合同既可以是双务合同,也可以是单务合同。当保管合同是有偿合同时,其为双务合同;反之则应当是单务合同。

二、保管合同当事人的主要义务

(一)保管人的主要义务

(1)妥善保管寄存物的义务。《民法典》第892条第1款明确规定:"保管人应当妥善保管保管物。"这是保管人最主要的义务。保管人妥善保管寄存物的义务具体包含以下几方面的内容:

第一,按照约定的保管方法和场所保管寄存物。当事人在保管合同中应当约定保管场所和方法,当事人约定了对寄存物的保管场所和方法的,除非在紧急情况下或为了寄存人的利益,保管人应当按照约定的保管场所

---

① 关于保管合同的实践性或诺成性问题,学界存有争议,各国立法的规定也不尽一致。多数国家规定为实践合同,也有规定为诺成合同的。从我国《民法典》的规定看,我国是以其实践性为原则,以诺成性为例外(除当事人约定自订立时成立的以外,保管合同自保管物交付时成立)。

和方法保管，不得擅自改变(《民法典》第 892 条第 2 款)。

第二，保管人应当亲自保管寄存物。保管合同是以保管行为为标的的合同，因而保管人的特定性对于保证保管质量具有重要意义。依此特定性，在保管合同的履行中要求保管人应当亲自实施保管行为，而不可擅自由他人替代。《民法典》第 894 条对此予以明确肯定：除当事人另有约定的以外，保管人不得将保管物转交第三人保管，否则，对保管物造成损失的，由保管人承担损失赔偿责任。

第三，保管人原则上不得使用保管物。保管合同既不是让与所有权的合同，也非让与使用权的合同，保管人只能临时取得保管物的占有权，而不能取得保管物的使用权，更不能取得保管物的所有权。但是，根据合同自由的原则，如果寄存人同意保管人使用或许可第三人使用的，法律也无须禁止。也就是说，根据保管合同的性质，原则上应禁止保管人使用或许可第三人使用保管物，但如果当事人另有约定的，可以从约定。《民法典》第 895 条对此已予以明确肯定，同时还规定：如果保管人使用或者许可第三人使用保管物的，都应向寄存人支付相应的使用费以作为对寄存人的补偿，其数额可比照该物的租金计算。

第四，保管人应当对保管物的安全尽必要的注意义务。在保管期间，因保管人保管不善造成保管物毁损、灭失的，保管人应承担损害赔偿责任。不过，在无偿保管的情况下，如果保管人能够证明自己没有故意或者重大过错的，不承担赔偿责任(《民法典》第 897 条)。

(2)交付保管凭证的义务。当寄存人将保管物交付给保管人保管时，为了证明双方之间已成立保管合同关系，并设定一个将来提取保管物的依据，最为简便且安全的方式就是由保管人向寄存人开具一份保管凭证。因此，在保管合同中，保管人应负担向寄存人交付保管凭证的义务。但是，由于保管合同在实践中非常复杂，而且保管合同有有偿和无偿之分，如果一概要求保管人必须开具保管凭证，则与实践不符。特别是在无偿保管和另有交易习惯的情况下，更是如此。为此，我国《民法典》同时又作了除外规定，即当另有交易习惯无须交付保管凭证的，保管人可以免除给付保管凭证的义务(《民法典》第 891 条)。

(3)危险通知的义务。危险通知义务是指于保管合同存续期间，当出现寄存物因自然原因或第三人侵害，可能使寄存物毁损、灭失的危险情形，或者由于第三人对保管物主张权利(包括对保管人提起诉讼或对保管物申请扣押的),有可能使保管人丧失对保管物的保管时,保管人应当及时通知寄存人。保管人未尽通知义务致使不能按时返还寄存物的,由保管人承担赔偿责任(《民法典》第 896 条)。

(4)返还寄存物的义务。由于保管合同并非转移财产所有权的合同,保管人对保管物所享有的只是有期限的占有和保管权。因此,在保管合同依法终止时,保管人当然应负担返还保管物的义务。《民法典》第 900 条即明确规定:"保管期间届满或者寄存人提前领取寄存物的,保管人应当将原物及其孳息归还寄存人。"

这里应注意几个问题:

第一,保管人应于何时返还的问题。根据《民法典》第 899 条的规定,保管人返还保管物的时间有以下几种情形:其一,无论保管合同是否约定了保管期限,寄存人均有权随时提取保管物。寄存人随时提取保管物的,保管人应随时向寄存人返还保管物。其二,保管合同约定了保管期限的,寄存人既可以在期限届满时提取保管物,也可以提前提取保管物,保管人都有义务返还保管物。约定了保管期限的,保管人无特别事由,不得要求寄存人提前提取保管物。其三,保管合同未约定保管期限或者对保管期限约定不明的,寄存人可以随时要求提取保管物,保管人也有权随时要求寄存人提取保管物。在这两种情况下寄存人提取保管物的,保管人都应返还保管物。

第二,返还保管物的地点问题。《民法典》对此未作专门规定。根据合同履行的基本规则,保管物为不动产的,不动产所在地为返还地;保管物为动产的,返还地应为保管地,即合同履行地。

第三,对返还的保管物的要求。根据《民法典》第 900 条的规定,保管人向寄存人返还的应当是保管的原物。原物有孳息的,还应一并返还原物的孳息。如果保管物是种类物,则保管人可以返还等量等质的种类物(《民法典》第 901 条)。

(二)寄存人的主要义务

(1)必要的告知义务。寄存人交付的保管物存在瑕疵或者依其性质应予以特别保管的(如易燃、易爆物品,易腐烂物品以及贵重物品等),寄存人应当适时如实告知保管人。寄存人未尽告知义务致使寄存物损失的，保管人不承担责任；保管人因此遭受损失的，除保管人知道但未采取补救措施的以外，有权要求寄存人赔偿损失（《民法典》第 893 条）。

（2）支付保管费。这里包括两种情况：其一，在有偿保管合同中，寄存人应按约定的数额和方式向保管人支付保管费，这里的保管费是保管人保管行为的对价，是报酬（《民法典》第 902 条）；其二，在无偿保管合同中，如果保管人保管、维护保管物需要或已经支出了必要的费用的，寄存人应当向保管人支付该费用，如果不需要或未支出费用的，则寄存人无支付保管费的义务。寄存人不履行支付保管费义务的，除当事人另有约定的以外，保管人有权依法留置保管物（《民法典》第 903 条）。

第十九章 仓储合同

一、仓储合同的概念和特点

(一)仓储合同的概念

仓储合同是指由保管人储存并保管存货人交付的仓储物,由存货人支付仓储费的合同。其中,双方当事人分别称为保管人和存货人,合同的标的物称为仓储物。

仓储合同的产生与发展是以仓储业的产生和发展为基础的。仓储业起源于中世纪欧洲沿海城市,其后,随着世界各地经贸往来的频繁,仓储业已发展为商品流通中的一个主要环节。在我国,现代的仓储业是改革开放以后才建立和发展起来的,呈现日益扩大的态势。我国《经济合同法》中规定有仓储保管合同,且国家还为此专门制定了《仓储保管合同实施细则》(1985年)。《合同法》将仓储保管合同分立为保管合同和仓储合同两种,《民法典》因应时代发展需要,亦采取此种立法模式。

(二)仓储合同的主要特点

(1)保管人的特定性。仓储合同的保管人依法应当是具有仓储设备的、从事保管业务的人(一般为法人组织,但也可以是非法人组织、个体工商户或合伙组织)。若储存易燃、易爆等危险物品的,保管人还应当具备相应的保管条件。

(2)仓储合同为双务合同、有偿合同。仓储合同的保管人负保管义务,而存货人为此支付仓储费。作为仓储交易的法律表现形式,仓储合同应当是双务性的有偿合同,而与仓储合同非常接近的保管合同则一般为无偿合同。

(3)仓储合同为诺成合同。在传统合同法中,仓储合同一直被认为是实践合同，甚至一度被作为实践合同的代表。但是，随着社会分工越来越细致，仓储业务越来越专业化和商品化，如果仍然坚持仓储合同的实践性，显然在很多情况下对保管人是不利的。为了公平地顾及双方当事人的利益，促进交易，应当确认仓储合同的诺成性，即在法律上确认仓储合同自当事人意思表示一致时成立。我国《民法典》第 905 条规定："仓储合同自保管人和存货人意思表示一致时成立。"

(4)仓储物必须是动产。不动产不能作为仓储物。

(5)仓单在仓储合同中具有重要意义。根据《民法典》第 910 条的规定，仓单是存货人主张仓储合同成立和要求提取仓储物的凭证。

二、仓单

仓单，是指由保管人在收到仓储物时向存货人签发的表明已收到一定数量仓储物、并作为提取仓储物凭证的法律文书。《民法典》第 908 条规定，存货人交付仓储物的，保管人应当出具仓单。

仓单在仓储保管合同中具有重要意义，它具有多种性质和功能。一般认为，仓单是有价证券、物权证券、要式证券、文义证券和自付证券①。仓单的性质和功能主要表现为：

(1)仓单是仓储合同凭证。它证明存货人交存了一定量的仓储物和保管人收到了一定数量的仓储物。

(2)仓单是提取仓储物的凭证。仓单持有人持仓单有权向保管人提取仓储物，保管人有义务向仓单持有人交付仓储物。从这点上看，仓单具有票据的性质，具有无因性的特点。

(3)仓单是仓储物所有权的凭证。在法律上，仓单持有人即推定为仓储物所有权人。基于这一功能，仓单可背书转让，即存货人或仓单持有人在仓单上背书并经保管人签名或者盖章的，可以转让提取仓储物的权利。

根据《民法典》第 909 条的规定，仓单主要记载以下事项：①存货人的名称或者姓名和住所；②仓储物的品种、数量、质量、包装及其件数和标记；

① 参见李少伟、张晓飞主编：《合同法》，法律出版社 2021 年版，第 364 页。

③仓储物的损耗标准；④储存场所；⑤储存期限；⑥仓储费；⑦仓储物办理保险的，其保险金额、期间以及保险人的名称；⑧填发人、填发地和填发日期。

三、仓储合同当事人的主要义务及责任

(一)保管人的主要义务及责任

(1)向存货人签发仓单的义务。存货人向保管人交付仓储物的，保管人应当向存货人签发仓单(《民法典》第 908 条)。

(2)对入库仓储物进行验收的义务及责任。保管人应当按照约定对入库仓储物进行验收。保管人验收时发现入库仓储物与约定不相符的，应当及时通知存货人。保管人验收后，发生仓储物的品种、数量、质量不符合约定的，保管人应当承担损害赔偿责任(《民法典》第 907 条)。

(3)根据存货人或仓单持有人的要求，同意其检查仓储物或提取样品(《民法典》第 911 条)。

(4)妥善保管仓储物的义务。储存期间，因保管人保管不善造成仓储物毁损、灭失的，保管人应当承担损害赔偿责任。因仓储物的性质、包装不符合约定或者超过有效储存期造成仓储物变质、损坏的，保管人不承担损害赔偿责任(《民法典》第 917 条)。

(5)及时通知义务。包括：第一，在验收入库仓储物时，发现与约定不符的，应当及时通知存货人；第二，在保管的过程中，发现仓储物变质或损坏时，应当及时通知存货人；第三，在保管过程中，发现仓储物变质或者有其他损坏，危及其他仓储物的安全和正常保管的，保管人应当及时通知存货人或仓单持有人作出必要的处置。因情况紧急，保管人也可以自己先行必要的处置，但事后应当将情况及时通知存货人或仓单持有人(《民法典》第 907、912、913 条)。

(6)期满返还仓储物的义务。有约定期限的，期满存货人或仓单持有人提取的，保管人应当允许提取；未约定期限的，为不定期，存货人可以随时提取，保管人可以随时要求提取，但应给对方必要的准备时间(《民法典》第 914 条)。

(二)存货人或仓单持有人的主要义务及责任

(1)危险品说明和提供资料的义务及责任。仓储物是易燃、易爆等危险品的,存货人应当向保管人说明该物品的性质,并提供有关资料,否则,保管人可以拒收仓储物或采取必要的措施,但其费用由存货人承担(《民法典》第906条)。

(2)根据保管人的通知,对变质、损坏的仓储物进行必要处置的义务(《民法典》第913条)。

(3)支付仓储费并按时提取仓储物。存货人或仓单持有人逾期提取的,应当加收仓储费;但提前提取的,不减收仓储费(《民法典》第915条)。储存期限届满,存货人或仓单持有人不提取的,保管人可以催告其在合理期限内提取;逾期不提取的,保管人可以提存仓储物(《民法典》第916条)。

第二十章　委托合同

一、委托合同的概念和特点

（一）委托合同的概念

委托合同，也称为委任合同，是指当事人所订立的约定由一方为另一方处理事务的合同。其中，委托他人处理事务的一方当事人称为委托人，接受委托为委托人处理事务的另一方称为受托人。

委托合同是一种较为古老的合同形式，早在两河流域的楔形文字法中就存在，后为罗马法以来的各国民法所继承。但在1900年《德国民法典》以前，一直没有区分委任与代理。《德国民法典》正式将两者区分开，我国《民法典》对此予以移植，分别在总则编和合同编专章规定代理和委托合同。

委托合同与委托代理的区别主要有：

第一，委托合同所确定和涉及的是委托人与受托人之间的内部权利和义务关系；委托代理不仅涉及代理人与被代理人的关系，而且涉及代理人与第三人的关系。

第二，委托合同因委托人与受托人意思表示一致而成立；委托代理之成立，除订立委托合同以外，还应有委托人的授权委托行为（签发授权委托书）。由此可见，委托合同是委托代理成立的基础条件之一。

第三，委托合同所涉及的委托事务范围既可以是民事法律行为，也可以是事实行为；委托代理的代理事务范围，根据《民法典》第161条的规定，则仅限于民事法律行为。因此，委托合同的委托事务范围较之委托代理的代理事务范围宽泛。

第四，委托合同的受托人既可以以委托人的名义处理事务，也可以以自己的名义处理委托事务；委托代理则一般应以被代理人（委托人）的名义实施代理行为。

(二)委托合同的主要特点

(1)委托合同是以当事人一方为另一方处理事务为目的和内容的合同。

(2)委托合同一般以当事人相互信任为基础。这是由委托合同的目的和内容决定的。在通常情况下,如果当事人双方相互不了解或不信任,是不会委托和接受委托处理事务从而成立委托合同的。

(3)委托合同的受托人既可以以委托人的名义处理事务,也可以以自己的名义处理委托人的事务。

(4)委托合同为诺成合同、不要式合同。从委托合同在实践中的应用来看,应赋予其诺成性,即当当事人对委托处理事务的主要内容意思表示一致时,就应认定该合同成立,而不能以当事人实际履行作为该合同的成立要件。另外,我国现行法律没有也不应规定委托合同的特定形式。委托合同应当是不要式合同,采用何种形式,可以由当事人自由决定。

(5)委托合同既可以是有偿合同,也可以是无偿合同,具体应视合同约定的内容而决定。因此,不能以合同未约定报酬而否认委托合同的成立。

二、转委托、重复委托和共同委托

(一)转委托

转委托是指受托人依法将受托事务的全部或部分再委托给第三人(亦称为次受托人)处理的一种委托形式(《民法典》第923条)。

关于转委托,应注意把握以下几个要点:

第一,由于委托合同一般是以人身信任为基础的,从法理上说,受托人应亲自处理委托事务,不能擅自将受托的事务转委托给第三人。但是,在紧急情况下或者是为了更好地处理委托事务,或者由于其他必要的原因并经委托人同意,受托人可以转委托。这是转委托存在的合理根据。

第二,无论转委托是否经过委托人的同意,受托人均应就其对次受托人的选任行为及转委托事务的指示行为向委托人负责。因此给委托人造成损失的，受托人应承担赔偿责任。

第三，转委托合同成立后，在委托人与次受托人之间产生直接的委托合同关系，委托人可以直接就委托事务向次受托人发出指示。在委托人与受托人对次受托人的指示发生冲突时，应以委托人的指示为准。次受托人可以向受托人要求报酬，也可以直接向委托人要求报酬。

（二）重复委托

所谓重复委托，也称为另委托，是指委托人将同一事务分别委托给两个或两个以上的不同的受托人处理，分别订立委托合同（《民法典》第931条）。

关于重复委托，应注意把握以下要点：

第一，重复委托表现为委托人将同一事务分别交给两个以上的受托人处理。如果委托人不是将同一事务，而是将不同的事务（即便是同种性质但不是同一的事务）交给两个以上的受托人处理，不属于重复委托。基于这一特性，重复委托表现为委托人与各不相同的受托人分别订立委托合同，形成委托关系。各不同的受托人之间不存在直接的法律关系。

第二，新设重复委托必须经过原受托人同意。这是因为重复委托会引起不同受托人之间处理委托事务的冲突，甚或造成受托人之间的不良竞争，损害受托人的利益。依此，未经受托人同意的重复委托在法律上应属无效。

第三，因重复委托给原受托人造成损失的，即使经过原受托人同意，委托人也应承担赔偿责任。

（三）共同委托

所谓共同委托，是指委托人委托两个以上的受托人共同处理同一委托事务而订立的合同（《民法典》第932条）。

关于共同委托应把握的要点是：

第一，共同委托最明显的特征是就同一事务而订立的同一委托合同中的受托人是多人而不是一人。这一点既不同于一般委托，也不同于重复委托。

第二，共同委托的共同受托人依合同对委托人享受连带权利，承担连带责任。共同受托人之间可以另行约定对委托事务处理权的行使方式和对委托人承担责任的方式，但其约定只能确定共同受托人的内部关系，而不能对抗委托人。

三、委托合同当事人的主要义务

（一）委托人的主要义务

（1）支付处理委托事务的费用。根据《民法典》第 921 条的规定，委托人向受托人支付处理委托事务费的方式应当是预付。但未预付而由受托人垫付的，并不影响委托合同的成立和效力。受托人垫付的，委托人除应偿付本金外，还应支付相应的利息。

（2）支付报酬。《民法典》第 928 条规定，受托人完成委托事务的，委托人应当向其支付报酬。因不可归责于受托人的事由，委托合同被解除或委托事务不能完成的，委托人应向受托人支付相应的报酬。但当事人另有约定的，从约定。

（二）受托人的主要义务

（1）处理委托事务。这是受托人最主要的义务。根据《民法典》第 923 条的规定，受托人处理委托事务应当做到：第一，按照委托人的指示处理。如果需要变更对委托人指示的执行的，应当经委托人同意。紧急情况下不能及时取得委托人同意的，受托人应本着诚信的原则先行妥善处理，但事后应及时告知委托人。第二，除依法可转委托的以外，受托人应亲自处理委托事务。

（2）报告委托事务的处理情况。《民法典》第 924 条规定，受托人应当按照委托人的要求，报告委托事务的处理情况。委托合同终止时，受托人应当报告委托事务的处理结果。

（3）向委托人移交处理委托事务的结果。委托合同的目的是委托受托人为委托人处理一定的事务，受托人处理委托事务的结果应归属于委托人。因此，作为委托合同当事人一方，受托人应负担在完成委托事务后将处理的结果移交给委托人的义务。这里的处理结果主要是指取得的财产，但并非完全限于财产。《民法典》第927条只规定了财产，不够全面。

(4)过错损害赔偿责任。根据《民法典》第929条的规定，过错损害赔偿的义务可以区分为三种情况：第一，在有偿委托合同中，受托人应对其一切过错给委托人造成的损失承担赔偿责任；第二，在无偿委托合同中，受托人只对因其重大过错和故意给委托人造成的损失承担赔偿责任，对于一般过错则不承担责任；第三，如果受托人超越权限处理事务造成委托人损失的，无论是有偿委托或无偿委托，也不区分受托人过错的程度，受托人均应承担损失赔偿责任。此外，共同受托人之间对委托人承担连带损害赔偿责任。

四、委托合同的终止

委托合同作为合同的一种，其终止应当符合合同终止的一般原理。但由于委托合同的特殊性，委托合同终止的原因也有不同于其他合同者。我国《民法典》具体规定了解除和因当事人变化而导致合同终止这两种委托合同终止的情形。

(一)委托合同的解除

《民法典》具体规定的委托合同解除与一般的合同解除相比，最为特别之处是赋予当事人双方任意单方解除权。《民法典》第933条规定："委托人或者受托人可以随时解除委托合同。因解除合同给对方造成损失的，除不可归责于该当事人的事由以外，无偿委托合同的解除方应当赔偿因解除时间不当造成的直接损失，有偿委托合同的解除方应当赔偿对方的直接损失和合同履行后可以获得的利益。"立法之所以作出这种规定，主要是因为委托合同是以当事人相互信任为基础的，如果任何一方对对方不再信任，则应赋予其立即解除合同的权利。但因此给对方造成损失的，应予赔偿，除非是因为不可归责于该当事人的原因。至于解除方的赔偿范围则因委托合同有偿或无偿而有所区别。

(二)委托合同因当事人变化而终止

根据《民法典》的有关规定，委托合同因当事人变化而终止具体有三种情形:第一,当委托合同的当事人为自然人时,因委托人或受托人死亡,委托合同自然终止;第二,因委托人或受托人丧失民事行为能力而终止;第三,当委托人或受托人为法人组织时,因委托人或受托人破产而终止。

另外,根据《民法典》第 935、936 条的规定,因委托人死亡、丧失民事行为能力或者破产致使委托合同终止将损害委托人利益时,在委托人的继承人、遗产管理人、法定代理人或者清算人接受委托事务之前,受托人应当继续处理委托事务。当受托人死亡、丧失民事行为能力或者破产时,受托人的继承人、遗产管理人、法定代理人或者清算人应当将其情况及时通知委托人。因委托合同终止将损害委托人利益的,在委托人作出善后处理之前,受托人的继承人、遗产管理人、法定代理人或者清算人应当采取必要的措施。

第二十一章　行纪合同

一、行纪合同的概念和特点

(一)行纪合同的概念

行纪合同,也称为信托合同①,是指行纪人以自己的名义为委托人从事商贸活动,由委托人支付报酬的合同。其中以自己的名义从事商贸活动的一方称为行纪人,支付报酬的一方称为委托人。

行纪合同是行纪商贸活动中委托人与行纪人之间所形成的协议,是行纪法律制度的重要组成部分。行纪合同较之委托代理出现得晚。在罗马时代,行纪尚未从委托代理中分离出来。直到15、16世纪时期,随着商业贸易的进一步发展,为了弥补委托代理的不足,才产生了独立的行纪人和行纪制度,也才出现了行纪合同。我国《民法典》将行纪合同区别于委托合同和代理行为而设专章单独规定。

(二)行纪合同的主要特点

(1)行纪合同以行纪人为委托人从事商贸活动为主要目的和内容。这里有两点要注意:其一,行纪合同中的行纪行为是以商贸为内容的,主要包括动产和有价证券的买卖;其二,行纪合同中的行纪人主要是为委托人从事商贸活动。虽然行纪人的行纪行为是有偿的,是营利性的,但行纪人是为委托人进行商贸活动的,行纪人行纪行为的后果最后应转移给委托人。

(2)行纪合同中的行纪人是以自己的名义从事商贸活动。在行纪中,行纪人与第三人进行交易是以自己的名义,而不是委托人的名义,行纪人

---

①　行纪合同虽然亦称信托合同,但是其不同于源于英美法的信托制度。信托合同是一种合同法律制度,委托物的所有权不发生转移;而信托是一种财产管理制度,委托财产的所有权转移。

无需告知第三人委托人的姓名及委托事项。

(3)法律对于行纪人具有资格限制。依各国法律,行纪人应当是经批准登记的专门从事行纪业务的人,而不是任意民事主体。

(4)行纪合同为诺成合同、双务合同、有偿合同和不要式合同。

二、行纪合同与委托合同

行纪合同与委托合同具有密切的联系,容易混淆。

首先,行纪合同与委托合同具有许多相似之处,如都属于提供劳务的合同,都是以一方为另一方办理委托事务为主要目的和内容,都以一定的人身信任为基础。

但是,行纪合同与委托合同也存在明显的区别,是两种不同的合同形式。其区别主要是:第一,行纪合同中的行纪人作为受托人办理的委托事务以商贸为内容;而委托合同中的委托事务范围十分广泛,不限于商贸内容。第二,行纪合同中的行纪人的主体资格受到法律的限制;而法律对委托合同中受托人的资格则无特别限制,只要是有相应民事行为能力的主体均可。第三,行纪合同中的行纪人是以自己的名义对第三人进行商贸活动,处理委托事务;而委托合同中的受托人可以以委托人的名义,也可以以自己的名义处理委托事务。第四,行纪合同为有偿合同;而委托合同可以是有偿合同,也可以是无偿合同。

三、行纪合同当事人的主要义务

(一)委托人的主要义务

(1)按照合同约定向行纪人支付报酬。这是委托人最主要的义务。委托人逾期不支付报酬的,除当事人另有约定外,行纪人对委托物享有留置权(《民法典》第959条)。

(2)及时受领或取回委托物。根据《民法典》第957条的规定,包括两种情况:一是对于委托行纪人买入的委托物,委托人应及时受领;二是对于委托行纪人应卖出而未能卖出或者委托人撤回卖出的委托物,委托人应及时取回。无论存在以上两种情况的哪一种，行纪人经催告而委托人仍然不及时受领或取回的，行纪人有权依法予以提存。

(二)行纪人的主要义务

(1)根据委托人的指示忠实地处理委托事务(进行商贸活动)。根据《民法典》第955条的规定，这里特别要强调两点：第一，虽然行纪人是以自己的名义处理委托事务，进行商贸活动，但必须接受并遵照委托人的指示；第二，行纪人应特别忠实于委托人关于价格的指示，否则，应承担损失赔偿责任。

(2)除合同另有约定的以外，自行负担处理委托事务的费用。《民法典》第952条规定，除当事人另有约定外，行纪人处理委托事务支出的费用，由行纪人负担。

(3)妥善保管和处置委托物。《民法典》第953条规定："行纪人占有委托物的，应当妥善保管委托物。"第954条规定："委托物交付给行纪人时有瑕疵或者容易腐烂、变质的，经委托人同意，行纪人可以处分该物；和委托人不能及时取得联系的，行纪人可以合理处分。"

(4)向委托人报告委托事务处理情况和移交委托事务处理结果。

第二十二章　中介合同

一、中介合同的概念和特点

(一)中介合同的概念

中介合同,是指当事人一方为另一方报告订约机会或者提供订立合同的媒介服务,而由另一方支付报酬的合同(《民法典》第961条)。其中报告订约机会或提供媒介服务的一方称为中介人,另一方称为委托人。

中介合同以中介行为为基础。中介行为是一种古老的商业行为,早在古希腊时代就有所记载。我国古代中介活动也比较发达,中介人被称作"牙侩""牙人""牙行""牙经""掮客"等。中介人的基本工作是居中为当事人双方提供交易信息或媒介服务并从中收取报酬。一般来说,在交通不发达和信息不畅通的时代,中介活动具有广泛的存在基础。但是,即使在交通和通信十分发达的现代社会,中介活动仍有存在的必要性和现实性。我国《民法典》合同编第二十六章对中介合同作了专门规定。

中介合同可以分为两种,即指示中介和媒介中介。指示中介又称为报告中介,是中介人仅为委托人报告订约机会的中介,至于合同的商谈由当事人自己完成。媒介中介是指中介人为委托人提供订约媒介服务的中介。所谓媒介服务,是指中介人在当事人之间进行斡旋和撮合,以促成当事人的交易。在民商分立的国家,指示中介由民法调整,媒介中介由商法调整,而在民商合一的国家则无此区分。根据我国《民法典》第961条的规定,中介包括指示中介和媒介中介,不作民商事的区分。

(二)中介合同的主要特点

(1)中介合同是以中介人居中为当事人提供订约机会或订约媒介服务为主要内容的合同。从这一点上看,中介合同既不同于委托合同,也不同于行纪合同。第一,中介人仅为委托人报告订约机会或提供订约媒介,并不参与委托人与第三人的关系;而在委托合同、行纪合同中,受托人或行纪人要以自己的名义或委托人的名义与第三人发生关系。第二,中介人为委托人办理的事务,无论是报告订约机会还是提供订约媒介服务,本身不具有法律意义;委托合同的受托人受托办理的事务一般都具有法律意义,而行纪行为只能是法律行为。第三,中介合同的中介人可以仅从委托人取得报酬,也可以同时从当事人双方取得报酬;而委托合同的受托人和行纪合同的行纪人只能从委托人取得报酬。第四,中介合同的中介人不负担将处理事务的结果移交给委托人的义务,而委托合同和行纪合同的受托人和行纪人则负有这项义务。

(2)中介合同为诺成合同、有偿合同、不要式合同。虽然按照中介合同的约定,中介人获取报酬通常是以完成中介行为并达到委托人的要求为条件,但从法理上说,中介合同的成立并不以交易的促成为合同成立的要件,中介合同应自委托人与中介人意思表示一致时成立。因此,中介合同应为诺成合同。中介合同作为一种独立的合同形式在现实生活中之所以能够存在,是因为中介人一般都是职业人,其通常是以从事中介活动为生计。因此,中介合同应为有偿合同,中介人在促成交易后有权从委托人处获取报酬。另外,从我国现有立法来看,并未对中介合同的形式作出特别规定,因此中介合同应为不要式合同,当事人采用口头形式或书面形式均无不可。

二、中介合同当事人的主要义务

(一)委托人的主要义务

(1)向中介人支付报酬。《民法典》第 963 条规定,中介人促成交易的,委托人应当按照约定支付报酬。合同对报酬未约定或约定不明的,由当事人协商确定或根据交易的惯例确定。依此仍不能确定的,根据中介人所付出的劳务合理确定。中介人提供媒介服务而促成合同订立的,由该合同的当事人平均负担中介人的报酬。

(2)支付必要的中介费用。这是指在中介人进行了中介行为但未促成合同交易的情形下，根据合同的约定，委托人无义务向中介人支付报酬，但由于中介人从事了一定的中介活动，付出了必要的中介费用，该费用应当由委托人支付。《民法典》第 946 条对此给予明确肯定："中介人未促成合同成立的，不得请求支付报酬，但是，可以按照约定请求委托人支付从事中介活动支出的必要费用。"

（二）中介人的主要义务

（1）如实报告义务。是指中介人应将其知悉的对于委托人与相对人订立合同有影响的有关事项和信用状况如实告知委托人。具体而言，在指示中介合同中，中介人应就自己所掌握的有关信息提供给委托人，并保证其信息的真实可靠性。在媒介中介合同中，中介人应当将了解的双方情况及斡旋的情况及时告知双方当事人。《民法典》第 962 条第 1 款对中介人的此项义务给予了规定："中介人就有关订立合同的事项应当向委托人如实报告。"根据该条第 2 款的规定，中介人故意隐瞒与订立合同有关的重要事实或者提供虚假情况，损害委托人利益的，不仅不得请求支付报酬，还应当承担赔偿责任。

（2）尽力的义务。是指中介合同订立后，中介人应当尽力促成交易。否则，中介人不能要求获取中介费。尽力的义务是合同法诚实信用原则的要求。

（3）中介费用承担义务。是指在中介人促成交易且已从委托人取得报酬的情况下，中介人从事中介活动的费用支出由中介人自己负担，而不得在取得报酬之外另行要求中介费。《民法典》第 963 条规定："中介人促成合同成立的，中介活动的费用由中介人负担。"

（4）隐名和保密义务。在媒介中介中，委托人或其交易的相对人指定中介人不得将其姓名或名称告知对方的，中介人则负有隐名义务，不得将委托人的姓名或名称告知对方。中介人在中介活动中获悉的有关商业秘密，以及委托人要求不得公开的其他信息，中介人应当保密。

第二十三章 物业服务合同

一、物业服务合同概述

(一)物业服务合同的概念

物业服务是指物业服务人根据业主的委托,在一定的物业服务区域内,对建筑物及其附属设施进行维修养护,并管理维护环境卫生和相关秩序的活动。物业服务合同是指由物业服务人为业主提供物业服务,由业主支付物业费的合同。

传统民法并未将物业服务合同作为一种有名合同对待,我国《合同法》也未规定该合同。随着我国住房市场的发展和物业管理制度的建立,在区分所有权的建筑物中,业主人数众多,公共事务繁复,专业化的物业服务成为一种典型、常见的交易类型。因而,《民法典》吸收了《物业管理条例》《物业服务纠纷解释》等相关规定的内容,将物业服务合同增补为一种有名合同。一般认为,将物业合同有名化具有加强业主的法律地位和权利保护、规范物业服务人作为受托人的地位和权利保障、将二者的权利义务固定并适当对业主倾斜的意义①。

(二)物业服务合同的主要特点

(1)物业服务合同是完成委托事务的合同,但是相较于一般的委托合同,物业服务作为一种委托事务具有管理性、稳定性和综合性的特征。物业服务的管理性并不是一种行政管理,而是民法上对于建筑物及其附属设施的管理,对于业主则表现为提供维修养护、环境卫生和相关秩序的各项

① 杨立新:《物业服务合同:从无名合同到典型合同的蜕变》,载《现代法学》2020 年第 4 期。

服务。物业服务通常具有较长的履行期限，合同的主体和内容相对稳定。物业管理服务的对象不仅包括物业本体即建筑物及其附属设施的事务，也包括物业服务区域内业主、物业使用人的事务，还包括业主团体委托的其他事务。这些事务具有综合性特征。

（2）物业服务合同的主体具有特定性。物业服务合同的一方当事人是业主，另一方当事人是物业服务人。业主是指物业服务区域内对专有部分享有所有权，对共有部分享有共有权和共同管理权利的人。物业服务人是按照合同约定或者法律规定向业主提供物业服务的主体，一般是物业服务企业，也可以是其他管理人。

（3）物业服务合同以物业服务人在物业服务区域内提供各项管理和服务为主要内容。具体包括三类：一是物业管理专项服务，如工程管理、治安保卫、消防安全、环境卫生等；二是物业管理特色服务，主要是特约服务和便民服务；三是当事人约定的其他物业经营管理服务。

（4）物业服务合同为诺成合同、双务合同、有偿合同和要式合同。

（三）物业服务合同的类型

根据合同成立方式的不同，物业服务合同可以分为两种类型：

其一，前期物业服务合同，是指建设单位与其选聘的物业服务人订立的，意在由物业服务人为业主提供物业服务的合同。其中，建设单位虽然是合同的订立主体，但并非物业服务关系的主体；而业主虽然未参与合同订立，但是受合同约束，享有权利并承担义务。前期物业服务合同具有过渡性，存在于物业建成后开始出售于业主至业主大会成立并选聘物业服务人订立物业服务合同之前的过渡时期。

其二，普通物业服务合同，即由业主与物业服务人订立的，约定由物业服务人为业主提供物业服务，由业主支付物业费的合同。这是物业服务合同主要的、常态化的类型。根据《民法典》第 940 条的规定，前期物业服务合同约定的服务期届满前，业主委员会或业主与新物业服务人订立物业服务合同生效的，前期物业服务合同终止。一旦业主更换了新的物业服务人，那么在新的物业服务合同生效时，前期物业服务合同效力立即终止。

二、物业服务合同当事人的主要义务

(一)物业服务人的主要义务

(1)亲自完成物业服务主要工作的义务。物业服务合同具有委托合同的特征,带有人身信赖的性质,因而物业服务人应当亲自完成物业服务的主要工作。物业服务人不得将全部物业服务转委托,或者肢解后分别转委托给第三人;对于物业服务区域内的部分专项服务事项,物业服务人可以将其委托给专业性服务组织或者其他第三人,但是应当就该部分专项服务事项向业主负责(《民法典》第 941 条)。

(2)妥善提供物业服务的义务。根据《民法典》第 942 条的规定,物业服务人负有如下义务:其一,按照约定和物业的使用性质,妥善维修、养护、清洁、绿化和经营管理物业服务区域内的业主共有部分;其二,维护物业服务区域内的基本秩序,采取合理措施保护业主的人身、财产安全;其三,对物业服务区域内的违法行为及时采取合理措施制止,向有关部门报告并协助处理。

(3)定期公开并报告的义务。物业服务人应当定期将服务的事项、负责人员、质量要求、收费项目、收费标准、履行情况,以及维修资金使用情况、业主共有部分的经营与收益情况等以合理方式向业主公开,并向业主大会、业主委员会报告(《民法典》第 943 条)。

(二)业主的主要义务

(1)支付物业费的义务。物业费是业主接受物业服务承担的对价。业主依约向物业服务人支付物业费是业主的最主要义务。物业服务具有一定的公共性特征,物业服务人已经按照约定和有关规定提供服务的,业主不得以未接受或者无需接受相关物业服务为由拒绝支付物业费。业主逾期不支付物业费的,物业服务人可以催告其在合理期限内支付;合理期限届满仍不支付的,物业服务人可以提起诉讼或者申请仲裁。但是,物业服务人不得采取停止供电、供水、供热、供燃气等方式催交物业费(《民法典》第 944 条)。

(2)重大事项的告知义务。一方面,业主装饰装修房屋的,应当事先告知物业服务人,遵守物业服务人提示的合理注意事项,并配合其进行必要的现场检查;另一方面,业主转让、出租物业专有部分、设立居住权或者依法改变共有部分用途的,应当及时将相关情况告知物业服务人(《民法典》第 945 条)。

三、物业服务合同的终止

(一)物业服务合同的解除

业主依照法定程序共同决定解聘物业服务人是共同法律行为。根据《民法典》第 278 条的规定,解聘物业服务人属于业主共同决定的事项,应当由专有部分面积占比三分之二以上的业主且人数占比三分之二以上的业主参与表决,而且应当经参与表决专有部分面积过半数的业主且参与表决人数过半数的业主同意。业主共同作出解聘的决议后,可以解除物业服务合同。依照《民法典》第 946 条的规定,决定解聘的,业主方享有单方解除权,但是除合同对通知期限另有约定外,应当提前 60 日书面通知物业服务人。业主方解除合同并不影响其承担违约责任,除不可归责于业主的事由外,业主解除合同造成物业服务人损失的,应当赔偿损失。

(二)续聘、拒绝续聘与物业合同的终止

续聘是指物业服务期限届满前,业主依法共同决定继续选聘原物业服务人提供物业服务的行为。续聘与解聘一样属于业主的共同法律行为,应当依《民法典》第 278 条的规定由业主共同决定。《民法典》第 947 条第 1 款规定:“物业服务期限届满前,业主依法共同决定续聘的,应当与原物业服务人在合同期限届满前续订物业服务合同。”对于业主的续聘,物业服务人可以同意续聘,也可以拒绝续聘。根据《民法典》第 947 条第 2 款的规定,物业服务人拒绝续聘的,除合同对通知期限另有约定外,应当在合同期限届满前 90 日书面通知业主或者业主委员会。物业服务人拒绝续聘的,物业服务合同到期后,双方当事人的权利义务终止。

(三)继续服务与不定期物业服务合同

根据《民法典》第948条第1款的规定,物业服务期限届满后,业主没有依法作出续聘或者另聘物业服务人的决定,物业服务人继续服务的,原物业服务合同继续有效,但是转变为不定期物业服务合同。根据不定期合同解除的一般规则,双方当事人可以随时解除不定期物业服务合同,但是应当提前通知对方。按照《民法典》第948条第2款的规定,当事人解除不定期物业服务合同的,应当提前60日书面通知对方。

(四)物业服务人的后合同义务及责任

基于诚信原则以及物业服务的特征,物业服务合同终止的,原物业服务人应当承担一定的后合同义务。若其违反后合同义务,则应当承担相应的法律责任。

(1)物业服务人的善后义务。第一,退出义务。物业服务合同终止的,原物业服务人应当在约定期限或者合理期限内退出物业服务区域。第二,交还义务。物业服务合同终止的,原物业服务人应当将物业服务用房、相关设施、物业服务所必需的相关资料等交还给业主委员会、决定自行管理的业主或者其指定的人。第三,配合交接义务。物业服务合同终止的,原物业服务人应当配合新物业服务人做好交接工作,并如实告知物业的使用和管理状况。原物业服务人违反前述义务的,不得请求业主支付物业服务合同终止后的物业费;如果造成业主损失的,还应当赔偿损失(《民法典》第949条)。

(2)交接前的继续服务义务。物业服务合同终止后,在业主或者业主大会选聘的新物业服务人或者决定自行管理的业主接管之前,原物业服务人应当继续处理物业服务事项。这是为了保证物业服务的连续性和稳定性。当然,原物业服务人在交接前的继续服务义务是有偿的,其有权请求业主支付该期间的物业费(《民法典》第950条)。

第二十四章　供用电、水、气、热力合同

供用电、水、气、热力合同属持续性或继续性供货合同，在传统民法上归入买卖合同之列。我国《民法典》将它们作为独立于买卖合同的一种合同作出了规定。

一、供用电、水、气、热力合同的概念和特点

(一)供用电、水、气、热力合同的概念

供用电、水、气、热力合同，是指供方向用方提供电、水、气、热力，用方为此向供方支付使用费的合同。在实践中，供用电、水、气、热力合同一般是分别以供用电合同、供用水合同、供用气合同和供用热力合同形式出现。

(二)供用电、水、气、热力合同的主要特点

(1)标的物的特殊性。供用电、水、气、热力合同的标的物是电、水、气、热力，电、水、气、热力的生产和保存与一般物存在明显区别。而且电、水、气、热力是生产和人们日常生活的必需品，在我国是被垄断供应的。基于电、水、气、热力的特殊性和重要性，我国有关法律对这种合同给予了较为严格的规制。

(2)属于继续性供货合同。电、水、气、热力的供应和使用具有连续性，因而其合同的履行具有连续性。因此，供用电、水、气、热力合同是继续性履行合同，属于继续性供货合同。

(3)在实践中采用格式合同形式。由于电、水、气、热力为生产和生活所必需，且为垄断供应，其使用主体具有广泛性和不特定性，故在实践中，供用电、水、气、热力合同一般采用格式合同形式，具有格式合同的特点。

二、供用电、水、气、热力合同当事人的主要义务

供用电、水、气、热力合同一般分别表现为供用电合同、供用水合同、供用气合同及供用热力合同。我国《民法典》仅对供用电合同进行了具体规定，而对其他三者则只规定参照供用电合同执行。出于篇幅的考虑，下面仅对供用电合同当事人的主要义务进行分析，其他三种合同当事人的主要义务参照供用电合同。根据《民法典》和《电力法》的相关规定，供用电合同当事人的主要义务如下：

（一）供电方的主要义务

（1）按照合同约定或国家规定的数量、质量、时间、方式，连续地、安全地向用电方供电。供电方未按约定或国家规定向用电方供电的，事后应补还少供的电力、电量，并支付违约金或赔偿金。属于供电方运行、操作责任事故造成用户停电的，供电方应按国家规定的标准进行赔偿。供电的电压、供电周率超出约定或国家规定的变动幅度或允许的偏差值的，供电方应按规定标准给予赔偿。供电方如因施工错误或由于供电方的责任导致高压供电线路断落连接到低压供电线路，造成用户用电设备烧毁时，应负责对该设备进行修复或根据实际情况给予合理赔偿（《民法典》第 651 条）。

（2）因故中断供电时的先行通知义务。供电方在因供电设施计划检修需要停电时，应当提前 7 天通知用户或进行公告。因供电设施临时检修需要停止供电时，供电方应当提前 24 小时通知重要用户。因发电、供电系统发生故障需要停电、限电时，供电方应当按照约定的限电序位进行停电或者限电，引起停电或者限电的原因消除后，供电方应当尽快恢复供电。

供电方对履行了通知义务的正当的停电、限电行为所造成的用户方的损失不负赔偿责任；未通知用电户中断供电，造成用电人损失的，应当承担赔偿损失的责任（《民法典》第 652 条）。

（3）抢修义务。因自然灾害等原因断电，供电人应当及时抢修，未及时抢修，造成用电人损失的，承担损害赔偿的责任。

（4）指导监督用电方节约用电、安全用电的义务。

（5）向公众供电的供电人，负有强制缔约义务，不得拒绝用电人合理的

订立合同要求(《民法典》第 648 条第 2 款)。

(二)用电方的主要义务

(1)安全、节约和计划用电的义务。由于电力供用具有系统性、网络性,任何一个用电人的行为都关系着整个供用电系统的安全,因此,《民法典》第 655 条规定用电方应当按照国家规定及合同约定安全、节约和计划用电,不得违法用电、违约用电。用电方违反规定或约定用电造成供电方损失的,应当承担损失赔偿责任。

(2)按照约定交付电费。用电方不按约定交付电费的,应当按照约定支付违约金。经供电方催告在合理期限内仍不支付的,供电方有权按照国家有关规定中止供电。但是,供电方中止供电前,应当事先通知用电人(《民法典》第 654 条)。

第二十五章　技术合同

一、技术合同概述

(一)技术合同的概念和特点

技术合同是指当事人就技术开发、技术转让、技术许可、技术咨询或者技术服务所订立的明确相互之间权利和义务的合同。

技术合同是我国《民法典》所规定的19种有名合同之一。《民法典》合同编在第二十章对技术合同作了专门规定。这些规定是我国现行调整技术合同关系最基本的法律。

作为一种独立的重要合同形式,技术合同具有如下主要特点:

(1)标的的无形性。技术合同的标的是技术,而技术体现为人类的智力成果,是一种无形财产,具有无形性特征。对于技术合同标的的确定,是通过当事人以语言文字描述的方式完成的,而不像买卖等合同的标的那样具有客观的具体的形态。这是技术合同最主要的特点。

(2)技术合同的履行大多涉及技术成果的权属问题,如专利申请权、专利权等。因此,对技术合同关系的调整,除合同法以外,还有相关的知识产权法。

(3)技术合同是双务合同、有偿合同。技术合同作为技术商品关系的表现,在法律上应定性为双务合同和有偿合同,即技术合同当事人双方须互负义务、互享权利,任何一方从对方取得利益,都须向对方支付相应的代价。至于技术合同的具体价款,则应由当事人在合同中约定。

(二)技术合同的形式和主要条款

对于技术合同的形式,《民法典》合同编第二十章第一节“一般规定”中未作统一规定,而是在第二节、第三节关于技术开发合同、技术转让合同和技术许可合同的规定中明确要求“应当采用书面形式”(《民法典》第851、863条)。但对于技术咨询合同和技术服务合同,《民法典》则未明确规定应当采用的形式。由此可见,对于技术合同,《民法典》未规定统一的形式要求。对于技术咨询合同和技术服务合同,考虑到其履行的灵活性,未设定书面形式要求,因而推定为既可以采用书面形式,也可以采用口头形式。对于技术开发合同、技术转让合同和技术许可合同,由于其履行的长期性和复杂性,《民法典》规定“应当采用书面形式”。这里的书面形式不应作为有效要件,而只应赋予其证据意义,将其看成立法者的提倡和强调。在实践中,如果当事人订立技术开发合同、技术转让合同或技术许可合同,未采用书面形式,但有充足的证据证明存在合同关系,则不应否认合同的成立和效力。

技术合同的主要条款,根据《民法典》第845条之规定,应当由当事人约定,一般应当包括以下条款:项目名称,标的的内容、范围和要求,履行的计划、地点和方式,技术信息和资料的保密,技术成果的归属和收益的分配办法,验收标准和方法,名词和术语的解释。与履行合同有关的技术背景资料、可行性论证和技术评价报告、项目任务书和计划书、技术标准、技术规范、原始设计和工艺文件以及其他技术文档,根据当事人的约定,也可以作为合同的主要内容。如果技术合同涉及专利的,合同中还应当注明发明创造的名称、专利申请人和专利权人、申请日期、申请号、专利号以及专利的有效期限。

(三)技术合同的基本类型

根据不同的标准,对技术合同可以作不同的分类。我国《民法典》所肯定并明确作出规定的技术合同只有五种基本类型:技术开发合同、技术转让合同、技术许可合同、技术咨询合同和技术服务合同。

技术开发合同是指当事人之间就新技术、新产品、新工艺、新品种和新材料及其系统的研究开发所订立的合同(《民法典》第851条)。

技术转让合同是合法拥有技术的权利人,将现有特定的专利、专利申请、技术秘密的相关权利让与他人所订立的合同(《民法典》第862条第1款)。

技术许可合同是合法拥有技术的权利人，将现有特定的专利、技术秘密的相关权利许可他人实施、使用所订立的合同（《民法典》第 862 条第 2 款）。

技术咨询合同是指当事人一方以技术知识为对方就特定技术项目提供可行性论证、技术预测、专题技术调查、分析评价报告等所订立的合同（《民法典》第 878 条第 1 款）。

技术服务合同是指当事人一方以技术知识为另一方解决特定技术问题所订立的合同。但是，属于承揽合同和建设工程合同的除外（《民法典》第 878 条第 2 款）。

二、技术开发合同

（一）技术开发合同的概念和特点

技术开发合同，是指当事人之间以新技术、新产品、新工艺、新品种和新材料及其系统的研究开发为目的所订立的合同。

技术开发合同是一种非常重要的技术合同。技术开发合同的基本特性表现在当事人利用已有的技术和设备对未知的领域进行探索，具有科学研究的基本特征。具体而言，技术开发合同具有如下主要特点：

(1)技术开发合同的标的具有创造性和新颖性。由于技术开发合同的订立和履行表现为当事人对未知领域的探索，具有科学研究的特征。因此，履行技术开发合同，取得技术开发成果的过程就是一个技术创造的过程，其标的应当是具有创造性的。依此而言，在订立合同时一切现有技术成果的转移或利用，不应属于技术开发的范围。另外，技术开发合同的标的还应具有新颖性，技术开发合同履行的成果应当是新技术、新产品、新工艺、新材料及其系统。作为新技术、新产品、新工艺、新品种和新材料及其系统，当然就要求其在技术上必须具有创新的成分和技术进步特征。如果仅仅是利用现有技术进行产品的制造、测试等，则不属于技术开发。但是，这里我们必须明确的是，技术开发合同中的“新”的新颖性不可等同于专利的新颖性要求。我们对技术开发合同中的“新”字应作相对理解，即它是相对于当事人而言的，只要在订立合同时对当事人来说是新的、未知的，就符合"新"的要求,就可以作为技术开发合同的标的,而并非要求其像专利一样,在国内或者在世界范围内是新的、未知的。

(2)技术开发合同一般均涉及开发的风险负担。这还是缘于技术开发合同对未知领域的探索性。当事人订立技术开发合同的目的是要开发取得新技术、新产品、新工艺、新品种或者新材料及其系统,但由于各种原因,这种开发可能成功,也可能失败。如果开发失败,就意味着当事人投入的损失,这就是技术开发合同的风险。因此,在订立技术开发合同时,当事人都应当对技术开发的风险负担作出约定。

(3)技术开发合同应当为诺成合同、双务合同、有偿合同。

(二)技术开发合同的基本类型

根据《民法典》的规定,技术开发合同的基本类型有两种:一是委托开发合同,二是合作开发合同。

1. 委托开发合同

委托开发合同是指当事人一方根据另一方的委托完成研究开发工作并向另一方交付研究开发成果,而由另一方支付报酬订立的合同。当事人双方分别称为委托人和研究开发人。

委托开发合同的主要特点是:由委托人提供研究经费和报酬,由研究开发人从事研究开发工作,研究开发工作成果一般约定由委托人享有。但如果合同未约定研究开发成果的专利申请权的,其申请专利的权利应由研究开发人享有,取得专利权的,委托人有权无偿使用。

2. 合作开发合同

合作开发合同是指当事人之间就共同进行研究开发工作而订立的合同。

合作开发合同的特点主要表现在四个"共"字,即:①当事人共同投入。包括资金、设备、场地等的投入。②当事人共同参与研究开发工作。这里的参与研究开发工作应当是实质性的参与其技术性的研究开发工作,而不能只是从事辅助性的工作。③当事人共享收益。合作研究开发的工作成果,根据约定,由当事人共同享有其权益。④当事人共担风险。即在合作开发合同中,应当约定对合作开发失败的风险由当事人合理分担。

(三)技术开发成果权益的归属

1.职务技术开发成果权益归属

确定技术开发成果权益的归属，首先应区分职务技术开发成果与非职务技术开发成果，并相应确定其权益的归属。

所谓职务技术开发成果，是指因执行法人或其他组织的工作任务，或者主要是利用法人或其他组织的物质条件所完成的技术开发成果。反之，则应属于非职务技术成果。对于职务技术开发成果，其使用权和转让权应当属于法人或其他组织。但由于职务技术成果毕竟包含了直接完成人的个人劳动，因此，有关法人或其他组织应对直接完成人以一定方式和物质予以奖励。在法人或其他组织转让职务技术成果时，完成人在同等条件下优先受让权。对于非职务技术成果，其权益应属于完成人或根据合同约定。

2.委托开发的技术成果权益归属

根据《民法典》第859条的规定，委托开发完成的发明创造，除当事人另有约定的以外，申请专利的权利属于研究开发人；研究开发人转让专利申请权的，委托人享有优先受让的权利；研究开发人取得专利权的，委托人有权免费实施该专利。《民法典》第861条规定，委托开发完成的技术秘密成果的使用权、转让权及利益分配办法，由当事人约定；当事人没有约定，依习惯又不能确定的，双方均有使用和转让权，但研究开发人不得在向委托人交付研究开发成果之前，将研究开发成果转让给第三人。

3.合作开发的技术成果权益归属

《民法典》第860条规定，合作开发完成的发明创造，除当事人另有约定的以外，申请专利的权利属于合作开发的当事人共有。当事人一方转让其共有的专利申请权的，其他各方享有优先受让权，当事人一方声明放弃共有专利申请权的，可以由另一方单独申请或其他各方共同申请；申请人取得专利权的，放弃申请权的一方有权免费实施该专利。合作开发的当事人中任何一方不同意申请专利的，其他方不得申请。对于合作开发完成的技术秘密成果的权属，由当事人约定，没有约定或约定不明且不能依习惯确定的，合作各方均分别享有使用和转让的权利。

(四)技术开发的风险负担

如前所述,技术开发合同具有风险性特点。所谓技术开发的风险,是指在技术开发合同履行的过程中,因出现无法克服的技术困难致使研究开发失败或部分失败所导致的损失。

根据《民法典》的有关规定,技术开发的风险负担规则应当是:首先,根据合同自由原则,由当事人在合同中约定风险的负担。在委托开发合同中,既可以约定由任何一方负担,也可以约定由当事人双方按一定比例或一定数额负担。在合作开发合同中,根据其共担风险的性质,应约定由当事人各方共担,可以约定其分担的比例或数额。其次,在合同未约定或约定不明且不能事后协商确定的情况下,应当根据合同的性质、投入和享有收益的大小等,由当事人合理分担。最后,当事人均负有风险损失的减损义务。《民法典》第858条第2款规定,任何一方当事人在发现存在研究开发风险情形时,应当立即通知其他方当事人并采取适当措施减少风险损失。未尽及时通知和减损义务致损失扩大的,该当事人对扩大的损失承担责任。

三、技术转让合同与技术许可合同

(一)技术转让合同

1.技术转让合同的概念和特点

技术转让合同,是指当事人之间就专利技术转让、专利申请权转让、技术秘密转让而订立的明确相互权利义务的协议。

技术转让合同也是最为重要的技术合同种类之一,在实践中应用非常广泛。

技术转让合同的主要特点可以概括为:

(1)技术转让合同的标的应为现有的技术成果。尚未研究开发出的技术成果不能作为技术转让合同的标的。

(2)技术转让合同的标的应是相对成熟、相对完整的技术或技术方案。一般来说,已完成工业化的技术成果(即已成熟的技术成果),是可以转让的。尚未完成工业化但已经过中试的技术,经过受让人同意,也可以作为技术转让合同的标的。

(3)通过技术转让合同转让的只是财产性权益,而不包括人身权益。这是因为技术转让合同转让的是技术成果,而技术成果一般既包含有财产权益,也包含有人身性权益。财产性权益是可以脱离人身而转让的,但具有知识产权性质的人身性权益是不能转让的。因此,技术转让合同转让的只是财产权益,而不包括人身权益。

(4)技术转让合同为诺成合同、双务合同、有偿合同。

2.技术转让合同的基本类型

根据《民法典》第863条第1款的规定,技术转让合同包括三种基本类型:专利权转让合同、专利申请权转让合同、技术秘密转让合同。

专利权转让合同,是指当事人一方将其专利所有权或持有权转让给另一方,由另一方支付相应的价款而订立的合同。

专利申请权转让合同,是指当事人一方将其发明创造申请专利的权利转让给另一方,由另一方支付相应的价款而订立的合同。

技术秘密转让合同,是指当事人一方将其拥有的技术秘密提供给另一方使用,由另一方支付相应的使用费而订立的合同。

(二)技术许可合同

1.技术许可合同的概念和特点

技术许可合同,是指合法拥有技术的权利人,将现有特定的专利、技术秘密的相关权利许可他人实施、使用所订立的合同。其中,合法拥有技术的权利人称为权利人或许可人,经许可实施、使用特定权利的人称为被许可人。

与技术转让合同一样,技术许可合同标的应为现有的技术成果,是相对成熟、相对完整的技术或技术方案;技术许可合同只是转让财产性权益,不包括人身权益;技术许可合同也是诺成合同、双务合同、有偿合同。

但是,相较于技术转让合同的转让人将技术的权利本体转让给受让人,技术许可合同只是将实施、使用技术的权利转移给对方,许可人保留了技术的权利本体。

2.技术许可合同的基本类型

根据《民法典》第863条第2款的规定,技术许可合同包括专利实施许可合同和技术秘密使用许可合同。

专利实施许可合同，是指专利权人或者其授权的人许可被许可人在约定的范围内实施专利技术，被许可人支付使用费的合同。根据《民法典》第865条的规定，专利实施许可合同仅在该专利的存续期限内有效，专利权有效期限届满或者专利权被宣告无效的，专利权人不得就该专利与他人订立专利实施许可合同。

专利实施许可合同，根据其实施专利的范围不同，又可以分为三种：(1)独占实施许可合同，是指专利权人许可被许可人在一定范围内实施其专利后，不仅排除任何第三人在同一范围内实施该专利，而且也排除专利权人在同一范围内实施该专利的合同；(2)排他实施许可合同，是指专利权人许可被许可人在一定范围内实施其专利后，不得再许可任何第三人在同一范围内实施，但保留专利权人自己实施该权利的合同；(3)普通实施许可合同，是指专利权人许可受让人在一定范围内实施其专利，同时还可以许可任何第三人在同一范围内实施该专利，而且专利权人也可以在同一范围内实施该专利的合同。

技术秘密使用许可合同，是指许可人将其拥有的技术秘密许可被许可人使用，由被许可人支付使用费的合同。

(三)技术转让合同与技术许可合同当事人的主要义务

权利人(转让人或许可人)的主要义务:第一，权利瑕疵担保义务。权利人应当保证自己是所提供的技术的合法拥有者。因为权利人负担这项义务，故受让人或许可人按照约定使用技术秘密、实施专利而侵害他人合法权益的，除当事人另有约定的以外，由权利人承担责任；第二，保证提供的技术完整、无误、有效，能够达到合同约定的目标；第三，必要的保密义务；第四，向受让人或被许可人提供必要的相关的技术资料和技术指导；第五，不得限制技术竞争和技术技术发展。

受让人或被许可人的主要义务:第一，按照约定向权利人支付价款或使用费。这是受让人或被许可人最主要的义务；第二，按照合同约定的范围和方式使用或实施，不得擅自再转让或再许可；第三，必要的保密义务；第四，不得限制技术竞争和技术发展。

四、技术咨询合同与技术服务合同

(一)技术咨询合同

1. 技术咨询合同的概念和特点

技术咨询合同是指当事人一方就特定的技术项目提供可行性论证、技术预测、专题技术调查、分析评价报告等，由另一方支付报酬所订立的合同。技术咨询合同的双方当事人分别称为委托人与受托人。

技术咨询合同的特点主要是，技术咨询合同的标的是技术性的咨询服务，其形式表现为就特定的技术项目提供可行性论证、技术预测、专题技术调查和分析评价报告等。它既不同于为解决特定的技术问题的技术服务合同，也不同于技术开发、技术转让以及人员培训或工程设计等。技术咨询合同应当为诺成合同、双务合同、有偿合同。

2. 技术咨询合同当事人的主要义务

委托人的主要义务：第一，按照合同的约定阐明咨询的问题，以便受托人明了其咨询的项目和要求。第二，按照合同的约定向受托人提供技术背景材料及有关的技术资料、数据，为受托人进行咨询工作提供必要的基础条件。第三，按期接受受托人完成的工作成果。第四，按照合同的约定向受托人支付咨询报酬。向受托人支付咨询报酬应当是委托人最主要的义务。

受托人的主要义务：第一，按照合同约定向委托人交付咨询报告。这是受托人最主要的义务。第二，保证咨询报告的真实性。根据《民法典》第881条第3款的规定，只要受托人提交的咨询报告符合合同的约定，是真实的，则受托人对委托人使用咨询报告的后果不负责任。

(二)技术服务合同

1. 技术服务合同的概念和特点

所谓技术服务合同，是指当事人一方以技术知识为另一方解决特定技术问题所订立的合同。其中以技术提供服务的一方称为受托人，要求并接受技术服务的一方称为委托人。

技术服务合同的特点主要表现为其技术服务性。技术服务合同的基本内容表现为受托人用自己所掌握的技术为委托人解决特定的技术问题。它既不是要转移一定的技术，也不是许可另一方使用技术，也无需向委托人提交咨询、检测或论证等报告，而是由受托人自己使用技术解决委托人所遇到的某特定技术问题。因此，技术服务合同的受托人通常应是具有相应专业技术或专业技能的人。

2. 技术服务合同当事人的主要义务

委托人的主要义务：第一，按照合同的约定为受托人提供工作条件；第二，履行必要的协助义务；第三，按期接受技术服务成果并向受托人支付报酬。

受托人的主要义务：按照合同约定的时间、质量完成技术服务工作，为委托人解决要求的技术问题。必要时受托人还应向委托人传授解决技术问题的知识。

第二十六章 融资租赁合同

一、融资租赁合同的概念和特点

（一）融资租赁合同的概念

所谓融资租赁合同，根据《民法典》第 735 条规定，是指出租人根据承租人对出卖人、租赁物的选择，向出卖人购买租赁物提供给承租人使用，由承租人支付租金的合同。

融资租赁交易的基本内容表现为：由承租人向出租人指定租赁物及其出卖人，由出租人出资向出卖人购买租赁物并提交给承租人使用，由承租人向出租人支付租金，合同期满时，由承租人购买租赁物残值或者将租赁物返还给出租人。其中，出租人一般为专业的融资租赁公司，租赁物出卖人称为供应商。

融资租赁合同存在的意义主要是：使欠缺资金的承租人通过租赁的形式可以占有并使用其急需的生产经营设备，从而达到融通资金、激活流通、促进生产的效果。基于此，我国《民法典》将融资租赁合同作为一种独立的重要的有名合同进行规定。

（二）融资租赁合同的主要特点

（1）融资租赁合同以租赁为主体，兼有融资和买卖的性质。从上述融资租赁交易的基本内容可以看到，融资租赁在本质上是租赁。但融资租赁又并非单纯的租赁，它是以向承租人融资的形式并以存在买卖合同为条件而实现的租赁。这是融资租赁合同最主要、最关键的特点。由于这一特点，融资租赁合同不仅有承租人和出租人双方当事人，还涉及第三人供应商；不仅有租赁合同，还包括买卖合同。这一特点将融资租赁合同与一般的租赁合同及买卖合同区别开来。

(2)融资租赁合同为诺成合同、要式合同。融资租赁合同经当事人意思表示一致即成立,而并非以租赁物或租金的实际交付为条件。因此,融资租赁合同应为诺成合同。另根据《民法典》第736条规定,融资租赁合同应当采用书面形式。从融资租赁合同的实践看,由于融资租赁合同的订立和履行均比较复杂,且涉及金额比较巨大,因此,当事人未采用书面形式的,该合同应确定为无效。融资租赁合同为要式合同。

(3)融资租赁合同为双务合同、有偿合同。

二、融资租赁合同当事人的主要义务

(一)承租人的主要义务

(1)按时接受出卖人交付的标的物。在融资租赁合同中,租赁物并不是出租人已有的现物,而是由出租人向出卖人(供应商)购买的,并且一般也不是由出卖人向出租人交付,而是由出卖人直接向承租人交付。因此,为了保证融资租赁合同顺利的履行,承租人应当按合同的约定及时接受出卖人交付的租赁物。

(2)支付租金。融资租赁合同作为双务、有偿的租赁合同而非买卖合同,承租人的最基本、最主要的义务就是向出租人支付取得租赁物使用权的对价。这一对价在性质上不是价款,而是租金。融资租赁合同租金的数额比一般租赁合同的租金要高。关于其具体数额和支付方式,合同应予以约定(《民法典》第752条)。

(3)妥善保管、使用和维修租赁物的义务。根据融资租赁合同,租赁物由承租人占有使用,承租人应当妥善保管、使用租赁物。当租赁物出现损耗需要维修时,承租人应负担必要的维修义务(《民法典》第750条)。

(4)因租赁物致人损害的赔偿责任。在融资租赁的情形下,租赁物是由承租人选择决定的,承租人对物负有管理、维修的义务,而出租人并不负责租赁物的管理、维修,也不对租赁物使用或收益。所以,对于租赁物在承租人占有期间造成第三人的损害,出租人不承担责任,而应由承租人承担责任。

(5)合同终止时返还租赁物的义务。出租人和承租人可以约定租赁期限届满租赁物的归属，对合同终止后租赁物的归属没有约定或约定不明的，根据《民法典》第510条仍不能确定的，租赁物应归属于出租人（《民法典》第757条）。当事人约定租赁期限届满租赁物归出租人所有，因租赁物毁损、灭失或者附合、混合于他物致使承租人不能返还的，出租人有权请求承租人给予合理补偿（《民法典》第758条第2款）。

（二）出租人的主要义务

（1）按照承租人的要求订立买卖合同购买租赁物。出租人应当按照承租人对出卖人、租赁物的选择购买租赁物，以实现融资租赁。购买租赁物，这本是融资租赁关系发生的前提，但从融资租赁合同的整体上看，按照承租人的选择和要求购买租赁物，是出租人的一项义务（《民法典》第744条）。

（2）保证承租人对租赁物的占有和使用。出租人无正当理由收回租赁物，妨碍承租人对租赁物的占有、使用，因出租人的原因致使第三人对租赁物主张权利的，或者出租人有不当影响出租人占有使用租赁物的其他情形的，承租人有权要求出租人赔偿损失（《民法典》第748条）。

（3）协助承租人向出卖人索赔的义务。《民法典》第741条规定："出租人、出卖人、承租人可以约定，出卖人不履行买卖合同义务的，由承租人行使索赔的权利。承租人行使索赔权利的，出租人应当协助。"若出租人、出卖人、承租人在买卖合同中规定出租人负责就标的物不合约定条件向出卖人索赔，则出租人于出卖人交付的标的物不合约定条件时有向出卖人索赔的权利和义务。

（4）例外情况下的租赁物瑕疵担保义务。融资租赁的出租人对于标的物瑕疵不负担保义务，在合同中一般有对出租人"瑕疵担保免责特约"的条款（民法典第747条）。但在例外的情形下，出租人的瑕疵担保义务不能免除，即使当事人之间有此特约也无效。主要的例外情况包括：①由出租人选择决定标的物，但如果出租人仅是向承租人介绍、推荐出卖人和标的物而实际上由承租人自己作出选择决定的，免责特约仍有效；②出租人干预选择租赁物；③出租人明知租赁标的物有瑕疵而不告知或者因重大过失而不知有瑕疵；④出租人与出卖人之间有密不可分的关系；⑤因当事人间的约定使承租人不能或者无法直接向出卖人行使索赔的权利。

(三)出卖人的主要义务

(1)向承租人交付标的物。根据《民法典》第739条的规定,这是出卖人最主要的义务。出卖人作为买卖的一方当然负有按照约定的时间、地点、方式、期限等交付标的物的义务,并且在融资租赁中出卖人交付标的物是其收取价款的前提。

(2)标的物瑕疵担保义务。出卖人依买卖合同与出租人发生关系,出卖人根据买卖合同应当对其交付的标的物承担瑕疵担保义务。如前所述,融资租赁合同的租赁物不是由出租人直接向承租人交付,而是由出卖人直接向承租人交付。因此,在融资租赁合同中,当事人可以约定由出卖人直接向承租人负担该项义务。在出卖人交付的标的物不符合合同的约定时,承租人得请求出卖人承担瑕疵担保责任。

第二十七章　保理合同

一、保理合同概述

（一）保理合同的概念

保理合同，根据《民法典》第761条的规定，是指应收账款债权人将现有的或者将有的应收账款转让给保理人，保理人提供资金融通、应收账款管理或者催收、应收账款债务人付款担保等服务的合同。

保理是保付代理的简称，实践中也被称为代理融通或者应收账款承购。相较于传统合同而言，保理合同在我国属于新型合同，有利于缓解中小企业融资难、融资贵的问题，优化营商环境。因而，《民法典》将保理合同增补为有名合同，以适应我国保理行业发展的需要。

（二）保理合同的主要特点

（1）保理合同的主体具有限定性，一方是应收账款债权人，另一方是保理人，同时也涉及应收账款债务人。保理合同的主体均为从事市场经营活动的商事主体，并且保理人必须是经过有关部门批准，专门从事保理业务的商业银行或者商业保理公司。

（2）保理合同以应收账款转让为基础要素。应收账款本质上是经营活动中产生的金钱债权，是指债权人因其向债务人销售商品、提供劳务等经营活动所应当收取的款项，依会计准则包括价款以及垫付的包装费、运杂费等相关费用。根据《民法典》第761条的规定，作为转让标的的应收账款不限于现有的应收账款，也包括将有的应收账款。保理关系以应收账款转让为前提和核心，故保理合同规范的重心在于应收账款债权让与的一般规范①。

---

① 参见李宇：《保理合同立法论》，载《法学》2019年第12期。

《民法典》第769条规定，保理合同没有规定的，适用合同编债权转让的有关规定。

（3）保理合同属于混合合同，是应收账款转让与资金融通、应收账款管理、应收账款催收、应收账款债务人付款担保等至少一项服务相互结合而成的合同。其中，资金融通即融资服务，包括贷款和预付款；应收账款管理是指保理人为债权人提供关于应收账款回收、逾期的情况，并协助其进行应收账款的财务管理；应收账款催收是指保理人以民事方法对债务人施加压力，使其积极履行债务，以收回应收账款；应收账款债务人付款担保是指保理人在债务人的核定信用额度内，就约定的债务人应付款项对债权人提供担保。

（4）保理合同为双务合同、有偿合同、诺成合同、要式合同。

（三）保理合同的类型

根据不同标准，保理合同可以划分为不同的类型：以是否涉外为标准，保理可以区分为国际保理和国内保理；以开展保理业务的保理人为标准，保理合同可以区分为银行保理和商业保理；以保理人的个数为标准，保理可以分为单保理和双保理；以是否将应收账款转让的事实通知债务人，保理可以分为公开型保理（明保理）和隐蔽型保理（暗保理）；以保理是否为融资服务为标准，保理合同可以分为融资性保理和非融资性保理；以保理的融资服务范围为标准，保理合同可以进一步分为完全保理和不完全保理；以保理人对债权人是否享有追索权为标准，保理可以分为有追索权保理（回购型保理）和无追索权保理（买断型保理）。我国《民法典》主要对有追索权保理和无追索权保理进行了规范。

有追索权保理，是指当事人在合同中约定保理人仅向债权人提供资金融通、应收账款管理或者催收等服务，但是不负担为债务人付款提供担保义务的保理类型。保理人的追索权一般通过在合同中订立回购条款实现，因而也被称为回购型保理。在有追索权保理中，保理人可以向应收账款债权人主张返还保理融资款本息或者回购应收账款债权，也可以向应收账款债务人主张应收账款债权。保理人向应收账款债务人主张应收账款债权，在扣除保理融资款本息和相关费用后有剩余的，剩余部分应当返还给应收账款债权人（《民法典》第766条）。

无追索权保理，是指当事人在合同中约定保理人在为债权人提供资金融通、应收账款管理或者催收等服务后，无权对债权人追索，由保理人承担债务人拒绝付款或者不能付款风险的保理类型。需要注意的是，无追索权保理只是当事人约定作出的交易安排，并不是在任何情况下保理人均不能对债权人进行追索。若债权人有明显的欺诈行为或者因为不可抗力等非因债务人资信原因造成的应收账款无法收回的，保理人可以向债权人追索。在无追索权保理中，保理人应当向应收账款债务人主张应收账款债权，保理人取得超过保理融资款本息和相关费用的部分，无需向应收账款债权人返还(《民法典》第 767 条)。

二、保理合同的主要内容

(一)保理合同的一般条款

保理合同作为混合合同，内容相对专业和复杂，因而有必要通过立法明确保理合同的一般条款。《民法典》第 762 条规定："保理合同的内容一般包括业务类型、服务范围、服务期限、基础交易合同情况、应收账款信息、保理融资款或者服务报酬及其支付方式等条款。"当然，该条对于保理合同内容的规定只是明确保理合同的主要结构和关键条款，属于指导性的任意性规范，而不是强制性规范，当事人可以自由约定保理合同的具体内容。

(二)保理合同当事人的主要义务

应收账款债权人的主要义务：第一，按照约定将现有的或将有的应收账款转让给保理人；第二，约定有追索权保理的，根据保理人的请求返还保理融资款本息或者回购应收账款债权。

保理人的主要义务：第一，按照约定为应收账款债权人提供资金融通、应收账款管理或者催收、应收账款债务人付款担保等服务；第二，保理人向应收账款债务人发出应收账款转让通知的，应当表明保理人身份并附有必要凭证(《民法典》第 764 条)；第三，约定有追索权保理的，保理人向应收账款债务人主张应收账款债权，在扣除保理融资款本息和相关费用后有剩余的，剩余部分应当返还给应收账款债权人。

(三)保理人的权利保护规则

基于保理业务的特殊性质,《民法典》对虚构应收账款、基础交易合同无正当理由变动和多重保理情形下,如何保护保理人的权利作了明确规定。

(1)虚构应收账款不能对抗善意的保理人。应收账款债权人与债务人虚构应收账款作为转让标的,与保理人订立保理合同的,构成保理欺诈。在此情形下,根据《民法典》第763条的规定,除保理人明知虚构的外,应收账款债务人不得以应收账款不存在为由对抗保理人。保理合同具有独立性,即使保理所依据的基础交易合同不真实,保理合同仍然有效。这样规定有利于打击保理欺诈,保护保理人的合法权益。但是,保理人明知应收账款为虚构的情形下,保理人不具有善意,法律无需特别保护保理人,债务人可以应收账款不存在为由对抗保理人。

(2)基础交易合同无正当理由变动不能对抗保理人。虽然保理合同具有独立性,但是基础交易合同是应收账款的来源,其变动必然会导致保理合同的变动,进而对保理人的权益产生影响。因而,《民法典》第765条规定:"应收账款债务人接到应收账款转让通知后,应收账款债权人与债务人无正当理由协商变更或者终止基础交易合同,对保理人产生不利影响的,对保理人不发生效力。"根据该规定,基础交易合同无正当理由变动对保理人不发生效力应当符合以下条件:其一,基础合同变动发生在应收账款债务人接到应收账款转让通知后;其二,基础交易合同变动须为债权人与债务人协商变更或终止;其三,基础交易合同变动没有正当理由;其四,基础交易合同变动须对保理人产生不利影响。

(3)多重保理中保理人取得应收账款的优先顺序。多重保理,是指应收账款债权人就同一应收账款订立多个保理合同,致使多个保理人主张权利的情形。为避免"一账多转"带来的保理合同履行风险,根据《民法典》第768条的规定,多重保理中,各保理人取得应收账款的优先顺序规则为:已经登记与未登记的保理合同并存时,已经登记的保理人优先于未登记的保理人取得应收账款;保理合同均已经登记的,保理人按照登记时间的先后顺序取得应收账款;保理合同均未登记的,由最先到达应收账款债务人的转让通知中载明的保理人取得应收账款;保理合同既未登记也未通知的,各保理人按照保理融资款或者服务报酬的比例取得应收账款。

第二十八章　建设工程合同

一、建设工程合同的概念和特点

(一)建设工程合同的概念

建设工程合同,也称为基本建设工程合同或基本建设工程承包合同,是指由承包人进行工程建设,由发包人支付价款的合同(《民法典》第788条)。

在传统民法中,建设工程合同是作为承揽合同的一种,这是因为它具有承揽合同的基本特征,如标的为完成的一定的工作成果,具有诺成、双务、有偿等特性。但是,随着合同分类的不断细化,在现代合同法中,建设工程合同由于其自身的一些特点,被从传统的承揽合同中分离出来,作为一种独立的合同种类。我国《民法典》即采取这一做法,在规定了承揽合同的同时,又独立规定了建设工程合同。

(二)建设工程合同的主要特点

(1)承包人的主体资格受到严格的法律限制。根据《建筑法》第13条规定,作为建设工程合同的承包人,应当是具备法定条件和相应资质等级的获得许可的法人组织。对于发包人,主要应为法人组织,但在市场经济社会里,不排除其他组织和自然人作为发包人。

(2)其标的为建设工程项目,并非一般的加工定作物。这一点是建设工程合同与承揽合同的最主要区别。

(3)国家对建设工程合同实行较为严格的监管。这是由其标的大、履行复杂、影响广决定的。监管的内容主要有:第一,国家制定了《建筑法》等一系列法律、法规进行调控和规范;第二,对其订立形式、程序有较为严格的规定和要求;第三,对其履行和验收有较为严格的强调和规定;第四,提倡实行工程监理制。《民法典》第796条规定，建设工程实行监理的，发包人应当与监理人采用书面形式订立委托监理合同。发包人与监理人的权利义务及法律责任，应当按照《民法典》合同编有关委托合同的规定及其他有关法律、法规的规定执行。

二、建设工程合同的基本类型

根据《民法典》第788条的规定，建设工程合同的基本类型为三种，即建设工程勘察合同、建设工程设计合同和建设工程施工合同。

建设工程勘察合同，是指发包人与承包人就建设项目的地理、地貌、水文等地质状况进行勘察而订立的明确相互权利、义务的合同。其中，承包人必须是具有法定资格的勘察单位(《民法典》第794条)。

建设工程设计合同，是指发包人与承包人就建设项目的设计而订立的明确相互权利义务关系的合同。国家对建设工程的设计人的资格是有明确的严格的限定的(《民法典》第794条)。

建设工程施工合同，是指发包人与承包人就建设项目的建筑、施工而订立的明确相互权利义务的合同。国家对建设工程的施工人也有严格的资质要求和限制(《民法典》第795条)。

三、建设工程合同的订立

关于建设工程合同的订立，需要注意以下问题：

(1)订立建设工程合同应当采用招投标的方式。由于建设工程合同的标的多为国家基本建设工程项目，工程量大，履行复杂，其质量关涉人民生命财产安全，必须从百年大计考虑。为了保证建设工程的质量，以招投标的方式选择建设工程的勘察、设计和施工承包人无疑是比较好的方式。为此，我国《民法典》第790条、《建筑法》均规定建设工程合同一般应当采用招投标的方式订立。招投标的具体程序，执行《招标投标法》的有关规定，一般包括发标、投标和决标三个步骤。

(2)订立建设工程合同既可以采取订立总包合同的形式，也可以采取订立分包合同的形式。所谓总包合同，是指发包人将建设工程的勘察、设计、施工等工程建设的全部任务一并发包给一个具备相应总承包资质条件的人总承包，并订立总承包合同。订立总承包合同后，经发包人同意，再由总承包人将建设工程的勘察、设计和施工等各部分任务分别与有相应资质的第三人订立承包合同。总承包人就建设工程的质量对发包人负责，各部分的承包人就其承包的部分工程的质量与总承包人一起对发包人承担连带责任。所谓分包合同，是指发包人将建设工程的勘察、设计和施工等各个部分分别直接与具有相应资质的人订立承包合同，每一个部分的承包人根据订立的承包合同对其承包的建设工程项目部分的质量向发包人负责。

《民法典》第791条对建设工程合同的总包合同与分包合同的订立及应注意的有关问题作了较为详细的规定："发包人可以与总承包人订立建设工程合同，也可以分别与勘察人、设计人、施工人订立勘察、设计、施工承包合同。发包人不得将应当由一个承包人完成的建设工程肢解成若干部分分包给几个承包人。""总承包人或者勘察、设计、施工承包人经发包人同意，可以将自己承包的部分工作交由第三人完成。第三人就其完成的工作成果与总承包人或者勘察、设计、施工承包人向发包人承担连带责任。承包人不得将其承包的全部建设工程转包给第三人或者将其承包的全部建设工程肢解以后以分包的名义分别转包给第三人。""禁止承包人将工程分包给不具备相应资质条件的单位。禁止分包单位将其承包的工程再分包。建设工程主体结构的施工必须由承包人自行完成。"

(3)订立建设工程合同应当采用书面形式。这是由建设工程合同的重大性和复杂性所决定的。我国《民法典》第789条对此已给予明确规定。一般认为，除法律另有规定外，当事人未订立书面的建设工程合同，若当事人已经履行了合同的主要义务，则该建设工程合同依然有效。

(4)国家重大建设工程合同，应当按照国家规定的程序和国家批准的投资计划、可行性研究报告等文件订立(《民法典》第792条)。

四、建设工程合同当事人的主要义务及责任

(一)发包人的主要义务及责任

(1)按约定向承包人(勘察人、设计人或施工人)提供原材料、设备、场

地、资金、技术资料等。发包人未按照约定的时间和要求提供的,承包人可以顺延工程日期,并有权请求赔偿停工、窝工的损失(《民法典》第 803 条)。因发包人提供的资料不准确,或者未按照期限提供必需的勘察、设计工作条件而造成设计的返工、停工或者修改设计,发包人应当按照勘察人、设计人实际消耗的工作量增付费用(《民法典》第 805 条)。

(2)及时验收并支付工程费。《民法典》第 799 条规定:"建设工程竣工后,发包人应当根据施工图纸及说明书、国家颁发的施工验收规范和质量检验标准及时进行验收。验收合格的,发包人应当按照约定支付价款,并接受该建设工程。建设工程竣工验收合格后,方可交付使用;未经验收或者验收不合格的,不得交付使用。"第 807 条规定:"发包人未按照约定支付价款的,承包人可以催告发包人在合理期限内支付价款。发包人逾期不支付的,除按照建设工程的性质不宜折价、拍卖的以外,承包人可以与发包人协议将工程折价,也可以申请人民法院将该工程依法拍卖。建设工程的价款就该工程折价或者拍卖的价款优先受偿。"此外,根据第 793、806 条的规定,建设工程施工合同无效,但是建设工程经验收合格的,可以参照合同关于工程价款的约定折价补偿承包人;建设工程合同解除后,已经完成的建设工程质量合格的,发包人应当按照约定支付相应的工程价款。对于《民法典》所规定的承包人对建设工程享有的优先受偿权,学界有人称之为建设工程的法定抵押权。这是针对我国现行建设工程合同实践中发包人拖欠工程款现象严重,为了保护承包人合法权益而设。

(3)减损的义务。《民法典》第 804 条规定:"因发包人的原因致使工程中途停建、缓建的,发包人应当采取措施弥补或者减少损失,赔偿承包人因此造成的停工、窝工、倒运、机械设备调迁、材料搬运的损失和实际费用。"

(二)承包人的主要义务及责任

(1)按照合同的约定完成勘察、设计、施工等任务。这是承包人的最主要义务。

(2)必要的通知义务。主要包括两个方面:一是隐蔽工程的通知检查义务(《民法典》第 798 条规定);二是建设工程竣工后的通知验收的义务。

(3)工程质量瑕疵担保义务及责任。承包人应担保其完成的勘察、设计、施工工作质量符合合同的约定,不存在质量瑕疵。因承包人的勘察、设计、施工质量瑕疵给发包人造成损失的，应承担相应的责任（《民法典》第800、801、802条）。

（4）接受发包人必要的监督、检查的义务。《民法典》第797条规定："发包人在不妨碍承包人正常作业的情况下，可以随时对作业进度、质量进行检查。"

第二十九章　合伙合同

一、合伙合同的概念和特点

(一)合伙合同的概念

所谓合伙合同，是指两个或两个以上当事人为了共同的事业目的，订立的共享利益、共担风险的协议。

合伙合同的当事人均称为合伙人。合伙人既可以是自然人，也可以是法人。因此，合伙合同包括自然人之间的合伙合同、法人之间的联营合同及合伙企业法所规定的成立合伙企业的合伙协议等。我国《合同法》未规定合伙合同，但《民法典》和《合伙企业法》均对合伙合同作出了规定。

这里应注意的是，合伙合同与合伙是两个不同的概念。合伙合同是合伙成立的基础和前提，无合伙合同不能成立合伙，合伙合同终止则合伙应当终止；合伙是合伙合同订立的目的和结果。不过，并非有了合伙合同就一定会产生合伙，如合伙企业的成立除当事人订立合伙协议以外，还须经过登记才能成立及从事经营活动。

(二)合伙合同的主要特点

(1)合伙合同当事人的目的和意思表示是同向的、共同的。合伙合同的合伙人之所以订立合同，是为了共同经营某项事业，其内容表现为相约共同出资、共同经营、共享收益、共担风险。因此，合伙人的目的和意思表示是共同的、同向的。这一点与买卖合同、租赁合同等一般合同当事人的目的和意思表示方向明显不同。

(2)合伙合同具有高度人合性，当事人共享收益、共担风险。合伙合同的当事人基于人身信任关系订立合同，成为合伙人。全体合伙人都享有合伙的利益，也都要承担合伙带来的财产损失风险。

(3)合伙合同为不要式合同。《民法典》对于合伙合同的形式未作明确要求,合伙合同可以采取口头形式,也可以采取书面形式。但是,法律另有规定的,应当从其规定。《合伙企业法》第 4 条规定:"合伙协议依法由全体合伙人协商一致、以书面形式订立。"该法第 14 条将有书面合伙协议作为设立合伙企业的要件。因此,若设立合伙企业,则合伙合同应当采取书面形式。

(4)合伙合同为有偿合同、诺成合同。

二、合伙人的主要权利和义务

(一)合伙人的主要权利

(1)合伙事务决定权。合伙人作为合伙合同的当事人和合伙组织的主体,无论是否被推举为合伙事务的代表人,对合伙的重大事务均享有决定权。合伙的重大事务应当由合伙人共同决定。《民法典》第 970 条第 1 款规定:"合伙人就合伙事务作出决定的,除合伙合同另有约定外,应当经全体合伙人一致同意。"

(2)合伙监督检查权。每一位合伙人对于其他合伙人执行合伙事务均享有监督权和对合伙事务的检查权。根据《民法典》第 970 条的规定,合伙人有权监督执行情况。合伙人分别执行合伙事务的,执行事务合伙人可以对其他合伙人执行的事务提出异议;提出异议后,其他合伙人应当暂停该项事务的执行。

(3)利益分配权。合伙人对合伙经营事务的收益享有分配的权利。合伙收益的分配办法应当由合伙合同约定。合伙合同没有约定或者约定不明确的,由合伙人协商决定;协商不成的,由合伙人按照实缴出资比例分配;无法确定出资比例的,由合伙人平均分配(《民法典》第 972 条)。

(4)按约定因执行合伙事务而请求支付报酬的权利。一般而言,合伙人应当共同执行合伙事务,因而合伙人执行合伙事务不得请求支付报酬。但是,依合同自由原则,合伙合同对于合伙人执行合伙事务的报酬请求有约定的,从其约定。

(二)合伙人的主要义务

(1)按照合伙合同出资。这是合伙人的基本义务之一。这里的出资可以是金钱、实物、技术或劳务。《民法典》第968条对合伙人的出资义务作出了明确规定。合伙人履行出资义务后，该出资成为合伙财产，合伙人不得擅自抽回出资。《民法典》第969条第2款规定："合伙合同终止前，合伙人不得请求分割合伙财产。"合伙人不履行出资义务的，构成违约，其他合伙人有权请求其出资。

(2)按照合同约定共同经营合伙事业。合伙的基本特征在于合伙人相约共同经营事业。《民法典》第970条第2款规定："合伙事务由全体合伙人共同执行。按照合伙合同的约定或者全体合伙人的决定，可以委托一个或者数个合伙人执行合伙事务。"因此，合伙合同的当事人应当负担共同经营合伙事务的义务。合同可以约定由合伙代表执行合伙业务，也可以约定由全体合伙人共同经营合伙事务。无论哪种约定，合伙人都应依约定履行执行合伙事务的义务。

(3)负担合伙债务。合伙人对合伙的债务应承担责任，合伙人之间可以约定对合伙债务负担的比例或数额，但对债权人则应负连带无限责任。这一义务是为了保障债权人的利益，保障交易安全的需要。当然，清偿合伙债务超过自己应当承担份额的合伙人，有权向其他合伙人追偿(《民法典》第973条)。

(4)对外转让财产份额的，应当经其他人合伙人一致同意。合伙合同具有高度人合性，为维持合伙人的相对稳定和合伙事务的顺利执行，《民法典》第974条规定，除合伙合同另有约定外，合伙人向合伙人以外的人转让其全部或者部分财产份额的，须经其他合伙人一致同意。

三、合伙合同的终止

(一)合伙合同终止的原因

合伙合同的终止是指合伙合同约定的权利义务的终止，也称为合伙合同的消灭。

根据《民法典》和《合伙企业法》的相关规定，合伙合同因下列原因而终止：

(1)合伙合同约定的合伙期限届满。合伙合同因合伙期限届满而终止。根据《民法典》第967条的规定,合伙人对合伙期限没有约定或者约定不明确,依《民法典》第510条的规定仍不能确定的,或者合伙期限届满合伙人继续执行合伙事务,其他合伙人没有提出异议的,为不定期合伙合同。合伙人可以在合理期限之前通知其他合伙人后,随时解除不定期合伙合同。

(2)合伙人一致同意解除合伙合同。

(3)合伙组织因从事非法活动被有权机关注销或被法院判决解散。在这两种情况下,因合伙组织不存在,合伙合同也应一同消灭。

(4)合伙人死亡、丧失民事行为能力或者终止的,合伙合同应终止。但是,合伙合同另有约定或者根据合伙事务的性质不宜终止的除外(《民法典》第977条)。

(5)合伙人或合伙组织破产。这时合伙合同也应终止。

(6)合伙合同约定的其他合同终止的事由出现。

(二)合伙合同终止后的财产分配

由于合伙合同是合伙成立和存在的基础和前提,合伙合同终止即意味着合伙组织的终止。这时应清理合伙的债权债务,进行清算。如果合伙组织经过登记的,还应在登记机关办理注销登记。《民法典》第978条专门规定了合伙合同终止后的财产分配规范。根据该规定,合伙合同终止后的财产分配应当遵循以下步骤:

(1)合伙财产应当首先用于支付因终止而产生的费用以及清偿合伙债务。为维护交易安全和交易秩序,因终止而产生的费用和合伙债务应当优先于合伙人剩余财产分配而进行清偿。

(2)合伙财产在支付因终止而产生的费用以及清偿合伙债务后,仍有剩余的,应当按照《民法典》第972条的规定进行分配,即合伙合同对分配办法有约定的,从其约定;合伙合同没有约定或者约定不明确的,由合伙人协商决定;协商不成的,由合伙人按照实缴出资比例分配;无法确定出资比例的,由合伙人平均分配。

第三十章 保险合同

一、保险合同的概念和特点

（一）保险合同的概念

保险合同，是指保险人与投保人约定，由投保人支付保费，当出现约定的保险事故时由保险人给付保险金的合同。

保险合同是保险人从事保险业务，与投保人建立保险法律关系的基本形式，在保险法律制度中处于十分重要的地位，受到世界各国的高度重视。保险合同也是非常重要的一种有名合同和典型合同。我国《民法典》对保险合同未作专门规定，但我国《保险法》对保险合同作出了较为详细的规定。

（二）保险合同的主要特点

（1）保险合同是双务合同、有偿合同。在保险合同中，投保人负有支付保费的义务，保险人则负有在出现约定保险事故时给付保险金的义务。由此可见，保险合同应为双务有偿合同。

（2）保险合同为要式合同。根据我国《保险法》的规定，当事人订立保险合同必须采用书面形式，包括保单和保险凭证等。当事人采用口头形式或其他形式订立的保险合同无效。

（3）保险合同为格式合同。从保险的实践来看，保险合同都是由保险人事先单方拟定固定的合同条款，由投保人概括地表示接受而订立的。投保人对保险合同只能选择接受或不接受，而不能对条款进行变更。

（4）保险合同是射幸合同。所谓射幸，意为赌运气、赌机会。由于在保险合同中，投保人必须支付保费，但保险人给付保险金则是或然的，有条件的。一旦保险人给付保险金，则其数额往往远大于投保人所支付的保费，这符合射幸的特点。

二、保险合同的分类

根据不同的标准，保险合同可以区分为不同的类型。在保险立法、保险实践及保险合同理论上，保险合同主要可作以下分类：

(1)根据保险合同的标的之不同，保险合同可以分为财产保险合同、人身保险合同、责任保险合同和保证保险合同四种。

财产保险合同是投保人为了保证自己或他人财产安全及财产利益，而与保险人订立的以财产或相关财产利益为标的的保险合同。在现实生活中，财产保险合同应用非常广泛，如机动车辆保险合同、海上保险合同、航空保险合同、家庭财产保险合同等均属于财产保险合同。

人身保险合同是以人的寿命或身体为标的的保险合同，包括人寿保险合同及人身意外伤害保险合同、疾病保险合同等。

责任保险合同是以投保人的民事赔偿责任作为保险标的的保险合同。责任保险主要有产品责任险和第三者责任险两种。根据责任保险合同，当出现约定的事故应当由投保人承担民事赔偿责任时，由保险人直接向受害人赔付。

保证保险合同是投保人与保险人约定，当投保人未履行与他人订立的合同义务构成违约给相对方当事人造成损失时，由保险人代为向相对方承担责任的合同。

(2)根据保险利益的归属之不同，保险合同可分为为自己利益的保险合同与为他人利益的保险合同。

为自己利益的保险合同是指保标人以自己为保险受益人的保险合同。财产保险合同和人身保险合同均可以是为自己利益的保险合同。这是最为常见的保险合同。

为他人利益的保险合同是指投保人支付保费，但以他人为受益人的保险合同。如为他人财产投保的保险合同、为他人人身投保并以他人为受益人的人身保险合同，就是为他人利益的保险合同。这种保险合同除投保人和保险人两个当事人以外，还涉及第三人，属于涉他合同。

三、保险合同中相关概念释义

(一)保险当事人与保险关系人

保险当事人是指订立保险合同并承担义务、享受权利的人,包括保险人和投保人。保险人是与投保人订立保险合同,依据合同收取保费和给付保险金的人。在我国,保险人只能是依法设立的保险公司。投保人,也称为要保人,是与保险人订立保险合同并向保险人支付保费的人,可以是自然人、法人或其他组织。

保险关系人是指不是保险合同的当事人但与保险合同有利益关系的人,包括被保险人和保险受益人。被保险人是指受保险合同保障的人。被保险人是保险利益的主体,一般是有权按保险合同向保险人要求给付保险金的人。在为自己利益的财产保险中,投保人即被保险人,在为他人利益的财产保险合同中,被保财产的所有人及保险合同的受益人即为被保险人;在人身保险合同中,当投保人与被保险人不一致时,被保险人即是投保人为之投保的第三人,其与受益人可以一致,也可以不一致。受益人,是指保险合同约定或法律规定有权获取保险金的人。保险受益人可能与投保人、被保险人重合,也可能不同。

(二)保费和保险金

保费,即保险费,是指投保人根据约定应向保险人支付的费用。

保险金,亦称为保险金额,是指当发生合同约定的保险事故时保险人应赔付给受益人的最高保险金额。

(三)保险事故、保险利益和保险期限

保险事故,是指在保险合同中约定的保险人应给付保险金的事由。

保险利益,也称为保险损失,是指被保险人在保险事故发生时可能会丧失的利益或者说可能会遭受的损失。保险利益是保险得以开展的基础,无保险利益,则保险无存在的意义。

保险期限,是指保险合同的有效期限,亦即保险人应负担给付保险金

的期限。只有在保险期限内出现保险事故，保险人才应给付保险金。

四、保险合同的订立

(一)保险合同订立的程序

保险合同是合同之一种，其订立同样要经过要约和承诺两个阶段。在保险合同订立的过程中，保险人或其代理人宣传推销保险的行为是要约邀请；投保人填写保险单的行为是要约行为，实践中一般称为要保书或投保申请书；保险人审查投保人填写的保单并盖章予以承保的行为是承诺行为。保险合同自保险人承保时成立。

(二)保险合同的形式

根据我国《保险法》的规定，当事人订立保险合同应当采用书面形式，学界一般认为保险合同的书面形式是保险合同的有效要件，因而保险合同为要式合同。在实践中，保险合同的书面形式往往表现为保险人签发的保单或保险凭证。

(三)保险合同的基本内容

保险合同一般应当具备以下条款：①保险人的名称和住所；②投保人、被保险人的名称、住所及人身保险的受益人的名称和住所；③保险标的；④保险责任及保险责任的免除；⑤保险合同订立的时间及保险期间和保险责任的开始时间；⑥保险价值；⑦保险金额；⑧保险费及其支付办法；⑨保险金给付办法；⑩违约责任及争议的处理方法。

五、保险合同当事人的主要义务

(一)投保人的主要义务

(1)支付保费。投保人应当按照合同约定向保险人支付保费。这是投保人最主要的义务，也是整个保险关系能够成立的关键。投保人不按约定支付保费,保险人可根据具体情况要求其支付保费及利息或者终止保险合同。保险人终止保险合同的,对于投保人欠付的保费,仍有权要求投保人支付。

(2)危险增加通知义务。在合同有效期限内,当保险标的出现增加危险程度或出现订立合同时未曾预料和未曾估计到的危险时,投保人应当及时通知保险人,以便采取相应的措施。否则,由此引起保险事故,造成损失或致使损失扩大的,由投保人承担责任。投保人履行危险增加通知义务后,应按规定增加保费。投保人不同意增加保费的,合同自动终止。

(3)保险事故通知义务。在保险合同履行期限内,当保险标的出现事故时,投保人应当及时通知保险人。法律之所以规定投保人负担这一义务,主要理由是便于保险人及时搜集证据,确定事故情况,及时履行赔付义务。

(4)加强安全防灾和施救的义务。投保人、被保险人应遵守国家有关消防安全的规定,并接受保险人和有关部门的监督和改善建议。在保险事故发生后,投保人及被保险人应采取必要措施进行施救,避免扩大损失。投保人拒绝加强安全措施而造成的损失或未采取必要措施施救而扩大的损失,保险人有权不予赔付。投保人因采取必要措施进行施救而支出的必要费用由保险人承担。

(5)索赔时的举证义务。在出现合同约定的保险事故,投保人要求保险人予以赔付时,投保人应当向保险人提供相应的证据。否则,保险人有权不予赔偿。

(二)保险人的主要义务

在保险合同中,保险人的主要义务就是在出现合同约定的保险事故时应当及时勘查,及时给付保险金。

第三十一章　旅游合同

一、旅游合同的概念和特点

(一)旅游合同的概念

旅游合同,也称为旅游服务合同,是指当事人约定一方为另一方提供旅游服务而由另一方支付旅游费的合同。其中,提供旅游服务的一方称为旅游业者,主要是旅行社或旅游服务公司,接受旅游服务并支付旅游费的一方称为游客或旅游者。

旅游合同并不是一种典型的古老的合同形式,而是伴随着旅游业的兴起在晚近时期才出现。从世界各国的立法来看,由《民法典》对旅游合同作出专门规定的并不多见。我国《民法典》也未规定旅游合同,而是由《旅游法》专章对旅游合同作出规定。

(二)旅游合同的主要特点

(1)作为旅游合同主体一方的旅游业者受到法律的限定。在我国,为了维系正常的旅游市场秩序,特别是为了维护游客的利益,旅游业者只能是具备《旅游法》第28条规定的条件,取得旅游主管部门许可并依法办理工商登记的,专门从事旅游服务业的旅行社或旅游服务公司等企业法人。

(2)旅游合同的标的是旅游服务行为,而不是旅游景点。旅游合同是由旅游业者与旅客订立的,其内容为由旅游业者为旅客旅游观光提供相应需要的服务,包括交通、住宿、饮食、导游等服务,由旅客向旅游业者支付相应的报酬。因此,旅游合同的标的不是旅游景点而是旅游服务行为。这应是旅游合同最主要的特点。

(3)旅游合同为双务合同、有偿合同、诺成合同和不要式合同。其中,对于旅游合同的形式问题,学界有不同意见,一种主张应作特定的形式要求,另一种则主张以不要式为原则。我们认为,尽管在旅游实践中旅游合同多以书面的格式合同的形式出现,但从理论上说,没有必要一律规定特定的形式,因而在立法上一般不将特定的形式(如书面形式)规定为旅游合同的有效要件。因此,旅游合同为不要式合同。但是,法律对旅游合同的形式有规定的,应当从其规定,如《旅游法》第 58 条规定包价旅游合同应当采取书面形式。

二、旅游合同当事人的主要义务及责任

(一)旅游业者的主要义务及责任

(1)按照约定为旅客提供旅游服务。旅游业者应当按照旅游合同约定为旅客提供旅游服务,不得擅自变更旅游行程安排(《旅游法》第 69 条第 1 款)。否则,构成违约,旅游业者应当依法承担继续履行、采取补救措施或者赔偿损失等违约责任;造成旅游者人身损害、财产损失的,应当依法承担赔偿责任。旅游业者具备履行条件,经旅游者要求仍拒绝履行合同,造成旅游者人身损害、滞留等严重后果的,旅游者还可以要求其支付旅游费用 1 倍以上 3 倍以下的赔偿金(《旅游法》第 70 条第 1 款)。

(2)亲自提供旅游服务。由于旅游合同标的的特殊性,相对而言,旅游服务质量的好坏与旅游业者的资质和信用具有密切的联系。这就要求在旅游合同中,旅游业者应当负担亲自提供旅游服务的义务,未经旅游者同意,不得将其合同约定的旅游服务义务擅自转移给第三者履行。根据《旅游法》第 69 条第 2 款的规定,经旅游者同意,旅行社将包价旅游合同中的接待业务委托给其他具有相应资质的地接社履行的,应当与地接社订立书面委托合同,约定双方的权利和义务,向地接社提供与旅游者订立的包价旅游合同的副本,并向地接社支付不低于接待和服务成本的费用;地接社应当按照包价旅游合同和委托合同提供旅游服务。此外,旅游业者接受旅游者委托,为其代订交通、住宿、餐饮、游览、娱乐等旅游服务,收取代办费用的,应当亲自处理委托事务。如果因旅游业者的过错给旅游者造成损失的,旅游业者应当承担赔偿责任(《旅游法》第 74 条第 1 款)。

(3)告知、提示和通知的义务。第一,订立和履行包价旅游合同时,旅

行社均负有向旅游者告知的义务。《旅游法》第62条具体列举了旅行社应当向旅游者告知的事项。第二,旅游业者应当在旅游行程开始前向旅游者提供旅游行程单,使旅游者知晓旅游行程(《旅游法》第59条)。第三,旅行社有义务提示参加团队旅游的旅游者按照规定投保人身意外伤害保险(《旅游法》第61条)。第四,因未达到约定人数不能出团的,组团的旅行社解除合同的应当提前通知旅游者,境内旅游应当至少提前七日通知旅游者,出境旅游应当至少提前三十日通知旅游者(《旅游法》第63条第1款)。

(4)对旅游者的安全保障、安置和救助义务。其一,因不可抗力或旅游业者已尽合理注意义务仍不能避免的事件,危及旅游者人身、财产安全的,旅行社应当采取相应的安全措施;造成旅游者滞留的,旅行社应当采取相应的安置措施(《旅游法》第67条)。其二,当事人在旅游行程中解除合同的,旅行社应当协助旅游者返回出发地或者旅游者指定的合理地点(《旅游法》第68条)。其三,旅游业者在旅游者自行安排活动期间,负有安全提示、救助义务。若旅游业者未尽到该义务,应当对旅游者的人身损害、财产损失承担相应责任(《旅游法》第70条第3款)。

(5)旅游合同解除或变更后的费用返还义务。不同的解除或变更情形下,旅游业者的费用返还义务有所不同:其一,因未达到约定的成团人数解除合同的,旅游业者应当向旅游者退还已收取的全部费用(《旅游法》第63条第3款);其二,旅游者在旅游行程结束前解除合同的,旅游业者应当在扣除必要的费用后,将余款退还旅游者(《旅游法》第65条);其三,旅游业者因旅游者患有可能危害其他旅游者健康和安全的传染病等疾病、从事违法或者违反社会公德的活动等原因解除合同的,旅游业者应当在扣除必要的费用后,将余款退还旅游者(《旅游法》第66条);因不可抗力或旅游业者已尽合理注意义务仍不能避免的事件,解除合同的,组团社应当在扣除已向地接社或者履行辅助人支付且不可退还的费用后,将余款退还旅游者;变更合同的,因此增加的费用由旅游者承担,减少的费用退还旅游者(《旅游法》第67条);旅游业者根据旅游者的请求变更旅游行程的,应当将减少的费用退还旅游者(《旅游法》第73条)。

(二)旅游者的主要义务及责任

(1)按照合同的约定支付旅游费。这是旅客最主要的义务。此外,因旅游者请求变更旅游行程增加的费用,由旅游者负担(《旅游法》第73条)。

(2)服从旅游业者的安排。为了保证旅途的顺利和旅游活动的正常进行,除非旅游业者违反合同的约定或安排明显不合理,旅游者应当服从旅游业者的安排,不得无故拒绝旅游业者的指挥。

(3)损害赔偿责任。其一,因旅游者存在患有可能危害其他旅游者健康和安全的传染病等疾病、从事违法或者违反社会公德的活动等原因导致旅游合同被解除,给旅游业者造成损失的,旅游者应当依法承担赔偿责任(《旅游法》第66条)。其二,旅游者在旅游活动中或者在解决纠纷时,损害旅行社、履行辅助人、旅游从业人员或者其他旅游者的合法权益的,依法承担赔偿责任(《旅游法》第72条)。

第三十二章　出版合同

一、出版合同的概念

出版合同，是指出版人与作品的权利人约定由出版人出版作品并向作品的权利人支付报酬的合同。在我国，根据有关法律的规定，出版人只能是依法设立的出版社，作品的权利人一般是作品的创作人，也可以是作品的权利继受人（如作者的继承人、作者授权的人）。

出版合同是作品使用合同中重要的一种。我国《民法典》未对出版合同作出专门规定，但我国《著作权法》有所规定。

出版合同与稿约具有密切联系，但两者不同。稿约是出版人与作者约定由作者完成特定作品，由出版人出版的合同。稿约可以视为出版合同的预约。双方违反稿约均应给对方一定的损失补偿，但其补偿数额一般小于出版合同的违约责任。

二、出版合同当事人的主要权利和义务

（一）出版人的主要权利

（1）出版权。出版人有权占有并出版合同约定的作品。如果合同约定出版人享有专有出版权，则任何第三人在约定的期限内不得出版该作品。

（2）必要的修改权。出版人出版作品时如果认为需要对作品作必要修改的，根据合同约定或经作品权利人同意可以对作品作必要修改、删节等。

（二）出版人的主要义务

（1）根据合同约定出版作品。出版人应当按照合同约定的期限、数量和质量出版合同约定的作品。

(2)向作品权利人给付报酬和出版作品样本。出版人出版作品后,应当按照合同约定的数额、期限、方式向作品的权利人给付报酬和作品的样本。

(3)尊重作者和作品。出版人应尊重作者和作品的原样,未经合同约定或作品权利人许可不得擅自修改作品、增减署名作者。

(三)作品权利人的主要权利

(1)获取作品出版的报酬和出版作品样本的权利。

(2)出版权收回权。合同约定的期限届满后,作品权利人有权收回作品出版的权利。这与样本有形财产的转让合同不同。

(四)作品权利人的主要义务

(1)交付作品并许可出版人出版作品。作品权利人依约应转移作品的占有于出版人,并许可出版人出版作品。

(2)作品瑕疵担保义务。作品的权利人必须保证其是作品的合法权利人。否则,给出版人造成损失的,由作品权利人承担赔偿责任。

第三十三章　储蓄合同

一、储蓄合同的概念和特点

（一）储蓄合同的概念

储蓄合同，亦称为存款合同，是指存款人与存款机构约定，由存款人将一定货币交付给存款机构保存使用，至期根据存款人的要求由存款机构向存款人返还本金并支付利息的合同。

储蓄合同是随着社会信用的发展而产生的。储蓄合同是金融机构吸收存款、融通资金的重要手段。储蓄合同不同于借款合同。我国现行《民法典》对储蓄合同未作专门规定，但其他有关的法律、法规，如《商业银行法》《储蓄管理条例》《人民币单位存款管理办法》等，对储蓄合同有所规定。

（二）储蓄合同的主要特点

（1）储蓄合同的存款机构具有限定性。在储蓄合同的双方主体中，存款人具有广泛性，只要符合民法主体资格的规定，法人、其他组织及个人均可成为存款人，但对存款机构，法律则有严格的限定。根据我国有关法律、法规的规定，能够吸收存款、订立储蓄合同的存款机构必须是依法设立的具有经营储蓄业务的机构，包括银行、信用社和开办邮政储蓄业务的邮局。其他任何机构和个人均不得吸收存款，订立储蓄合同。

（2）储蓄合同的主要内容表现为存款人将一定货币存入存款机构，由存款机构占有、保管和使用，在一定期限内，根据存款人的要求，由存款机构返还存款本金并付给存款人相应的利息。由此可见，储蓄合同具有明显的金融信用特征。这一点不同于保管合同。

（3）储蓄合同为格式合同。这一方面表现在当事人订立储蓄合同采用的是固定的形式，另一方面表现在对于储蓄利息，只能执行国家的强制规定，当事人双方均不得随意约定和改变。

(4)储蓄合同为单务合同、有偿合同、实践合同和要式合同。储蓄合同为单务合同，这是因为在储蓄合同中，存款人将货币交付给存款机构，成立储蓄合同后，存款机构负担返还本金和支付利息的义务，而存款人并不负担积极的义务，但享有随时提取存款的权利。存款人在储蓄合同中不承担与存款机构对应的义务。储蓄合同为有偿合同，是因为存款机构在接受存款人的存款后应当向存款人返还本金和支付利息。储蓄合同为实践合同，即指储蓄合同之成立以存款人将货币实际交付给存款机构为条件。储蓄合同还是要式合同，表现在存款人与存款机构订立储蓄合同时要求存款人必须填写存款单，以作为当事人双方订立储蓄合同的凭证。

二、储蓄合同当事人的主要权利和义务

(一)存款人的主要权利

存款人在储蓄合同中享有的主要权利是随时提取存款并要求存款机构支付相应利息的权利。但是为了实现这一权利，法律要求存款人依合同允许存款机构使用其存款，并在提取存款时提供相应的凭据和证明(如身份证明、密码等)。这可以理解为是存款人应负担的义务。但这些义务不是积极的给付义务，即不是真正的合同义务。

(二)存款机构的主要权利和义务

(1)存款机构享有占有并使用存款的权利。储蓄合同的存款机构是经营资金的机构，其之所以吸收存款并能够支付利息，是因为可以使用存款人的存款并从中获利。这就要求存款人许可存款机构使用存款，也就意味着存款机构有权占有和使用存款人的存款。

(2)存款机构负有根据存款人的要求返还存款本金和支付利息的义务。储蓄合同的标的是货币，货币是种类物，但从本质上看，储蓄合同不是转移货币所有权的合同，而是转移占有权和使用权的合同。因此，合同期满，存款机构应当返还存款本金并根据法律向存款人支付利息。

(3)保密的义务。由于储蓄合同直接涉及存款人的资金信息,为了保证存款人的安全,存款机构应当对存款人的存款信息情况保密,非依法律规定(由法定机关并经法定程序)存款机构不得泄露存款人的存款信息。否则,因此给存款人造成损害的,存款机构应予以赔偿。

第三十四章　演出合同

一、演出合同的概念和特点

（一）演出合同的概念

所谓演出合同，是指当事人约定，由一方根据另一方的要求表演文艺、体育节目，由另一方支付报酬的合同[①]。其中为表演行为的一方当事人称为表演人，另一方可称为受演人。

对于演出合同，我国《民法典》未作规定，但在现实生活中却广泛存在。演出合同是较为重要的一种非典型合同。

（二）演出合同的主要特点

（1）演出合同的标的为演出行为。从性质上看，演出合同属于提供服务的合同。在演出合同中，双方当事人的权利义务共同指向的对象是演出人的演出行为，而不是物，也不是被表演的节目。

（2）演出合同主体中的演出人具有特殊性。这是指演出合同中的演出人必须是有一定艺术水平的文艺团体、体育团体或个人。

（3）演出合同为双务合同、有偿合同、诺成合同和不要式合同。演出合同为双务有偿合同。在演出合同中，双方当事人均负有义务，即表演人应当按照约定完成表演行为，受演人应当为表演人提供必要的表演条件并应向表演人支付报酬。这些符合双务合同和有偿合同的特点。演出合同为

---

① 关于演出合同的含义，学界存有不同理解。一种观点认为演出合同是指著作权人授权表演者有偿表演作品的合同。我们认为这种观点不妥，理由是这种理解混淆了演出合同与著作权许可使用合同。著作权许可使用合同在我国《著作权法》中已有规定。还有人认为体育表演不应属于演出合同的范畴。我们认为，体育表演与文艺表演只有形式区分，并无实质区别。演出合同应当既包括文艺演出合同，也包括体育表演合同。

诺成合同和不要式合同。演出合同以当事人双方意思表示一致而成立，并不以演出人实际表演才成立，故应为诺成合同。由于我国现行法律、法规对演出合同的形式未作要求，当事人订立演出合同，可以采取书面形式，也可以采取口头形式。

二、演出合同当事人的主要义务

（一）演出人的主要义务

（1）按照合同约定进行演出。这里的合同约定包括合同约定的时间、地点、内容等。否则，即构成违约，严重者，受演人有权解除合同。

（2）亲自进行演出。由于演出合同具有较强的人身性，这就要求演出人应当亲自进行表演，而不得由他人顶替。

（二）受演人的主要义务

（1）支付报酬。这是受演人最主要的义务。

（2）提供必要的演出条件。为了演出人能够正常演出，需要受演人提供必要演出条件的，受演人应当提供。否则，演出人可以拒演，甚至解除合同。

第三十五章　雇佣合同

一、雇佣合同的概念和特点

(一)雇佣合同的概念

所谓雇佣合同,是指当事人约定一方为另一方提供劳务,由另一方给付报酬的合同。其中提供劳务的一方当事人称为受雇人,给付报酬的一方称为雇佣人。

雇佣合同渊源久远,早在古罗马时代就存在,但当时是作为租赁的一种,称为雇佣租赁合同。《法国民法典》继承了罗马法中的这一观念,将租赁合同分为物的租赁和劳动力的雇佣两种。直到《德国民法典》才将物的租赁与劳动力的雇佣明确分开。尽管有学者主张《民法典》将雇佣合同增补为有名合同,为无法纳入劳动法的一般雇佣关系提供规则①,但是《民法典》并未对雇佣合同作出规定。有人将雇佣合同与劳动合同等同,认为雇佣合同应由劳动法调整。我们不赞同这一看法。

雇佣合同与劳动合同确有相似之处,如都表现为一方为另一方以劳力提供服务并获取报酬,但两者是有区别的,其区别主要为②:

第一,两者产生的历史不同。雇佣合同自古罗马时代就已经产生,而劳动合同则是近现代,特别是现代资本主义工业化大生产的产物,是国家对雇佣关系予以干预的结果。

第二,两者受国家干预的程度不同。雇佣合同是由平等主体经充分协商而订立,国家对此无需多加干预,但国家对劳动合同则给予了较强的干预。

---

① 参见谢增毅:《民法典编纂与雇佣(劳动)合同规则》,载《中国法学》2016年第4期。

② 参见郭明瑞、王轶:《合同法新论·分则》,中国政法大学出版社1997年版,第364页。

第三，订立合同的主体不同。雇佣合同由雇佣人与受雇人订立；而劳动合同则可以由工会或受雇人代表与企业订立。另外，雇佣合同的双方主要为自然人，而劳动合同的雇佣人则是企业。

第四，雇佣合同纠纷应由法院直接解决，而劳动合同纠纷则一般应先行仲裁。

（二）雇佣合同的主要特点

（1）雇佣合同的标的为劳务。雇佣合同的基本内容表现为受雇人为雇佣人提供劳务，并为此获得报酬。雇佣合同当事人权利义务的指向是劳务。这是雇佣合同的显著特点之一。

（2）雇佣合同的双方当事人一般均为自然人，其中雇佣人也可以是家庭或从事个体经营者。这是雇佣合同与劳动合同的主要区别之一。

（3）雇佣合同为双务合同、有偿合同、诺成合同和不要式合同。

二、雇佣合同当事人的主要义务

（一）受雇人的主要义务

（1）按约定提供劳务。受雇人应当按照合同约定的时间、地点、方式和要求为雇佣人提供劳务服务。否则，雇佣人视情况可以减付报酬或不给报酬，情况严重者，雇佣人可以解除合同。因受雇人提供劳务瑕疵给雇佣人造成损失的，应予以赔偿。

（2）亲自提供劳务。因雇佣合同是提供劳务的合同，合同履行的质量对受雇人的人身有较强的依赖性。这就要求受雇人应当亲自提供劳务，履行合同，非经雇佣人同意，不得由第三人替代履行。

（3）诚实的义务，主要是指受雇人应本着诚信的精神，从为雇佣人利益考虑履行合同，并不得泄露在履行合同中所了解的雇佣人的秘密。

（4）不竞业的义务，是指受雇人不得在合同存续期间从事与雇佣人事业相同的旨在与雇佣人进行竞争的事业。

（二）雇佣人的主要义务

（1）支付约定报酬。雇佣人应当按照合同约定的数额、时间、方式向受雇人支付报酬，不得无故、随意或故意克扣报酬。

(2)尊重受雇人。雇佣人应当尊重受雇人的人格，不得强迫受雇人从事有损人格的行为，也不得实施有损受雇人人格的行为。

(3)提供必要劳动条件并保障受雇人人身安全。雇佣人应当为受雇人提供必要的劳动条件和环境，保障受雇人能够正常开展工作。同时，按照国家有关法律，雇佣人应当保障受雇人的人身安全。

(4)不得收取受雇人劳务保证金。国家禁止雇佣人订立雇佣合同时向受雇人收取劳务保证金。因此，在雇佣合同中，雇佣人应履行这一义务。合同约定受雇人应交纳劳务保证金的，约定无效。

第三十六章　准合同

一、无因管理

(一)无因管理的概念和特点

无因管理是指当事人没有法定或者约定的义务,为避免他人受损失而管理他人事务的行为。无因管理是债的发生原因之一,所产生的无因管理之债是一种法定之债。其中,管理他人事务的人称为管理人,因事务被管理而避免受损的人称为受益人或本人。

无因管理作为准合同的一种,与合同有类似之处,但是也有自身的特点:

(1)无因管理是事实行为,而非法律行为。无因管理之债是法律规定的基于无因管理行为发生的债权债务关系,而不是基于当事人意思表示一致形成的债权债务关系。这是无因管理与合同最主要的区别。

(2)无因管理具有无偿性,当事人之间不形成等价交换关系。管理人没有报酬请求权,受益人也无须向管理人支付报酬。但是,管理人可以请求受益人偿还因管理事务而支出的必要费用,适当补偿因管理事务受到的损失。

(3)无因管理具有合法性,是法律认可、保护并鼓励的行为。无因管理体现出见义勇为、助人为乐、患难与共的道德理念和善良风俗,法律应当认可、保护并鼓励这种行为。

(二)无因管理的成立要件

根据《民法典》第 979 条的规定,无因管理的成立应当具备以下要件:

(1)管理人有管理他人事务的行为。这是无因管理成立的客观要件。管理人所管理的他人事务不以财产性事务为限,也可以是具备人身性质的事务。

(2)管理人具备管理意思,即为他人利益而管理事务的意思。这是无因管理成立的主观要件。管理人欠缺管理意思的,不构成无因管理。需要注意的是,管理他人事务兼有为自己利益的意思,不影响无因管理的成立。

(3)管理人对他人没有法定或约定的义务。该要件也被称为无法律上的原因。若管理人对他人存在因监护、公法职责等产生的法定义务,或者因委托、赠与、保管、承揽、雇佣等合同产生的约定义务,则有法律上的原因,不构成无因管理。

(4)符合受益人的真实意思。管理人应当按照受益人明示或者可推知的意思进行管理。根据《民法典》第979条第2款的规定,管理事务不符合受益人真实意思的,除受益人的真实意思违反法律或者违背公序良俗外,管理人不享有请求受益人支付必要费用或适当补偿损失的权利。

(三)无因管理当事人的主要权利和义务

1.管理人的主要权利和义务

(1)必要费用给付请求权和损失补偿请求权。管理人有权请求受益人偿还因管理事务而支出的必要费用,适当补偿因管理事务受到的损失(《民法典》第979条第1款)。另外,根据《民法典》第980条的规定,即使管理事务因欠缺要件不属于无因管理,只要受益人享有管理利益,受益人也应当在其获得的利益范围内,向管理人偿还因管理事务而支出的必要费用,并适当补偿因管理事务受到的损失。

(2)管理人的主要义务包括:

第一,适当管理的义务。管理人应当采取有利于受益人的方法管理事务。若中断管理对受益人不利的,则管理人无正当理由不得中断(《民法典》第981条)。

第二,及时通知的义务。若管理人能够通知受益人的,应当及时通知受益人。若管理的事务不需要紧急处理的,则管理人应当等待受益人的指示(《民法典》第982条)。

第三,报告和移交的义务。管理结束后,管理人应当向受益人报告管理事务的情况。管理人管理事务取得的财产,应当及时转交给受益人(《民法典》第983条)。

2.受益人的主要权利和义务

(1)追认管理事务的权利。《民法典》第984条规定,管理人管理事务经受益人事后追认的,除管理人另有意思表示的外,从管理事务开始时起,适用委托合同的有关规定。追认属于受益人的单方行为,只要管理人没有其他的意思表示,即可适用委托合同的有关规定。当然,适用委托合同的有关规定不是在管理人与受益人之间形成委托合同关系,二者之间仍然属于无因管理债权债务关系。

(2)向管理人偿还必要费用并适当补偿损失的义务。

二、不当得利

(一)不当得利的概念和类型

不当得利是指当事人没有法律依据取得利益,而使他人受有损失的法律事实。不当得利是债的发生原因之一,所产生的不当得利之债属于法定之债的一种。其中,得到利益的一方称为得利人,受有损失的一方称为受损人。

不当得利一般分为给付型不当得利和非给付型不当得利。

一方欠缺给付目的而向相对方提供财产或者劳务,增加了相对人的财产,可以构成给付型不当得利。实践中,当事人之间无债务而清偿的,属于非债清偿,是一种重要的给付型不当得利。非债清偿,因行为人主观上是否明知无给付义务,而有不同的法律效果。若不知无给付义务而清偿,得利人应当返还;若明知无给付义务而清偿,得利人无需返还。

因给付以外的原因,如侵权或者事件,所产生的不当得利为非给付型不当得利。当因侵权产生非给付型不当得利时,常常会导致侵权请求权与不当得利请求权竞合,权利人可以择一主张侵权请求权或者不当得利请求权。

(二)不当得利的成立要件

根据《民法典》第985条的规定,不当得利的成立应当具备以下要件:

(1)一方取得利益。这里的取得利益,限于财产利益,既可以是财产利益的扩增(积极增加),也可以是财产应当减少而未减少(消极增加),主要包括取得财产权利、取得占有、债务的减少或消灭等情形。

(2)一方受有损失。这是不当得利的必备要件之一。若只存在一方得利的事实,并不构成不当得利。受有损失在意义上与取得利益相反,是指财产利益的减损。

(3)得利与受损之间存在因果关系。这里的因果关系是指得利与受损之间存在引起与被引起的关系,即因一方得利致使另一方受损,或者因一方受损致使另一方得利。

(4)没有法律上的依据。这是指一方得利而另一方受损不是基于法律的直接规定或者当事人的法律行为而发生。没有法律上的依据可以是自始没有法律上的依据,也可以是嗣后没有法律上的依据。

(三)不当得利当事人的主要权利和义务

1.受损人的主要权利

(1)不当得利返还请求权。根据《民法典》第985条的规定,受损人有权请求得利人返还取得的利益,但是存在以下情形的除外:①为履行道德义务进行的给付;②债务到期之前的清偿;③明知无给付义务而进行的债务清偿。若得利人已经将取得的利益无偿转让给第三人,则受损人有权请求第三人在相应范围内予以返还(《民法典》第988条)。

(2)损失赔偿请求权。根据《民法典》第987条的规定,在得利人知道或者应当知道取得的利益没有法律根据的情况下,受损人除了有权请求返还不当得利外,还可以请求得利人依法赔偿损失。

2.得利人的主要义务

(1)善意得利人的返还义务。所谓善意得利人,是指不知道且不应当知道取得的利益没有法律依据的得利人。善意得利人仅就现存的得利负返还义务,若取得的利益已经不存在,则不承担返还该利益的义务(《民法典》第986条)。现存的得利,是指在受损人请求返还之时尚存的得利,既可以是该利益的原有形态(如原物及其孳息),也可以是该利益的代偿形态(如赔偿金、代偿物)。

(2)恶意得利人的返还和赔偿义务。所谓恶意得利人,是指知道或者应当知道取得的利益没有法律依据的得利人。恶意表现为"知道或应当知道”，可以在得利时（自始恶意），也可以在得利后（嗣后恶意）。恶意得利人应当向受损人返还其取得的利益并依法赔偿损失（《民法典》第 987 条）。

3. 无偿受让的第三人的返还义务

为维护交易安全，根据公平原则，《民法典》第 988 条规定无偿受让的第三人负有返还义务，并且其返还的利益范围不超过得利人应当向受损人返还的利益。

附录 《中华人民共和国民法典》合同编

（2020 年 5 月 28 日第十三届全国人民代表大会第三次会议通过，2020 年 5 月 28 日中华人民共和国主席令第四十五号公布，自 2021 年 1 月 1 日起施行）

目　录

第三编 合 同

第一分编 通 则

第一章 一般规定

第四百六十三条 本编调整因合同产生的民事关系。

第四百六十四条 合同是民事主体之间设立、变更、终止民事法律关系的协议。

婚姻、收养、监护等有关身份关系的协议，适用有关该身份关系的法律规定；没有规定的，可以根据其性质参照适用本编规定。

第四百六十五条 依法成立的合同，受法律保护。

依法成立的合同，仅对当事人具有法律约束力，但是法律另有规定的除外。

第四百六十六条 当事人对合同条款的理解有争议的，应当依据本法第一百四十二条第一款的规定，确定争议条款的含义。

合同文本采用两种以上文字订立并约定具有同等效力的，对各文本使用的词句推定具有相同含义。各文本使用的词句不一致的，应当根据合同的相关条款、性质、目的以及诚信原则等予以解释。

第四百六十七条 本法或者其他法律没有明文规定的合同，适用本编通则的规定，并可以参照适用本编或者其他法律最相类似合同的规定。

在中华人民共和国境内履行的中外合资经营企业合同、中外合作经营企业合同、中外合作勘探开发自然资源合同，适用中华人民共和国法律。

第四百六十八条 非因合同产生的债权债务关系，适用有关该债权债务关系的法律规定；没有规定的，适用本编通则的有关规定，但是根据其性质不能适用的除外。

第二章 合同的订立

第四百六十九条 当事人订立合同，可以采用书面形式、口头形式或者其他形式。

书面形式是合同书、信件、电报、电传、传真等可以有形地表现所载内容的形式。

以电子数据交换、电子邮件等方式能够有形地表现所载内容，并可以随时调取查用的数据电文，视为书面形式。

第四百七十条 合同的内容由当事人约定，一般包括下列条款：

（一）当事人的姓名或者名称和住所；

（二）标的；

（三）数量；

（四）质量；

（五）价款或者报酬；

（六）履行期限、地点和方式；

（七）违约责任；

（八）解决争议的方法。

当事人可以参照各类合同的示范文本订立合同。

第四百七十一条 当事人订立合同，可以采取要约、承诺方式或者其他方式。

第四百七十二条 要约是希望与他人订立合同的意思表示，该意思表示应当符合下列条件：

（一）内容具体确定；

（二）表明经受要约人承诺，要约人即受该意思表示约束。

第四百七十三条 要约邀请是希望他人向自己发出要约的表示。拍卖公告、招标公告、招股说明书、债券募集办法、基金招募说明书、商业广告和宣传、寄送的价目表等为要约邀请。

商业广告和宣传的内容符合要约条件的，构成要约。

第四百七十四条 要约生效的时间适用本法第一百三十七条的规定。

第四百七十五条 要约可以撤回。要约的撤回适用本法第一百四十一条的规定。

第四百七十六条 要约可以撤销，但是有下列情形之一的除外：

（一）要约人以确定承诺期限或者其他形式明示要约不可撤销；

（二）受要约人有理由认为要约是不可撤销的，并已经为履行合同做了合理准备工作。

第四百七十七条 撤销要约的意思表示以对话方式作出的，该意思表示的内容应当在受要约人作出承诺之前为受要约人所知道；撤销要约的意思表示以非对话方式作出的，应当在受要约人作出承诺之前到达受要约人。

第四百七十八条 有下列情形之一的，要约失效：

（一）要约被拒绝；

（二）要约被依法撤销；

（三）承诺期限届满，受要约人未作出承诺；

（四）受要约人对要约的内容作出实质性变更。

第四百七十九条 承诺是受要约人同意要约的意思表示。

第四百八十条 承诺应当以通知的方式作出；但是，根据交易习惯或者要约表明可以通过行为作出承诺的除外。

第四百八十一条 承诺应当在要约确定的期限内到达要约人。

要约没有确定承诺期限的，承诺应当依照下列规定到达：

（一）要约以对话方式作出的，应当即时作出承诺；

（二）要约以非对话方式作出的，承诺应当在合理期限内到达。

第四百八十二条 要约以信件或者电报作出的，承诺期限自信件载明的日期或者电报交发之日开始计算。信件未载明日期的，自投寄该信件的邮戳日期开始计算。要约以电话、传真、电子邮件等快速通讯方式作出的，承诺期限自要约到达受要约人时开始计算。

第四百八十三条 承诺生效时合同成立，但是法律另有规定或者当事人另有约定的除外。

第四百八十四条 以通知方式作出的承诺，生效的时间适用本法第一百三十七条的规定。

承诺不需要通知的，根据交易习惯或者要约的要求作出承诺的行为时生效。

第四百八十五条 承诺可以撤回。承诺的撤回适用本法第一百四十一条的规定。

第四百八十六条 受要约人超过承诺期限发出承诺，或者在承诺期限内发出承诺，按照通常情形不能及时到达要约人的，为新要约；但是，要约人及时通知受要约人该承诺有效的除外。

第四百八十七条 受要约人在承诺期限内发出承诺，按照通常情形能够及时到达要约人，但是因其他原因致使承诺到达要约人时超过承诺期限的，除要约人及时通知受要约人因承诺超过期限不接受该承诺外，该承诺有效。

第四百八十八条 承诺的内容应当与要约的内容一致。受要约人对要约的内容作出实质性变更的，为新要约。有关合同标的、数量、质量、价款或者报酬、履行期限、履行地点和方式、违约责任和解决争议方法等的变更，是对要约内容的实质性变更。

第四百八十九条 承诺对要约的内容作出非实质性变更的，除要约人及时表示反对或者要约表明承诺不得对要约的内容作出任何变更外，该承诺有效，合同的内容以承诺的内容为准。

第四百九十条 当事人采用合同书形式订立合同的，自当事人均签名、盖章或者按指印时合同成立。在签名、盖章或者按指印之前，当事人一方已经履行主要义务，对方接受时，该合同成立。

法律、行政法规规定或者当事人约定合同应当采用书面形式订立，当事人未采用书面形式但是一方已经履行主要义务，对方接受时，该合同成立。

第四百九十一条 当事人采用信件、数据电文等形式订立合同要求签订确认书的，签订确认书时合同成立。

当事人一方通过互联网等信息网络发布的商品或者服务信息符合要约条件的，对方选择该商品或者服务并提交订单成功时合同成立，但是当事人另有约定的除外。

第四百九十二条 承诺生效的地点为合同成立的地点。

采用数据电文形式订立合同的，收件人的主营业地为合同成立的地点；没有主营业地的，其住所地为合同成立的地点。当事人另有约定的，按照其约定。

第四百九十三条 当事人采用合同书形式订立合同的，最后签名、盖章或者按指印的地点为合同成立的地点，但是当事人另有约定的除外。

第四百九十四条 国家根据抢险救灾、疫情防控或者其他需要下达国家订货任务、指令性任务的，有关民事主体之间应当依照有关法律、行政法规规定的权利和义务订立合同。

依照法律、行政法规的规定负有发出要约义务的当事人，应当及时发出合理的要约。

依照法律、行政法规的规定负有作出承诺义务的当事人，不得拒绝对方合理的订立合同要求。

第四百九十五条 当事人约定在将来一定期限内订立合同的认购书、订购书、预订书等，构成预约合同。

当事人一方不履行预约合同约定的订立合同义务的，对方可以请求其承担预约合同的违约责任。

第四百九十六条 格式条款是当事人为了重复使用而预先拟定，并在订立合同时未与对方协商的条款。

采用格式条款订立合同的，提供格式条款的一方应当遵循公平原则确定当事人之间的权利和义务，并采取合理的方式提示对方注意免除或者减轻其责任等与对方有重大利害关系的条款，按照对方的要求，对该条款予以说明。提供格式条款的一方未履行提示或者说明义务，致使对方没有注意或者理解与其有重大利害关系的条款的，对方可以主张该条款不成为合同的内容。

第四百九十七条 有下列情形之一的，该格式条款无效：

（一）具有本法第一编第六章第三节和本法第五百零六条规定的无效情形；

（二）提供格式条款一方不合理地免除或者减轻其责任、加重对方责任、限制对方主要权利；

（三）提供格式条款一方排除对方主要权利。

第四百九十八条 对格式条款的理解发生争议的，应当按照通常理解予以解释。对格式条款有两种以上解释的，应当作出不利于提供格式条款一方的解释。格式条款和非格式条款不一致的，应当采用非格式条款。

第四百九十九条 悬赏人以公开方式声明对完成特定行为的人支付报酬的，完成该行为的人可以请求其支付。

第五百条 当事人在订立合同过程中有下列情形之一，造成对方损失的，应当承担赔偿责任：

（一）假借订立合同，恶意进行磋商；

（二）故意隐瞒与订立合同有关的重要事实或者提供虚假情况；

（三）有其他违背诚信原则的行为。

第五百零一条 当事人在订立合同过程中知悉的商业秘密或者其他应当保密的信息，无论合同是否成立，不得泄露或者不正当地使用；泄露、不正当地使用该商业秘密或者信息，造成对方损失的，应当承担赔偿责任。

第三章 合同的效力

第五百零二条 依法成立的合同，自成立时生效，但是法律另有规定或者当事人另有约定的除外。

依照法律、行政法规的规定，合同应当办理批准等手续的，依照其规定。未办理批准等手续影响合同生效的，不影响合同中履行报批等义务条款以及相关条款的效力。应当办理申请批准等手续的当事人未履行义务的，对方可以请求其承担违反该义务的责任。

依照法律、行政法规的规定，合同的变更、转让、解除等情形应当办理批准等手续的，适用前款规定。

第五百零三条 无权代理人以被代理人的名义订立合同，被代理人已经开始履行合同义务或者接受相对人履行的，视为对合同的追认。

第五百零四条 法人的法定代表人或者非法人组织的负责人超越权限订立的合同，除相对人知道或者应当知道其超越权限外，该代表行为有效，订立的合同对法人或者非法人组织发生效力。

第五百零五条 当事人超越经营范围订立的合同的效力，应当依照本法第一编第六章第三节和本编的有关规定确定，不得仅以超越经营范围确认合同无效。

第五百零六条 合同中的下列免责条款无效：

（一）造成对方人身损害的；

（二）因故意或者重大过失造成对方财产损失的。

第五百零七条 合同不生效、无效、被撤销或者终止的，不影响合同中有关解决争议方法的条款的效力。

第五百零八条 本编对合同的效力没有规定的，适用本法第一编第六章的有关规定。

第四章 合同的履行

第五百零九条 当事人应当按照约定全面履行自己的义务。

当事人应当遵循诚信原则，根据合同的性质、目的和交易习惯履行通知、协助、保密等义务。

当事人在履行合同过程中，应当避免浪费资源、污染环境和破坏生态。

第五百一十条 合同生效后，当事人就质量、价款或者报酬、履行地点等内容没有约定或者约定不明确的，可以协议补充；不能达成补充协议的，按照合同相关条款或者交易习惯确定。

第五百一十一条 当事人就有关合同内容约定不明确，依据前条规定仍不能确定的，适用下列规定：

（一）质量要求不明确的，按照强制性国家标准履行；没有强制性国家标准的，按照推荐性国家标准履行；没有推荐性国家标准的，按照行业标准履行；没有国家标准、行业标准的，按照通常标准或者符合合同目的的特定标准履行。

（二）价款或者报酬不明确的，按照订立合同时履行地的市场价格履行；依法应当执行政府定价或者政府指导价的，依照规定履行。

（三）履行地点不明确，给付货币的，在接受货币一方所在地履行；交付不动产的，在不动产所在地履行；其他标的，在履行义务一方所在地履行。

（四）履行期限不明确的，债务人可以随时履行，债权人也可以随时请求履行，但是应当给对方必要的准备时间。

（五）履行方式不明确的，按照有利于实现合同目的的方式履行。

（六）履行费用的负担不明确的，由履行义务一方负担；因债权人原因增加的履行费用，由债权人负担。

第五百一十二条 通过互联网等信息网络订立的电子合同的标的为交付商品并采用快递物流方式交付的，收货人的签收时间为交付时间。电子合同的标的为提供服务的，生成的电子凭证或者实物凭证中载明的时间为提供服务时间；前述凭证没有载明时间或者载明时间与实际提供服务时间不一致的，以实际提供服务的时间为准。

电子合同的标的物为采用在线传输方式交付的，合同标的物进入对方当事人指定的特定系统且能够检索识别的时间为交付时间。

电子合同当事人对交付商品或者提供服务的方式、时间另有约定的，按照其约定。

第五百一十三条 执行政府定价或者政府指导价的，在合同约定的交付期限内政府价格调整时，按照交付时的价格计价。逾期交付标的物的，遇价格上涨时，按照原价格执行；价格下降时，按照新价格执行。逾期提取标的物或者逾期付款的，遇价格上涨时，按照新价格执行；价格下降时，按照原价格执行。

第五百一十四条 以支付金钱为内容的债，除法律另有规定或者当事人另有约定外，债权人可以请求债务人以实际履行地的法定货币履行。

第五百一十五条 标的有多项而债务人只需履行其中一项的，债务人享有选择权；但是，法律另有规定、当事人另有约定或者另有交易习惯的除外。享有选择权的当事人在约定期限内或者履行期限届满未作选择，经催告后在合理期限内仍未选择的，选择权转移至对方。

第五百一十六条 当事人行使选择权应当及时通知对方，通知到达对方时，标的确定。标的确定后不得变更，但是经对方同意的除外。可选择的标的发生不能履行情形的，享有选择权的当事人不得选择不能履行的标的，但是该不能履行的情形是由对方造成的除外。

第五百一十七条 债权人为二人以上，标的可分，按照份额各自享有债权的，为按份债权；债务人为二人以上，标的可分，按照份额各自负担债务的，为按份债务。按份债权人或者按份债务人的份额难以确定的，视为份额相同。

第五百一十八条 债权人为二人以上，部分或者全部债权人均可以请求债务人履行债务的，为连带债权；债务人为二人以上，债权人可以请求部分或者全部债务人履行全部债务的，为连带债务。连带债权或者连带债务，由法律规定或者当事人约定。

第五百一十九条 连带债务人之间的份额难以确定的，视为份额相同。实际承担债务超过自己份额的连带债务人，有权就超出部分在其他连带债务人未履行的份额范围内向其追偿，并相应地享有债权人的权利，但是不得损害债权人的利益。其他连带债务人对债权人的抗辩，可以向该债务人主张。

被追偿的连带债务人不能履行其应分担份额的，其他连带债务人应当在相应范围内按比例分担。

第五百二十条 部分连带债务人履行、抵销债务或者提存标的物的，其他债务人对债权人的债务在相应范围内消灭；该债务人可以依据前条规定向其他债务人追偿。

部分连带债务人的债务被债权人免除的，在该连带债务人应当承担的份额范围内，其他债务人对债权人的债务消灭。

部分连带债务人的债务与债权人的债权同归于一人的，在扣除该债务人应当承担的份额后，债权人对其他债务人的债权继续存在。

债权人对部分连带债务人的给付受领迟延的，对其他连带债务人发生效力。

第五百二十一条 连带债权人之间的份额难以确定的，视为份额相同。

实际受领债权的连带债权人，应当按比例向其他连带债权人返还。

连带债权参照适用本章连带债务的有关规定。

第五百二十二条 当事人约定由债务人向第三人履行债务，债务人未向第三人履行债务或者履行债务不符合约定的，应当向债权人承担违约责任。

法律规定或者当事人约定第三人可以直接请求债务人向其履行债务，第三人未在合理期限内明确拒绝，债务人未向第三人履行债务或者履行债务不符合约定的，第三人可以请求债务人承担违约责任；债务人对债权人的抗辩，可以向第三人主张。

第五百二十三条 当事人约定由第三人向债权人履行债务，第三人不履行债务或者履行债务不符合约定的，债务人应当向债权人承担违约责任。

第五百二十四条 债务人不履行债务，第三人对履行该债务具有合法利益的，第三人有权向债权人代为履行；但是，根据债务性质、按照当事人约定或者依照法律规定只能由债务人履行的除外。

债权人接受第三人履行后，其对债务人的债权转让给第三人，但是债务人和第三人另有约定的除外。

第五百二十五条 当事人互负债务，没有先后履行顺序的，应当同时履行。一方在对方履行之前有权拒绝其履行请求。一方在对方履行债务不符合约定时，有权拒绝其相应的履行请求。

第五百二十六条 当事人互负债务，有先后履行顺序，应当先履行债务一方未履行的，后履行一方有权拒绝其履行请求。先履行一方履行债务不符合约定的，后履行一方有权拒绝其相应的履行请求。

第五百二十七条 应当先履行债务的当事人，有确切证据证明对方有下列情形之一的，可以中止履行：

（一）经营状况严重恶化；

（二）转移财产、抽逃资金，以逃避债务；

（三）丧失商业信誉；

（四）有丧失或者可能丧失履行债务能力的其他情形。

当事人没有确切证据中止履行的，应当承担违约责任。

第五百二十八条 当事人依据前条规定中止履行的，应当及时通知对方。对方提供适当担保的，应当恢复履行。中止履行后，对方在合理期限内未恢复履行能力且未提供适当担保的，视为以自己的行为表明不履行主要债务，中止履行的一方可以解除合同并可以请求对方承担违约责任。

第五百二十九条 债权人分立、合并或者变更住所没有通知债务人，致使履行债务发生困难的，债务人可以中止履行或者将标的物提存。

第五百三十条 债权人可以拒绝债务人提前履行债务，但是提前履行不损害债权人利益的除外。

债务人提前履行债务给债权人增加的费用，由债务人负担。

第五百三十一条 债权人可以拒绝债务人部分履行债务，但是部分履行不损害债权人利益的除外。

债务人部分履行债务给债权人增加的费用，由债务人负担。

第五百三十二条 合同生效后，当事人不得因姓名、名称的变更或者法定代表人、负责人、承办人的变动而不履行合同义务。

第五百三十三条 合同成立后，合同的基础条件发生了当事人在订立合同时无法预见的、不属于商业风险的重大变化，继续履行合同对于当事人一方明显不公平的，受不利影响的当事人可以与对方重新协商；在合理期限内协商不成的，当事人可以请求人民法院或者仲裁机构变更或者解除合同。

人民法院或者仲裁机构应当结合案件的实际情况，根据公平原则变更或者解除合同。

第五百三十四条 对当事人利用合同实施危害国家利益、社会公共利益行为的，市场监督管理和其他有关行政主管部门依照法律、行政法规的规定负责监督处理。

第五章 合同的保全

第五百三十五条 因债务人怠于行使其债权或者与该债权有关的从权利，影响债权人的到期债权实现的，债权人可以向人民法院请求以自己的名义代位行使债务人对相对人的权利，但是该权利专属于债务人自身的除外。

代位权的行使范围以债权人的到期债权为限。债权人行使代位权的必要费用，由债务人负担。

相对人对债务人的抗辩，可以向债权人主张。

第五百三十六条 债权人的债权到期前，债务人的债权或者与该债权有关的从权利存在诉讼时效期间即将届满或者未及时申报破产债权等情形，影响债权人的债权实现的，债权人可以代位向债务人的相对人请求其向债务人履行、向破产管理人申报或者作出其他必要的行为。

第五百三十七条 人民法院认定代位权成立的，由债务人的相对人向债权人履行义务，债权人接受履行后，债权人与债务人、债务人与相对人之间相应的权利义务终止。债务人对相对人的债权或者与该债权有关的从权利被采取保全、执行措施，或者债务人破产的，依照相关法律的规定处理。

第五百三十八条 债务人以放弃其债权、放弃债权担保、无偿转让财产等方式无偿处分财产权益，或者恶意延长其到期债权的履行期限，影响债权人的债权实现的，债权人可以请求人民法院撤销债务人的行为。

第五百三十九条 债务人以明显不合理的低价转让财产、以明显不合理的高价受让他人财产或者为他人的债务提供担保，影响债权人的债权实现，债务人的相对人知道或者应当知道该情形的，债权人可以请求人民法院撤销债务人的行为。

第五百四十条 撤销权的行使范围以债权人的债权为限。债权人行使撤销权的必要费用，由债务人负担。

第五百四十一条 撤销权自债权人知道或者应当知道撤销事由之日起一年内行使。自债务人的行为发生之日起五年内没有行使撤销权的，该撤销权消灭。

第五百四十二条 债务人影响债权人的债权实现的行为被撤销的，自始没有法律约束力。

第六章 合同的变更和转让

第五百四十三条 当事人协商一致，可以变更合同。

第五百四十四条 当事人对合同变更的内容约定不明确的，推定为未变更。

第五百四十五条 债权人可以将债权的全部或者部分转让给第三人，但是有下列情形之一的除外：

（一）根据债权性质不得转让；

（二）按照当事人约定不得转让；

（三）依照法律规定不得转让。

当事人约定非金钱债权不得转让的，不得对抗善意第三人。当事人约定金钱债权不得转让的，不得对抗第三人。

第五百四十六条 债权人转让债权，未通知债务人的，该转让对债务人不发生效力。

债权转让的通知不得撤销，但是经受让人同意的除外。

第五百四十七条 债权人转让债权的，受让人取得与债权有关的从权利，但是该从权利专属于债权人自身的除外。

受让人取得从权利不因该从权利未办理转移登记手续或者未转移占有而受到影响。

第五百四十八条 债务人接到债权转让通知后，债务人对让与人的抗辩，可以向受让人主张。

第五百四十九条 有下列情形之一的，债务人可以向受让人主张抵销：

（一）债务人接到债权转让通知时，债务人对让与人享有债权，且债务人的债权先于转让的债权到期或者同时到期；

（二）债务人的债权与转让的债权是基于同一合同产生。

第五百五十条 因债权转让增加的履行费用，由让与人负担。

第五百五十一条 债务人将债务的全部或者部分转移给第三人的，应当经债权人同意。

债务人或者第三人可以催告债权人在合理期限内予以同意，债权人未作表示的，视为不同意。

第五百五十二条 第三人与债务人约定加入债务并通知债权人，或者第三人向债权人表示愿意加入债务，债权人未在合理期限内明确拒绝的，债权人可以请求第三人在其愿意承担的债务范围内和债务人承担连带债务。

第五百五十三条 债务人转移债务的，新债务人可以主张原债务人对债权人的抗辩；原债务人对债权人享有债权的，新债务人不得向债权人主张抵销。

第五百五十四条 债务人转移债务的，新债务人应当承担与主债务有关的从债务，但是该从债务专属于原债务人自身的除外。

第五百五十五条 当事人一方经对方同意，可以将自己在合同中的权利和义务一并转让给第三人。

第五百五十六条 合同的权利和义务一并转让的，适用债权转让、债务转移的有关规定。

第七章 合同的权利义务终止

第五百五十七条 有下列情形之一的，债权债务终止：

（一）债务已经履行；

（二）债务相互抵销；

（三）债务人依法将标的物提存；

（四）债权人免除债务；

（五）债权债务同归于一人；

（六）法律规定或者当事人约定终止的其他情形。

合同解除的，该合同的权利义务关系终止。

第五百五十八条 债权债务终止后，当事人应当遵循诚信等原则，根据交易习惯履行通知、协助、保密、旧物回收等义务。

第五百五十九条 债权债务终止时，债权的从权利同时消灭，但是法律另有规定或者当事人另有约定的除外。

第五百六十条 债务人对同一债权人负担的数项债务种类相同，债务人的给付不足以清偿全部债务的，除当事人另有约定外，由债务人在清偿时指定其履行的债务。

债务人未作指定的,应当优先履行已经到期的债务;数项债务均到期的,优先履行对债权人缺乏担保或者担保最少的债务;均无担保或者担保相等的,优先履行债务人负担较重的债务;负担相同的,按照债务到期的先后顺序履行;到期时间相同的,按照债务比例履行。

第五百六十一条 债务人在履行主债务外还应当支付利息和实现债权的有关费用,其给付不足以清偿全部债务的,除当事人另有约定外,应当按照下列顺序履行:

(一)实现债权的有关费用;

(二)利息;

(三)主债务。

第五百六十二条 当事人协商一致,可以解除合同。

当事人可以约定一方解除合同的事由。解除合同的事由发生时,解除权人可以解除合同。

第五百六十三条 有下列情形之一的,当事人可以解除合同:

(一)因不可抗力致使不能实现合同目的;

(二)在履行期限届满前,当事人一方明确表示或者以自己的行为表明不履行主要债务;

(三)当事人一方迟延履行主要债务,经催告后在合理期限内仍未履行;

(四)当事人一方迟延履行债务或者有其他违约行为致使不能实现合同目的;

(五)法律规定的其他情形。

以持续履行的债务为内容的不定期合同,当事人可以随时解除合同,但是应当在合理期限之前通知对方。

第五百六十四条 法律规定或者当事人约定解除权行使期限,期限届满当事人不行使的,该权利消灭。

法律没有规定或者当事人没有约定解除权行使期限,自解除权人知道或者应当知道解除事由之日起一年内不行使,或者经对方催告后在合理期限内不行使的,该权利消灭。

第五百六十五条 当事人一方依法主张解除合同的,应当通知对方。合同自通知到达对方时解除;通知载明债务人在一定期限内不履行债务则合同自动解除,债务人在该期限内未履行债务的,合同自通知载明的期限届满时解除。对方对解除合同有异议的,任何一方当事人均可以请求人民法院或者仲裁机构确认解除行为的效力。

当事人一方未通知对方,直接以提起诉讼或者申请仲裁的方式依法主张解除合同,人民法院或者仲裁机构确认该主张的,合同自起诉状副本或者仲裁申请书副本送达对方时解除。

第五百六十六条 合同解除后,尚未履行的,终止履行;已经履行的,根据履行情况和合同性质,当事人可以请求恢复原状或者采取其他补救措施,并有权请求赔偿损失。

合同因违约解除的,解除权人可以请求违约方承担违约责任,但是当事人另有约定的除外。

主合同解除后,担保人对债务人应当承担的民事责任仍应当承担担保责任,但是担保合同另有约定的除外。

第五百六十七条 合同的权利义务关系终止,不影响合同中结算和清理条款的效力。

第五百六十八条 当事人互负债务,该债务的标的物种类、品质相同的,任何一方可以将自己的债务与对方的到期债务抵销;但是,根据债务性质、按照当事人约定或者依照法律规定不得抵销的除外。

当事人主张抵销的,应当通知对方。通知自到达对方时生效。抵销不得附条件或者附期限。

第五百六十九条 当事人互负债务,标的物种类、品质不相同的,经协商一致,也可以抵销。

第五百七十条 有下列情形之一,难以履行债务的,债务人可以将标的物提存:

(一)债权人无正当理由拒绝受领;

(二)债权人下落不明;

(三)债权人死亡未确定继承人、遗产管理人,或者丧失民事行为能力未确定监护人;

(四)法律规定的其他情形。

标的物不适于提存或者提存费用过高的,债务人依法可以拍卖或者变卖标的物,提存所得的价款。

第五百七十一条 债务人将标的物或者将标的物依法拍卖、变卖所得价款交付提存部门时，提存成立。

提存成立的，视为债务人在其提存范围内已经交付标的物。

第五百七十二条 标的物提存后，债务人应当及时通知债权人或者债权人的继承人、遗产管理人、监护人、财产代管人。

第五百七十三条 标的物提存后，毁损、灭失的风险由债权人承担。提存期间，标的物的孳息归债权人所有。提存费用由债权人负担。

第五百七十四条 债权人可以随时领取提存物。但是，债权人对债务人负有到期债务的，在债权人未履行债务或者提供担保之前，提存部门根据债务人的要求应当拒绝其领取提存物。

债权人领取提存物的权利，自提存之日起五年内不行使而消灭，提存物扣除提存费用后归国家所有。但是，债权人未履行对债务人的到期债务，或者债权人向提存部门书面表示放弃领取提存物权利的，债务人负担提存费用后有权取回提存物。

第五百七十五条 债权人免除债务人部分或者全部债务的，债权债务部分或者全部终止，但是债务人在合理期限内拒绝的除外。

第五百七十六条 债权和债务同归于一人的，债权债务终止，但是损害第三人利益的除外。

第八章 违约责任

第五百七十七条 当事人一方不履行合同义务或者履行合同义务不符合约定的，应当承担继续履行、采取补救措施或者赔偿损失等违约责任。

第五百七十八条 当事人一方明确表示或者以自己的行为表明不履行合同义务的，对方可以在履行期限届满前请求其承担违约责任。

第五百七十九条 当事人一方未支付价款、报酬、租金、利息，或者不履行其他金钱债务的，对方可以请求其支付。

第五百八十条 当事人一方不履行非金钱债务或者履行非金钱债务不符合约定的，对方可以请求履行，但是有下列情形之一的除外：

（一）法律上或者事实上不能履行；

（二）债务的标的不适于强制履行或者履行费用过高；

（三）债权人在合理期限内未请求履行。

有前款规定的除外情形之一，致使不能实现合同目的的，人民法院或者仲裁机构可以根据当事人的请求终止合同权利义务关系，但是不影响违约责任的承担。

第五百八十一条 当事人一方不履行债务或者履行债务不符合约定，根据债务的性质不得强制履行的，对方可以请求其负担由第三人替代履行的费用。

第五百八十二条 履行不符合约定的，应当按照当事人的约定承担违约责任。对违约责任没有约定或者约定不明确，依据本法第五百一十条的规定仍不能确定的，受损害方根据标的的性质以及损失的大小，可以合理选择请求对方承担修理、重作、更换、退货、减少价款或者报酬等违约责任。

第五百八十三条 当事人一方不履行合同义务或者履行合同义务不符合约定的，在履行义务或者采取补救措施后，对方还有其他损失的，应当赔偿损失。

第五百八十四条 当事人一方不履行合同义务或者履行合同义务不符合约定，造成对方损失的，损失赔偿额应当相当于因违约所造成的损失，包括合同履行后可以获得的利益；但是，不得超过违约一方订立合同时预见到或者应当预见到的因违约可能造成的损失。

第五百八十五条 当事人可以约定一方违约时应当根据违约情况向对方支付一定数额的违约金，也可以约定因违约产生的损失赔偿额的计算方法。

约定的违约金低于造成的损失的，人民法院或者仲裁机构可以根据当事人的请求予以增加；约定的违约金过分高于造成的损失的，人民法院或者仲裁机构可以根据当事人的请求予以适当减少。

当事人就迟延履行约定违约金的，违约方支付违约金后，还应当履行债务。

第五百八十六条 当事人可以约定一方向对方给付定金作为债权的担保。定金合同自实际交付定金时成立。

定金的数额由当事人约定；但是，不得超过主合同标的额的百分之二十，超过部分不产生定金的效力。实际交付的定金数额多于或者少于约定数额的，视为变更约定的定金数额。

第五百八十七条 债务人履行债务的，定金应当抵作价款或者收回。

给付定金的一方不履行债务或者履行债务不符合约定，致使不能实现合同目的的，无权请求返还定金；收受定金的一方不履行债务或者履行债务不符合约定，致使不能实现合同目的的，应当双倍返还定金。

第五百八十八条 当事人既约定违约金，又约定定金的，一方违约时，对方可以选择适用违约金或者定金条款。

定金不足以弥补一方违约造成的损失的，对方可以请求赔偿超过定金数额的损失。

第五百八十九条 债务人按照约定履行债务，债权人无正当理由拒绝受领的，债务人可以请求债权人赔偿增加的费用。

在债权人受领迟延期间，债务人无须支付利息。

第五百九十条 当事人一方因不可抗力不能履行合同的，根据不可抗力的影响，部分或者全部免除责任，但是法律另有规定的除外。因不可抗力不能履行合同的，应当及时通知对方，以减轻可能给对方造成的损失，并应当在合理期限内提供证明。

当事人迟延履行后发生不可抗力的，不免除其违约责任。

第五百九十一条 当事人一方违约后，对方应当采取适当措施防止损失的扩大；没有采取适当措施致使损失扩大的，不得就扩大的损失请求赔偿。

当事人因防止损失扩大而支出的合理费用，由违约方负担。

第五百九十二条 当事人都违反合同的，应当各自承担相应的责任。

当事人一方违约造成对方损失，对方对损失的发生有过错的，可以减少相应的损失赔偿额。

第五百九十三条 当事人一方因第三人的原因造成违约的，应当依法向对方承担违约责任。当事人一方和第三人之间的纠纷，依照法律规定或者按照约定处理。

第五百九十四条 因国际货物买卖合同和技术进出口合同争议提起诉讼或者申请仲裁的时效期间为四年。

第二分编 典型合同

第九章 买卖合同

第五百九十五条 买卖合同是出卖人转移标的物的所有权于买受人，

买受人支付价款的合同。

第五百九十六条 买卖合同的内容一般包括标的物的名称、数量、质量、价款、履行期限、履行地点和方式、包装方式、检验标准和方法、结算方式、合同使用的文字及其效力等条款。

第五百九十七条 因出卖人未取得处分权致使标的物所有权不能转移的，买受人可以解除合同并请求出卖人承担违约责任。

法律、行政法规禁止或者限制转让的标的物，依照其规定。

第五百九十八条 出卖人应当履行向买受人交付标的物或者交付提取标的物的单证，并转移标的物所有权的义务。

第五百九十九条 出卖人应当按照约定或者交易习惯向买受人交付提取标的物单证以外的有关单证和资料。

第六百条 出卖具有知识产权的标的物的，除法律另有规定或者当事人另有约定外，该标的物的知识产权不属于买受人。

第六百零一条 出卖人应当按照约定的时间交付标的物。约定交付期限的，出卖人可以在该交付期限内的任何时间交付。

第六百零二条 当事人没有约定标的物的交付期限或者约定不明确的，适用本法第五百一十条、第五百一十一条第四项的规定。

第六百零三条 出卖人应当按照约定的地点交付标的物。

当事人没有约定交付地点或者约定不明确，依据本法第五百一十条的规定仍不能确定的，适用下列规定：

（一）标的物需要运输的，出卖人应当将标的物交付给第一承运人以运交给买受人；

（二）标的物不需要运输，出卖人和买受人订立合同时知道标的物在某一地点的，出卖人应当在该地点交付标的物；不知道标的物在某一地点的，应当在出卖人订立合同时的营业地交付标的物。

第六百零四条 标的物毁损、灭失的风险，在标的物交付之前由出卖人承担，交付之后由买受人承担，但是法律另有规定或者当事人另有约定的除外。

第六百零五条 因买受人的原因致使标的物未按照约定的期限交付的，买受人应当自违反约定时起承担标的物毁损、灭失的风险。

第六百零六条 出卖人出卖交由承运人运输的在途标的物，除当事人另有约定外，毁损、灭失的风险自合同成立时起由买受人承担。

第六百零七条 出卖人按照约定将标的物运送至买受人指定地点并交付给承运人后，标的物毁损、灭失的风险由买受人承担。

当事人没有约定交付地点或者约定不明确，依据本法第六百零三条第二款第一项的规定标的物需要运输的，出卖人将标的物交付给第一承运人后，标的物毁损、灭失的风险由买受人承担。

第六百零八条 出卖人按照约定或者依据本法第六百零三条第二款第二项的规定将标的物置于交付地点，买受人违反约定没有收取的，标的物毁损、灭失的风险自违反约定时起由买受人承担。

第六百零九条 出卖人按照约定未交付有关标的物的单证和资料的，不影响标的物毁损、灭失风险的转移。

第六百一十条 因标的物不符合质量要求，致使不能实现合同目的的，买受人可以拒绝接受标的物或者解除合同。买受人拒绝接受标的物或者解除合同的，标的物毁损、灭失的风险由出卖人承担。

第六百一十一条 标的物毁损、灭失的风险由买受人承担的，不影响因出卖人履行义务不符合约定，买受人请求其承担违约责任的权利。

第六百一十二条 出卖人就交付的标的物，负有保证第三人对该标的物不享有任何权利的义务，但是法律另有规定的除外。

第六百一十三条 买受人订立合同时知道或者应当知道第三人对买卖的标的物享有权利的，出卖人不承担前条规定的义务。

第六百一十四条 买受人有确切证据证明第三人对标的物享有权利的，可以中止支付相应的价款，但是出卖人提供适当担保的除外。

第六百一十五条 出卖人应当按照约定的质量要求交付标的物。出卖人提供有关标的物质量说明的，交付的标的物应当符合该说明的质量要求。

第六百一十六条 当事人对标的物的质量要求没有约定或者约定不明确，依据本法第五百一十条的规定仍不能确定的，适用本法第五百一十一条第一项的规定。

第六百一十七条 出卖人交付的标的物不符合质量要求的，买受人可以依据本法第五百八十二条至第五百八十四条的规定请求承担违约责任。

第六百一十八条 当事人约定减轻或者免除出卖人对标的物瑕疵承

担的责任，因出卖人故意或者重大过失不告知买受人标的物瑕疵的，出卖人无权主张减轻或者免除责任。

第六百一十九条 出卖人应当按照约定的包装方式交付标的物。对包装方式没有约定或者约定不明确，依据本法第五百一十条的规定仍不能确定的，应当按照通用的方式包装；没有通用方式的，应当采取足以保护标的物且有利于节约资源、保护生态环境的包装方式。

第六百二十条 买受人收到标的物时应当在约定的检验期限内检验。没有约定检验期限的，应当及时检验。

第六百二十一条 当事人约定检验期限的，买受人应当在检验期限内将标的物的数量或者质量不符合约定的情形通知出卖人。买受人怠于通知的，视为标的物的数量或者质量符合约定。

当事人没有约定检验期限的，买受人应当在发现或者应当发现标的物的数量或者质量不符合约定的合理期限内通知出卖人。买受人在合理期限内未通知或者自收到标的物之日起二年内未通知出卖人的，视为标的物的数量或者质量符合约定；但是，对标的物有质量保证期的，适用质量保证期，不适用该二年的规定。

出卖人知道或者应当知道提供的标的物不符合约定的，买受人不受前两款规定的通知时间的限制。

第六百二十二条 当事人约定的检验期限过短，根据标的物的性质和交易习惯，买受人在检验期限内难以完成全面检验的，该期限仅视为买受人对标的物的外观瑕疵提出异议的期限。

约定的检验期限或者质量保证期短于法律、行政法规规定期限的，应当以法律、行政法规规定的期限为准。

第六百二十三条 当事人对检验期限未作约定，买受人签收的送货单、确认单等载明标的物数量、型号、规格的，推定买受人已经对数量和外观瑕疵进行检验，但是有相关证据足以推翻的除外。

第六百二十四条 出卖人依照买受人的指示向第三人交付标的物，出卖人和买受人约定的检验标准与买受人和第三人约定的检验标准不一致的，以出卖人和买受人约定的检验标准为准。

第六百二十五条 依照法律、行政法规的规定或者按照当事人的约定，标的物在有效使用年限届满后应予回收的，出卖人负有自行或者委托第三人对标的物予以回收的义务。

第六百二十六条 买受人应当按照约定的数额和支付方式支付价款。对价款的数额和支付方式没有约定或者约定不明确的，适用本法第五百一十条、第五百一十一条第二项和第五项的规定。

第六百二十七条 买受人应当按照约定的地点支付价款。对支付地点没有约定或者约定不明确，依据本法第五百一十条的规定仍不能确定的，买受人应当在出卖人的营业地支付；但是，约定支付价款以交付标的物或者交付提取标的物单证为条件的，在交付标的物或者交付提取标的物单证的所在地支付。

第六百二十八条 买受人应当按照约定的时间支付价款。对支付时间没有约定或者约定不明确，依据本法第五百一十条的规定仍不能确定的，买受人应当在收到标的物或者提取标的物单证的同时支付。

第六百二十九条 出卖人多交标的物的，买受人可以接收或者拒绝接收多交的部分。买受人接收多交部分的，按照约定的价格支付价款；买受人拒绝接收多交部分的，应当及时通知出卖人。

第六百三十条 标的物在交付之前产生的孳息，归出卖人所有；交付之后产生的孳息，归买受人所有。但是，当事人另有约定的除外。

第六百三十一条 因标的物的主物不符合约定而解除合同的，解除合同的效力及于从物。因标的物的从物不符合约定被解除的，解除的效力不及于主物。

第六百三十二条 标的物为数物，其中一物不符合约定的，买受人可以就该物解除。但是，该物与他物分离使标的物的价值显受损害的，买受人可以就数物解除合同。

第六百三十三条 出卖人分批交付标的物的，出卖人对其中一批标的物不交付或者交付不符合约定，致使该批标的物不能实现合同目的的，买受人可以就该批标的物解除。

出卖人不交付其中一批标的物或者交付不符合约定，致使之后其他各批标的物的交付不能实现合同目的的，买受人可以就该批以及之后其他各批标的物解除。

买受人如果就其中一批标的物解除，该批标的物与其他各批标的物相互依存的，可以就已经交付和未交付的各批标的物解除。

第六百三十四条 分期付款的买受人未支付到期价款的数额达到全部价款的五分之一,经催告后在合理期限内仍未支付到期价款的,出卖人可以请求买受人支付全部价款或者解除合同。

出卖人解除合同的,可以向买受人请求支付该标的物的使用费。

第六百三十五条 凭样品买卖的当事人应当封存样品,并可以对样品质量予以说明。出卖人交付的标的物应当与样品及其说明的质量相同。

第六百三十六条 凭样品买卖的买受人不知道样品有隐蔽瑕疵的,即使交付的标的物与样品相同,出卖人交付的标的物的质量仍然应当符合同种物的通常标准。

第六百三十七条 试用买卖的当事人可以约定标的物的试用期限。对试用期限没有约定或者约定不明确,依据本法第五百一十条的规定仍不能确定的,由出卖人确定。

第六百三十八条 试用买卖的买受人在试用期内可以购买标的物,也可以拒绝购买。试用期限届满,买受人对是否购买标的物未作表示的,视为购买。

试用买卖的买受人在试用期内已经支付部分价款或者对标的物实施出卖、出租、设立担保物权等行为的,视为同意购买。

第六百三十九条 试用买卖的当事人对标的物使用费没有约定或者约定不明确的,出卖人无权请求买受人支付。

第六百四十条 标的物在试用期内毁损、灭失的风险由出卖人承担。

第六百四十一条 当事人可以在买卖合同中约定买受人未履行支付价款或者其他义务的,标的物的所有权属于出卖人。

出卖人对标的物保留的所有权,未经登记,不得对抗善意第三人。

第六百四十二条 当事人约定出卖人保留合同标的物的所有权,在标的物所有权转移前,买受人有下列情形之一,造成出卖人损害的,除当事人另有约定外,出卖人有权取回标的物:

(一)未按照约定支付价款,经催告后在合理期限内仍未支付;

(二)未按照约定完成特定条件;

(三)将标的物出卖、出质或者作出其他不当处分。

出卖人可以与买受人协商取回标的物;协商不成的,可以参照适用担保物权的实现程序。

第六百四十三条 出卖人依据前条第一款的规定取回标的物后，买受人在双方约定或者出卖人指定的合理回赎期限内，消除出卖人取回标的物的事由的，可以请求回赎标的物。

买受人在回赎期限内没有回赎标的物，出卖人可以以合理价格将标的物出卖给第三人，出卖所得价款扣除买受人未支付的价款以及必要费用后仍有剩余的，应当返还买受人；不足部分由买受人清偿。

第六百四十四条 招标投标买卖的当事人的权利和义务以及招标投标程序等，依照有关法律、行政法规的规定。

第六百四十五条 拍卖的当事人的权利和义务以及拍卖程序等，依照有关法律、行政法规的规定。

第六百四十六条 法律对其他有偿合同有规定的，依照其规定；没有规定的，参照适用买卖合同的有关规定。

第六百四十七条 当事人约定易货交易，转移标的物的所有权的，参照适用买卖合同的有关规定。

第十章 供用电、水、气、热力合同

第六百四十八条 供用电合同是供电人向用电人供电，用电人支付电费的合同。

向社会公众供电的供电人，不得拒绝用电人合理的订立合同要求。

第六百四十九条 供用电合同的内容一般包括供电的方式、质量、时间，用电容量、地址、性质，计量方式，电价、电费的结算方式，供用电设施的维护责任等条款。

第六百五十条 供用电合同的履行地点，按照当事人约定；当事人没有约定或者约定不明确的，供电设施的产权分界处为履行地点。

第六百五十一条 供电人应当按照国家规定的供电质量标准和约定安全供电。供电人未按照国家规定的供电质量标准和约定安全供电，造成用电人损失的，应当承担赔偿责任。

第六百五十二条 供电人因供电设施计划检修、临时检修、依法限电或者用电人违法用电等原因，需要中断供电时，应当按照国家有关规定事先通知用电人；未事先通知用电人中断供电，造成用电人损失的，应当承担赔偿责任。

第六百五十三条 因自然灾害等原因断电,供电人应当按照国家有关规定及时抢修;未及时抢修,造成用电人损失的,应当承担赔偿责任。

第六百五十四条 用电人应当按照国家有关规定和当事人的约定及时支付电费。用电人逾期不支付电费的,应当按照约定支付违约金。经催告用电人在合理期限内仍不支付电费和违约金的,供电人可以按照国家规定的程序中止供电。

供电人依据前款规定中止供电的,应当事先通知用电人。

第六百五十五条 用电人应当按照国家有关规定和当事人的约定安全、节约和计划用电。用电人未按照国家有关规定和当事人的约定用电,造成供电人损失的,应当承担赔偿责任。

第六百五十六条 供用水、供用气、供用热力合同,参照适用供用电合同的有关规定。

第十一章 赠与合同

第六百五十七条 赠与合同是赠与人将自己的财产无偿给予受赠人,受赠人表示接受赠与的合同。

第六百五十八条 赠与人在赠与财产的权利转移之前可以撤销赠与。

经过公证的赠与合同或者依法不得撤销的具有救灾、扶贫、助残等公益、道德义务性质的赠与合同,不适用前款规定。

第六百五十九条 赠与的财产依法需要办理登记或者其他手续的,应当办理有关手续。

第六百六十条 经过公证的赠与合同或者依法不得撤销的具有救灾、扶贫、助残等公益、道德义务性质的赠与合同,赠与人不交付赠与财产的,受赠人可以请求交付。

依据前款规定应当交付的赠与财产因赠与人故意或者重大过失致使毁损、灭失的,赠与人应当承担赔偿责任。

第六百六十一条 赠与可以附义务。

赠与附义务的,受赠人应当按照约定履行义务。

第六百六十二条 赠与的财产有瑕疵的,赠与人不承担责任。附义务的赠与,赠与的财产有瑕疵的,赠与人在附义务的限度内承担与出卖人相同的责任。

赠与人故意不告知瑕疵或者保证无瑕疵，造成受赠人损失的，应当承担赔偿责任。

第六百六十三条 受赠人有下列情形之一的，赠与人可以撤销赠与：

（一）严重侵害赠与人或者赠与人近亲属的合法权益；

（二）对赠与人有扶养义务而不履行；

（三）不履行赠与合同约定的义务。

赠与人的撤销权，自知道或者应当知道撤销事由之日起一年内行使。

第六百六十四条 因受赠人的违法行为致使赠与人死亡或者丧失民事行为能力的，赠与人的继承人或者法定代理人可以撤销赠与。

赠与人的继承人或者法定代理人的撤销权，自知道或者应当知道撤销事由之日起六个月内行使。

第六百六十五条 撤销权人撤销赠与的，可以向受赠人请求返还赠与的财产。

第六百六十六条 赠与人的经济状况显著恶化，严重影响其生产经营或者家庭生活的，可以不再履行赠与义务。

第十二章 借款合同

第六百六十七条 借款合同是借款人向贷款人借款，到期返还借款并支付利息的合同。

第六百六十八条 借款合同应当采用书面形式，但是自然人之间借款另有约定的除外。

借款合同的内容一般包括借款种类、币种、用途、数额、利率、期限和还款方式等条款。

第六百六十九条 订立借款合同，借款人应当按照贷款人的要求提供与借款有关的业务活动和财务状况的真实情况。

第六百七十条 借款的利息不得预先在本金中扣除。利息预先在本金中扣除的，应当按照实际借款数额返还借款并计算利息。

第六百七十一条 贷款人未按照约定的日期、数额提供借款，造成借款人损失的，应当赔偿损失。

借款人未按照约定的日期、数额收取借款的，应当按照约定的日期、数额支付利息。

第六百七十二条 贷款人按照约定可以检查、监督借款的使用情况。借款人应当按照约定向贷款人定期提供有关财务会计报表或者其他资料。

第六百七十三条 借款人未按照约定的借款用途使用借款的，贷款人可以停止发放借款、提前收回借款或者解除合同。

第六百七十四条 借款人应当按照约定的期限支付利息。对支付利息的期限没有约定或者约定不明确，依据本法第五百一十条的规定仍不能确定，借款期间不满一年的，应当在返还借款时一并支付；借款期间一年以上的，应当在每届满一年时支付，剩余期间不满一年的，应当在返还借款时一并支付。

第六百七十五条 借款人应当按照约定的期限返还借款。对借款期限没有约定或者约定不明确，依据本法第五百一十条的规定仍不能确定的，借款人可以随时返还；贷款人可以催告借款人在合理期限内返还。

第六百七十六条 借款人未按照约定的期限返还借款的，应当按照约定或者国家有关规定支付逾期利息。

第六百七十七条 借款人提前返还借款的，除当事人另有约定外，应当按照实际借款的期间计算利息。

第六百七十八条 借款人可以在还款期限届满前向贷款人申请展期；贷款人同意的，可以展期。

第六百七十九条 自然人之间的借款合同，自贷款人提供借款时成立。

第六百八十条 禁止高利放贷，借款的利率不得违反国家有关规定。

借款合同对支付利息没有约定的，视为没有利息。

借款合同对支付利息约定不明确，当事人不能达成补充协议的，按照当地或者当事人的交易方式、交易习惯、市场利率等因素确定利息；自然人之间借款的，视为没有利息。

第十三章 保证合同

第一节 一般规定

第六百八十一条 保证合同是为保障债权的实现，保证人和债权人约定，当债务人不履行到期债务或者发生当事人约定的情形时，保证人履行债务或者承担责任的合同。

第六百八十二条 保证合同是主债权债务合同的从合同。主债权债务合同无效的，保证合同无效，但是法律另有规定的除外。

保证合同被确认无效后，债务人、保证人、债权人有过错的，应当根据其过错各自承担相应的民事责任。

第六百八十三条 机关法人不得为保证人，但是经国务院批准为使用外国政府或者国际经济组织贷款进行转贷的除外。

以公益为目的的非营利法人、非法人组织不得为保证人。

第六百八十四条 保证合同的内容一般包括被保证的主债权的种类、数额，债务人履行债务的期限，保证的方式、范围和期间等条款。

第六百八十五条 保证合同可以是单独订立的书面合同，也可以是主债权债务合同中的保证条款。

第三人单方以书面形式向债权人作出保证，债权人接收且未提出异议的，保证合同成立。

第六百八十六条 保证的方式包括一般保证和连带责任保证。

当事人在保证合同中对保证方式没有约定或者约定不明确的，按照一般保证承担保证责任。

第六百八十七条 当事人在保证合同中约定，债务人不能履行债务时，由保证人承担保证责任的，为一般保证。

一般保证的保证人在主合同纠纷未经审判或者仲裁，并就债务人财产依法强制执行仍不能履行债务前，有权拒绝向债权人承担保证责任，但是有下列情形之一的除外：

（一）债务人下落不明，且无财产可供执行；

（二）人民法院已经受理债务人破产案件；

（三）债权人有证据证明债务人的财产不足以履行全部债务或者丧失履行债务能力；

（四）保证人书面表示放弃本款规定的权利。

第六百八十八条 当事人在保证合同中约定保证人和债务人对债务承担连带责任的，为连带责任保证。

连带责任保证的债务人不履行到期债务或者发生当事人约定的情形时，债权人可以请求债务人履行债务，也可以请求保证人在其保证范围内承担保证责任。

第六百八十九条 保证人可以要求债务人提供反担保。

第六百九十条 保证人与债权人可以协商订立最高额保证的合同，约定在最高债权额限度内就一定期间连续发生的债权提供保证。

最高额保证除适用本章规定外，参照适用本法第二编最高额抵押权的有关规定。

第二节 保证责任

第六百九十一条 保证的范围包括主债权及其利息、违约金、损害赔偿金和实现债权的费用。当事人另有约定的，按照其约定。

第六百九十二条 保证期间是确定保证人承担保证责任的期间，不发生中止、中断和延长。

债权人与保证人可以约定保证期间，但是约定的保证期间早于主债务履行期限或者与主债务履行期限同时届满的，视为没有约定；没有约定或者约定不明确的，保证期间为主债务履行期限届满之日起六个月。

债权人与债务人对主债务履行期限没有约定或者约定不明确的，保证期间自债权人请求债务人履行债务的宽限期届满之日起计算。

第六百九十三条 一般保证的债权人未在保证期间对债务人提起诉讼或者申请仲裁的，保证人不再承担保证责任。

连带责任保证的债权人未在保证期间请求保证人承担保证责任的，保证人不再承担保证责任。

第六百九十四条 一般保证的债权人在保证期间届满前对债务人提起诉讼或者申请仲裁的，从保证人拒绝承担保证责任的权利消灭之日起，开始计算保证债务的诉讼时效。

连带责任保证的债权人在保证期间届满前请求保证人承担保证责任的，从债权人请求保证人承担保证责任之日起，开始计算保证债务的诉讼时效。

第六百九十五条 债权人和债务人未经保证人书面同意，协商变更主债权债务合同内容，减轻债务的，保证人仍对变更后的债务承担保证责任；加重债务的，保证人对加重的部分不承担保证责任。

债权人和债务人变更主债权债务合同的履行期限，未经保证人书面同意的，保证期间不受影响。

第六百九十六条 债权人转让全部或者部分债权，未通知保证人的，该转让对保证人不发生效力。

保证人与债权人约定禁止债权转让，债权人未经保证人书面同意转让债权的，保证人对受让人不再承担保证责任。

第六百九十七条 债权人未经保证人书面同意，允许债务人转移全部或者部分债务，保证人对未经其同意转移的债务不再承担保证责任，但是债权人和保证人另有约定的除外。

第三人加入债务的，保证人的保证责任不受影响。

第六百九十八条 一般保证的保证人在主债务履行期限届满后，向债权人提供债务人可供执行财产的真实情况，债权人放弃或者怠于行使权利致使该财产不能被执行的，保证人在其提供可供执行财产的价值范围内不再承担保证责任。

第六百九十九条 同一债务有两个以上保证人的，保证人应当按照保证合同约定的保证份额，承担保证责任；没有约定保证份额的，债权人可以请求任何一个保证人在其保证范围内承担保证责任。

第七百条 保证人承担保证责任后，除当事人另有约定外，有权在其承担保证责任的范围内向债务人追偿，享有债权人对债务人的权利，但是不得损害债权人的利益。

第七百零一条 保证人可以主张债务人对债权人的抗辩。债务人放弃抗辩的，保证人仍有权向债权人主张抗辩。

第七百零二条 债务人对债权人享有抵销权或者撤销权的，保证人可以在相应范围内拒绝承担保证责任。

第十四章 租赁合同

第七百零三条 租赁合同是出租人将租赁物交付承租人使用、收益，承租人支付租金的合同。

第七百零四条 租赁合同的内容一般包括租赁物的名称、数量、用途、租赁期限、租金及其支付期限和方式、租赁物维修等条款。

第七百零五条 租赁期限不得超过二十年。超过二十年的，超过部分无效。

租赁期限届满，当事人可以续订租赁合同；但是，约定的租赁期限自续订之日起不得超过二十年。

第七百零六条 当事人未依照法律、行政法规规定办理租赁合同登记备案手续的,不影响合同的效力。

第七百零七条 租赁期限六个月以上的,应当采用书面形式。当事人未采用书面形式,无法确定租赁期限的,视为不定期租赁。

第七百零八条 出租人应当按照约定将租赁物交付承租人,并在租赁期限内保持租赁物符合约定的用途。

第七百零九条 承租人应当按照约定的方法使用租赁物。对租赁物的使用方法没有约定或者约定不明确,依据本法第五百一十条的规定仍不能确定的,应当根据租赁物的性质使用。

第七百一十条 承租人按照约定的方法或者根据租赁物的性质使用租赁物,致使租赁物受到损耗的,不承担赔偿责任。

第七百一十一条 承租人未按照约定的方法或者未根据租赁物的性质使用租赁物,致使租赁物受到损失的,出租人可以解除合同并请求赔偿损失。

第七百一十二条 出租人应当履行租赁物的维修义务,但是当事人另有约定的除外。

第七百一十三条 承租人在租赁物需要维修时可以请求出租人在合理期限内维修。出租人未履行维修义务的,承租人可以自行维修,维修费用由出租人负担。因维修租赁物影响承租人使用的,应当相应减少租金或者延长租期。

因承租人的过错致使租赁物需要维修的,出租人不承担前款规定的维修义务。

第七百一十四条 承租人应当妥善保管租赁物,因保管不善造成租赁物毁损、灭失的,应当承担赔偿责任。

第七百一十五条 承租人经出租人同意,可以对租赁物进行改善或者增设他物。

承租人未经出租人同意,对租赁物进行改善或者增设他物的,出租人可以请求承租人恢复原状或者赔偿损失。

第七百一十六条 承租人经出租人同意,可以将租赁物转租给第三人。承租人转租的,承租人与出租人之间的租赁合同继续有效;第三人造成租赁物损失的,承租人应当赔偿损失。

承租人未经出租人同意转租的，出租人可以解除合同。

第七百一十七条 承租人经出租人同意将租赁物转租给第三人，转租期限超过承租人剩余租赁期限的，超过部分的约定对出租人不具有法律约束力，但是出租人与承租人另有约定的除外。

第七百一十八条 出租人知道或者应当知道承租人转租，但是在六个月内未提出异议的，视为出租人同意转租。

第七百一十九条 承租人拖欠租金的，次承租人可以代承租人支付其欠付的租金和违约金，但是转租合同对出租人不具有法律约束力的除外。

次承租人代为支付的租金和违约金，可以充抵次承租人应当向承租人支付的租金；超出其应付的租金数额的，可以向承租人追偿。

第七百二十条 在租赁期限内因占有、使用租赁物获得的收益，归承租人所有，但是当事人另有约定的除外。

第七百二十一条 承租人应当按照约定的期限支付租金。对支付租金的期限没有约定或者约定不明确，依据本法第五百一十条的规定仍不能确定，租赁期限不满一年的，应当在租赁期限届满时支付；租赁期限一年以上的，应当在每届满一年时支付，剩余期限不满一年的，应当在租赁期限届满时支付。

第七百二十二条 承租人无正当理由未支付或者迟延支付租金的，出租人可以请求承租人在合理期限内支付；承租人逾期不支付的，出租人可以解除合同。

第七百二十三条 因第三人主张权利，致使承租人不能对租赁物使用、收益的，承租人可以请求减少租金或者不支付租金。

第三人主张权利的，承租人应当及时通知出租人。

第七百二十四条 有下列情形之一，非因承租人原因致使租赁物无法使用的，承租人可以解除合同：

（一）租赁物被司法机关或者行政机关依法查封、扣押；

（二）租赁物权属有争议；

（三）租赁物具有违反法律、行政法规关于使用条件的强制性规定情形。

第七百二十五条 租赁物在承租人按照租赁合同占有期限内发生所有权变动的，不影响租赁合同的效力。

第七百二十六条　出租人出卖租赁房屋的，应当在出卖之前的合理期限内通知承租人，承租人享有以同等条件优先购买的权利；但是，房屋按份共有人行使优先购买权或者出租人将房屋出卖给近亲属的除外。

出租人履行通知义务后，承租人在十五日内未明确表示购买的，视为承租人放弃优先购买权。

第七百二十七条　出租人委托拍卖人拍卖租赁房屋的，应当在拍卖五日前通知承租人。承租人未参加拍卖的，视为放弃优先购买权。

第七百二十八条　出租人未通知承租人或者有其他妨害承租人行使优先购买权情形的，承租人可以请求出租人承担赔偿责任。但是，出租人与第三人订立的房屋买卖合同的效力不受影响。

第七百二十九条　因不可归责于承租人的事由，致使租赁物部分或者全部毁损、灭失的，承租人可以请求减少租金或者不支付租金；因租赁物部分或者全部毁损、灭失，致使不能实现合同目的的，承租人可以解除合同。

第七百三十条　当事人对租赁期限没有约定或者约定不明确，依据本法第五百一十条的规定仍不能确定的，视为不定期租赁；当事人可以随时解除合同，但是应当在合理期限之前通知对方。

第七百三十一条　租赁物危及承租人的安全或者健康的，即使承租人订立合同时明知该租赁物质量不合格，承租人仍然可以随时解除合同。

第七百三十二条　承租人在房屋租赁期限内死亡的，与其生前共同居住的人或者共同经营人可以按照原租赁合同租赁该房屋。

第七百三十三条　租赁期限届满，承租人应当返还租赁物。返还的租赁物应当符合按照约定或者根据租赁物的性质使用后的状态。

第七百三十四条　租赁期限届满，承租人继续使用租赁物，出租人没有提出异议的，原租赁合同继续有效，但是租赁期限为不定期。

租赁期限届满，房屋承租人享有以同等条件优先承租的权利。

第十五章　融资租赁合同

第七百三十五条　融资租赁合同是出租人根据承租人对出卖人、租赁物的选择，向出卖人购买租赁物，提供给承租人使用，承租人支付租金的合同。

第七百三十六条　融资租赁合同的内容一般包括租赁物的名称、数量、规格、技术性能、检验方法，租赁期限，租金构成及其支付期限和方式、币种，租赁期限届满租赁物的归属等条款。

融资租赁合同应当采用书面形式。

第七百三十七条 当事人以虚构租赁物方式订立的融资租赁合同无效。

第七百三十八条 依照法律、行政法规的规定，对于租赁物的经营使用应当取得行政许可的，出租人未取得行政许可不影响融资租赁合同的效力。

第七百三十九条 出租人根据承租人对出卖人、租赁物的选择订立的买卖合同，出卖人应当按照约定向承租人交付标的物，承租人享有与受领标的物有关的买受人的权利。

第七百四十条 出卖人违反向承租人交付标的物的义务，有下列情形之一的，承租人可以拒绝受领出卖人向其交付的标的物：

（一）标的物严重不符合约定；

（二）未按照约定交付标的物，经承租人或者出租人催告后在合理期限内仍未交付。

承租人拒绝受领标的物的，应当及时通知出租人。

第七百四十一条 出租人、出卖人、承租人可以约定，出卖人不履行买卖合同义务的，由承租人行使索赔的权利。承租人行使索赔权利的，出租人应当协助。

第七百四十二条 承租人对出卖人行使索赔权利，不影响其履行支付租金的义务。但是，承租人依赖出租人的技能确定租赁物或者出租人干预选择租赁物的，承租人可以请求减免相应租金。

第七百四十三条 出租人有下列情形之一，致使承租人对出卖人行使索赔权利失败的，承租人有权请求出租人承担相应的责任：

（一）明知租赁物有质量瑕疵而不告知承租人；

（二）承租人行使索赔权利时，未及时提供必要协助。

出租人怠于行使只能由其对出卖人行使的索赔权利，造成承租人损失的，承租人有权请求出租人承担赔偿责任。

第七百四十四条 出租人根据承租人对出卖人、租赁物的选择订立的买卖合同，未经承租人同意，出租人不得变更与承租人有关的合同内容。

第七百四十五条 出租人对租赁物享有的所有权，未经登记，不得对抗善意第三人。

第七百四十六条 融资租赁合同的租金，除当事人另有约定外，应当根据购买租赁物的大部分或者全部成本以及出租人的合理利润确定。

第七百四十七条 租赁物不符合约定或者不符合使用目的的，出租人不承担责任。但是，承租人依赖出租人的技能确定租赁物或者出租人干预选择租赁物的除外。

第七百四十八条 出租人应当保证承租人对租赁物的占有和使用。

出租人有下列情形之一的，承租人有权请求其赔偿损失：

（一）无正当理由收回租赁物；

（二）无正当理由妨碍、干扰承租人对租赁物的占有和使用；

（三）因出租人的原因致使第三人对租赁物主张权利；

（四）不当影响承租人对租赁物占有和使用的其他情形。

第七百四十九条 承租人占有租赁物期间，租赁物造成第三人人身损害或者财产损失的，出租人不承担责任。

第七百五十条 承租人应当妥善保管、使用租赁物。

承租人应当履行占有租赁物期间的维修义务。

第七百五十一条 承租人占有租赁物期间，租赁物毁损、灭失的，出租人有权请求承租人继续支付租金，但是法律另有规定或者当事人另有约定的除外。

第七百五十二条 承租人应当按照约定支付租金。承租人经催告后在合理期限内仍不支付租金的，出租人可以请求支付全部租金；也可以解除合同，收回租赁物。

第七百五十三条 承租人未经出租人同意，将租赁物转让、抵押、质押、投资入股或者以其他方式处分的，出租人可以解除融资租赁合同。

第七百五十四条 有下列情形之一的，出租人或者承租人可以解除融资租赁合同：

（一）出租人与出卖人订立的买卖合同解除、被确认无效或者被撤销，且未能重新订立买卖合同；

（二）租赁物因不可归责于当事人的原因毁损、灭失，且不能修复或者确定替代物；

（三）因出卖人的原因致使融资租赁合同的目的不能实现。

第七百五十五条 融资租赁合同因买卖合同解除、被确认无效或者被撤销而解除，出卖人、租赁物系由承租人选择的，出租人有权请求承租人赔偿相应损失；但是，因出租人原因致使买卖合同解除、被确认无效或者被撤销的除外。

出租人的损失已经在买卖合同解除、被确认无效或者被撤销时获得赔偿的，承租人不再承担相应的赔偿责任。

第七百五十六条 融资租赁合同因租赁物交付承租人后意外毁损、灭失等不可归责于当事人的原因解除的，出租人可以请求承租人按照租赁物折旧情况给予补偿。

第七百五十七条 出租人和承租人可以约定租赁期限届满租赁物的归属；对租赁物的归属没有约定或者约定不明确，依据本法第五百一十条的规定仍不能确定的，租赁物的所有权归出租人。

第七百五十八条 当事人约定租赁期限届满租赁物归承租人所有，承租人已经支付大部分租金，但是无力支付剩余租金，出租人因此解除合同收回租赁物，收回的租赁物的价值超过承租人欠付的租金以及其他费用的，承租人可以请求相应返还。

当事人约定租赁期限届满租赁物归出租人所有，因租赁物毁损、灭失或者附合、混合于他物致使承租人不能返还的，出租人有权请求承租人给予合理补偿。

第七百五十九条 当事人约定租赁期限届满，承租人仅需向出租人支付象征性价款的，视为约定的租金义务履行完毕后租赁物的所有权归承租人。

第七百六十条 融资租赁合同无效，当事人就该情形下租赁物的归属有约定的，按照其约定；没有约定或者约定不明确的，租赁物应当返还出租人。但是，因承租人原因致使合同无效，出租人不请求返还或者返还后会显著降低租赁物效用的，租赁物的所有权归承租人，由承租人给予出租人合理补偿。

第十六章　保理合同

第七百六十一条 保理合同是应收账款债权人将现有的或者将有的

应收账款转让给保理人，保理人提供资金融通、应收账款管理或者催收、应收账款债务人付款担保等服务的合同。

第七百六十二条 保理合同的内容一般包括业务类型、服务范围、服务期限、基础交易合同情况、应收账款信息、保理融资款或者服务报酬及其支付方式等条款。

保理合同应当采用书面形式。

第七百六十三条 应收账款债权人与债务人虚构应收账款作为转让标的，与保理人订立保理合同的，应收账款债务人不得以应收账款不存在为由对抗保理人，但是保理人明知虚构的除外。

第七百六十四条 保理人向应收账款债务人发出应收账款转让通知的，应当表明保理人身份并附有必要凭证。

第七百六十五条 应收账款债务人接到应收账款转让通知后，应收账款债权人与债务人无正当理由协商变更或者终止基础交易合同，对保理人产生不利影响的，对保理人不发生效力。

第七百六十六条 当事人约定有追索权保理的，保理人可以向应收账款债权人主张返还保理融资款本息或者回购应收账款债权，也可以向应收账款债务人主张应收账款债权。保理人向应收账款债务人主张应收账款债权，在扣除保理融资款本息和相关费用后有剩余的，剩余部分应当返还给应收账款债权人。

第七百六十七条 当事人约定无追索权保理的，保理人应当向应收账款债务人主张应收账款债权，保理人取得超过保理融资款本息和相关费用的部分，无需向应收账款债权人返还。

第七百六十八条 应收账款债权人就同一应收账款订立多个保理合同，致使多个保理人主张权利的，已经登记的先于未登记的取得应收账款；均已经登记的，按照登记时间的先后顺序取得应收账款；均未登记的，由最先到达应收账款债务人的转让通知中载明的保理人取得应收账款；既未登记也未通知的，按照保理融资款或者服务报酬的比例取得应收账款。

第七百六十九条 本章没有规定的，适用本编第六章债权转让的有关规定。

第十七章 承揽合同

第七百七十条 承揽合同是承揽人按照定作人的要求完成工作，交付工作成果,定作人支付报酬的合同。

承揽包括加工、定作、修理、复制、测试、检验等工作。

第七百七十一条 承揽合同的内容一般包括承揽的标的、数量、质量、报酬,承揽方式,材料的提供,履行期限,验收标准和方法等条款。

第七百七十二条 承揽人应当以自己的设备、技术和劳力,完成主要工作,但是当事人另有约定的除外。

承揽人将其承揽的主要工作交由第三人完成的,应当就该第三人完成的工作成果向定作人负责;未经定作人同意的,定作人也可以解除合同。

第七百七十三条 承揽人可以将其承揽的辅助工作交由第三人完成。承揽人将其承揽的辅助工作交由第三人完成的,应当就该第三人完成的工作成果向定作人负责。

第七百七十四条 承揽人提供材料的,应当按照约定选用材料,并接受定作人检验。

第七百七十五条 定作人提供材料的,应当按照约定提供材料。承揽人对定作人提供的材料应当及时检验,发现不符合约定时,应当及时通知定作人更换、补齐或者采取其他补救措施。

承揽人不得擅自更换定作人提供的材料,不得更换不需要修理的零部件。

第七百七十六条 承揽人发现定作人提供的图纸或者技术要求不合理的,应当及时通知定作人。因定作人怠于答复等原因造成承揽人损失的,应当赔偿损失。

第七百七十七条 定作人中途变更承揽工作的要求,造成承揽人损失的,应当赔偿损失。

第七百七十八条 承揽工作需要定作人协助的,定作人有协助的义务。定作人不履行协助义务致使承揽工作不能完成的,承揽人可以催告定作人在合理期限内履行义务,并可以顺延履行期限;定作人逾期不履行的,承揽人可以解除合同。

第七百七十九条 承揽人在工作期间,应当接受定作人必要的监督检验。定作人不得因监督检验妨碍承揽人的正常工作。

第七百八十条 承揽人完成工作的,应当向定作人交付工作成果,并提交必要的技术资料和有关质量证明。定作人应当验收该工作成果。

第七百八十一条　承揽人交付的工作成果不符合质量要求的，定作人可以合理选择请求承揽人承担修理、重作、减少报酬、赔偿损失等违约责任。

第七百八十二条　定作人应当按照约定的期限支付报酬。对支付报酬的期限没有约定或者约定不明确，依据本法第五百一十条的规定仍不能确定的，定作人应当在承揽人交付工作成果时支付；工作成果部分交付的，定作人应当相应支付。

第七百八十三条　定作人未向承揽人支付报酬或者材料费等价款的，承揽人对完成的工作成果享有留置权或者有权拒绝交付，但是当事人另有约定的除外。

第七百八十四条　承揽人应当妥善保管定作人提供的材料以及完成的工作成果，因保管不善造成毁损、灭失的，应当承担赔偿责任。

第七百八十五条　承揽人应当按照定作人的要求保守秘密，未经定作人许可，不得留存复制品或者技术资料。

第七百八十六条　共同承揽人对定作人承担连带责任，但是当事人另有约定的除外。

第七百八十七条　定作人在承揽人完成工作前可以随时解除合同，造成承揽人损失的，应当赔偿损失。

第十八章　建设工程合同

第七百八十八条　建设工程合同是承包人进行工程建设，发包人支付价款的合同。

建设工程合同包括工程勘察、设计、施工合同。

第七百八十九条　建设工程合同应当采用书面形式。

第七百九十条　建设工程的招标投标活动，应当依照有关法律的规定公开、公平、公正进行。

第七百九十一条　发包人可以与总承包人订立建设工程合同，也可以分别与勘察人、设计人、施工人订立勘察、设计、施工承包合同。发包人不得将应当由一个承包人完成的建设工程支解成若干部分发包给数个承包人。

总承包人或者勘察、设计、施工承包人经发包人同意，可以将自己承包的部分工作交由第三人完成。第三人就其完成的工作成果与总承包人或者勘察、设计、施工承包人向发包人承担连带责任。承包人不得将其承包的全部建设工程转包给第三人或者将其承包的全部建设工程支解以后以分包的名义分别转包给第三人。

禁止承包人将工程分包给不具备相应资质条件的单位。禁止分包单位将其承包的工程再分包。建设工程主体结构的施工必须由承包人自行完成。

第七百九十二条 国家重大建设工程合同，应当按照国家规定的程序和国家批准的投资计划、可行性研究报告等文件订立。

第七百九十三条 建设工程施工合同无效，但是建设工程经验收合格的，可以参照合同关于工程价款的约定折价补偿承包人。

建设工程施工合同无效，且建设工程经验收不合格的，按照以下情形处理：

（一）修复后的建设工程经验收合格的，发包人可以请求承包人承担修复费用；

（二）修复后的建设工程经验收不合格的，承包人无权请求参照合同关于工程价款的约定折价补偿。

发包人对因建设工程不合格造成的损失有过错的，应当承担相应的责任。

第七百九十四条 勘察、设计合同的内容一般包括提交有关基础资料和概预算等文件的期限、质量要求、费用以及其他协作条件等条款。

第七百九十五条 施工合同的内容一般包括工程范围、建设工期、中间交工工程的开工和竣工时间、工程质量、工程造价、技术资料交付时间、材料和设备供应责任、拨款和结算、竣工验收、质量保修范围和质量保证期、相互协作等条款。

第七百九十六条 建设工程实行监理的，发包人应当与监理人采用书面形式订立委托监理合同。发包人与监理人的权利和义务以及法律责任，应当依照本编委托合同以及其他有关法律、行政法规的规定。

第七百九十七条 发包人在不妨碍承包人正常作业的情况下，可以随时对作业进度、质量进行检查。

第七百九十八条 隐蔽工程在隐蔽以前，承包人应当通知发包人检查。发包人没有及时检查的，承包人可以顺延工程日期，并有权请求赔偿停工、窝工等损失。

第七百九十九条 建设工程竣工后，发包人应当根据施工图纸及说明书、国家颁发的施工验收规范和质量检验标准及时进行验收。验收合格的，发包人应当按照约定支付价款，并接收该建设工程。

建设工程竣工经验收合格后，方可交付使用；未经验收或者验收不合格的，不得交付使用。

第八百条 勘察、设计的质量不符合要求或者未按照期限提交勘察、设计文件拖延工期，造成发包人损失的，勘察人、设计人应当继续完善勘察、设计，减收或者免收勘察、设计费并赔偿损失。

第八百零一条 因施工人的原因致使建设工程质量不符合约定的，发包人有权请求施工人在合理期限内无偿修理或者返工、改建。经过修理或者返工、改建后，造成逾期交付的，施工人应当承担违约责任。

第八百零二条 因承包人的原因致使建设工程在合理使用期限内造成人身损害和财产损失的，承包人应当承担赔偿责任。

第八百零三条 发包人未按照约定的时间和要求提供原材料、设备、场地、资金、技术资料的，承包人可以顺延工程日期，并有权请求赔偿停工、窝工等损失。

第八百零四条 因发包人的原因致使工程中途停建、缓建的，发包人应当采取措施弥补或者减少损失，赔偿承包人因此造成的停工、窝工、倒运、机械设备调迁、材料和构件积压等损失和实际费用。

第八百零五条 因发包人变更计划，提供的资料不准确，或者未按照期限提供必需的勘察、设计工作条件而造成勘察、设计的返工、停工或者修改设计，发包人应当按照勘察人、设计人实际消耗的工作量增付费用。

第八百零六条 承包人将建设工程转包、违法分包的，发包人可以解除合同。

发包人提供的主要建筑材料、建筑构配件和设备不符合强制性标准或者不履行协助义务，致使承包人无法施工，经催告后在合理期限内仍未履行相应义务的，承包人可以解除合同。

合同解除后，已经完成的建设工程质量合格的，发包人应当按照约定支付相应的工程价款；已经完成的建设工程质量不合格的，参照本法第七百九十三条的规定处理。

第八百零七条 发包人未按照约定支付价款的,承包人可以催告发包人在合理期限内支付价款。发包人逾期不支付的,除根据建设工程的性质不宜折价、拍卖外,承包人可以与发包人协议将该工程折价,也可以请求人民法院将该工程依法拍卖。建设工程的价款就该工程折价或者拍卖的价款优先受偿。

第八百零八条 本章没有规定的,适用承揽合同的有关规定。

第十九章 运输合同

第一节 一般规定

第八百零九条 运输合同是承运人将旅客或者货物从起运地点运输到约定地点,旅客、托运人或者收货人支付票款或者运输费用的合同。

第八百一十条 从事公共运输的承运人不得拒绝旅客、托运人通常、合理的运输要求。

第八百一十一条 承运人应当在约定期限或者合理期限内将旅客、货物安全运输到约定地点。

第八百一十二条 承运人应当按照约定的或者通常的运输路线将旅客、货物运输到约定地点。

第八百一十三条 旅客、托运人或者收货人应当支付票款或者运输费用。承运人未按照约定路线或者通常路线运输增加票款或者运输费用的,旅客、托运人或者收货人可以拒绝支付增加部分的票款或者运输费用。

第二节 客运合同

第八百一十四条 客运合同自承运人向旅客出具客票时成立,但是当事人另有约定或者另有交易习惯的除外。

第八百一十五条 旅客应当按照有效客票记载的时间、班次和座位号乘坐。旅客无票乘坐、超程乘坐、越级乘坐或者持不符合减价条件的优惠客票乘坐的,应当补交票款,承运人可以按照规定加收票款;旅客不支付票款的,承运人可以拒绝运输。

实名制客运合同的旅客丢失客票的,可以请求承运人挂失补办,承运人不得再次收取票款和其他不合理费用。

第八百一十六条 旅客因自己的原因不能按照客票记载的时间乘坐的,应当在约定的期限内办理退票或者变更手续;逾期办理的,承运人可以不退票款，并不再承担运输义务。

第八百一十七条 旅客随身携带行李应当符合约定的限量和品类要求；超过限量或者违反品类要求携带行李的，应当办理托运手续。

第八百一十八条 旅客不得随身携带或者在行李中夹带易燃、易爆、有毒、有腐蚀性、有放射性以及可能危及运输工具上人身和财产安全的危险物品或者违禁物品。

旅客违反前款规定的，承运人可以将危险物品或者违禁物品卸下、销毁或者送交有关部门。旅客坚持携带或者夹带危险物品或者违禁物品的，承运人应当拒绝运输。

第八百一十九条 承运人应当严格履行安全运输义务，及时告知旅客安全运输应当注意的事项。旅客对承运人为安全运输所作的合理安排应当积极协助和配合。

第八百二十条 承运人应当按照有效客票记载的时间、班次和座位号运输旅客。承运人迟延运输或者有其他不能正常运输情形的，应当及时告知和提醒旅客，采取必要的安置措施，并根据旅客的要求安排改乘其他班次或者退票；由此造成旅客损失的，承运人应当承担赔偿责任，但是不可归责于承运人的除外。

第八百二十一条 承运人擅自降低服务标准的，应当根据旅客的请求退票或者减收票款；提高服务标准的，不得加收票款。

第八百二十二条 承运人在运输过程中，应当尽力救助患有急病、分娩、遇险的旅客。

第八百二十三条 承运人应当对运输过程中旅客的伤亡承担赔偿责任；但是，伤亡是旅客自身健康原因造成的或者承运人证明伤亡是旅客故意、重大过失造成的除外。

前款规定适用于按照规定免票、持优待票或者经承运人许可搭乘的无票旅客。

第八百二十四条 在运输过程中旅客随身携带物品毁损、灭失，承运人有过错的，应当承担赔偿责任。

旅客托运的行李毁损、灭失的，适用货物运输的有关规定。

第三节 货运合同

第八百二十五条 托运人办理货物运输，应当向承运人准确表明收货人的姓名、名称或者凭指示的收货人，货物的名称、性质、重量、数量，收货地点等有关货物运输的必要情况。

因托运人申报不实或者遗漏重要情况，造成承运人损失的，托运人应当承担赔偿责任。

第八百二十六条 货物运输需要办理审批、检验等手续的，托运人应当将办理完有关手续的文件提交承运人。

第八百二十七条 托运人应当按照约定的方式包装货物。对包装方式没有约定或者约定不明确的，适用本法第六百一十九条的规定。

托运人违反前款规定的，承运人可以拒绝运输。

第八百二十八条 托运人托运易燃、易爆、有毒、有腐蚀性、有放射性等危险物品的，应当按照国家有关危险物品运输的规定对危险物品妥善包装，做出危险物品标志和标签，并将有关危险物品的名称、性质和防范措施的书面材料提交承运人。

托运人违反前款规定的，承运人可以拒绝运输，也可以采取相应措施以避免损失的发生，因此产生的费用由托运人负担。

第八百二十九条 在承运人将货物交付收货人之前，托运人可以要求承运人中止运输、返还货物、变更到达地或者将货物交给其他收货人，但是应当赔偿承运人因此受到的损失。

第八百三十条 货物运输到达后，承运人知道收货人的，应当及时通知收货人，收货人应当及时提货。收货人逾期提货的，应当向承运人支付保管费等费用。

第八百三十一条 收货人提货时应当按照约定的期限检验货物。对检验货物的期限没有约定或者约定不明确，依据本法第五百一十条的规定仍不能确定的，应当在合理期限内检验货物。收货人在约定的期限或者合理期限内对货物的数量、毁损等未提出异议的，视为承运人已经按照运输单证的记载交付的初步证据。

第八百三十二条 承运人对运输过程中货物的毁损、灭失承担赔偿责任。但是，承运人证明货物的毁损、灭失是因不可抗力、货物本身的自然性质或者合理损耗以及托运人、收货人的过错造成的，不承担赔偿责任。

第八百三十三条 货物的毁损、灭失的赔偿额，当事人有约定的，按照其约定；没有约定或者约定不明确，依据本法第五百一十条的规定仍不能确定的，按照交付或者应当交付时货物到达地的市场价格计算。法律、行政法规对赔偿额的计算方法和赔偿限额另有规定的，依照其规定。

第八百三十四条 两个以上承运人以同一运输方式联运的，与托运人订立合同的承运人应当对全程运输承担责任；损失发生在某一运输区段的，与托运人订立合同的承运人和该区段的承运人承担连带责任。

第八百三十五条 货物在运输过程中因不可抗力灭失，未收取运费的，承运人不得请求支付运费；已经收取运费的，托运人可以请求返还。法律另有规定的，依照其规定。

第八百三十六条 托运人或者收货人不支付运费、保管费或者其他费用的，承运人对相应的运输货物享有留置权，但是当事人另有约定的除外。

第八百三十七条 收货人不明或者收货人无正当理由拒绝受领货物的，承运人依法可以提存货物。

第四节 多式联运合同

第八百三十八条 多式联运经营人负责履行或者组织履行多式联运合同，对全程运输享有承运人的权利，承担承运人的义务。

第八百三十九条 多式联运经营人可以与参加多式联运的各区段承运人就多式联运合同的各区段运输约定相互之间的责任；但是，该约定不影响多式联运经营人对全程运输承担的义务。

第八百四十条 多式联运经营人收到托运人交付的货物时，应当签发多式联运单据。按照托运人的要求，多式联运单据可以是可转让单据，也可以是不可转让单据。

第八百四十一条 因托运人托运货物时的过错造成多式联运经营人损失的，即使托运人已经转让多式联运单据，托运人仍然应当承担赔偿责任。

第八百四十二条 货物的毁损、灭失发生于多式联运的某一运输区段的，多式联运经营人的赔偿责任和责任限额，适用调整该区段运输方式的有关法律规定；货物毁损、灭失发生的运输区段不能确定的，依照本章规定承担赔偿责任。

第二十章 技术合同

第一节 一般规定

第八百四十三条 技术合同是当事人就技术开发、转让、许可、咨询或者服务订立的确立相互之间权利和义务的合同。

第八百四十四条 订立技术合同，应当有利于知识产权的保护和科学技术的进步，促进科学技术成果的研发、转化、应用和推广。

第八百四十五条 技术合同的内容一般包括项目的名称，标的的内容、范围和要求，履行的计划、地点和方式，技术信息和资料的保密，技术成果的归属和收益的分配办法，验收标准和方法，名词和术语的解释等条款。

与履行合同有关的技术背景资料、可行性论证和技术评价报告、项目任务书和计划书、技术标准、技术规范、原始设计和工艺文件，以及其他技术文档，按照当事人的约定可以作为合同的组成部分。

技术合同涉及专利的，应当注明发明创造的名称、专利申请人和专利权人、申请日期、申请号、专利号以及专利权的有效期限。

第八百四十六条 技术合同价款、报酬或者使用费的支付方式由当事人约定，可以采取一次总算、一次总付或者一次总算、分期支付，也可以采取提成支付或者提成支付附加预付入门费的方式。

约定提成支付的，可以按照产品价格、实施专利和使用技术秘密后新增的产值、利润或者产品销售额的一定比例提成，也可以按照约定的其他方式计算。提成支付的比例可以采取固定比例、逐年递增比例或者逐年递减比例。

约定提成支付的，当事人可以约定查阅有关会计账目的办法。

第八百四十七条 职务技术成果的使用权、转让权属于法人或者非法人组织的，法人或者非法人组织可以就该项职务技术成果订立技术合同。法人或者非法人组织订立技术合同转让职务技术成果时，职务技术成果的完成人享有以同等条件优先受让的权利。

职务技术成果是执行法人或者非法人组织的工作任务，或者主要是利用法人或者非法人组织的物质技术条件所完成的技术成果。

第八百四十八条 非职务技术成果的使用权、转让权属于完成技术成果的个人，完成技术成果的个人可以就该项非职务技术成果订立技术合同。

第八百四十九条 完成技术成果的个人享有在有关技术成果文件上写明自己是技术成果完成者的权利和取得荣誉证书、奖励的权利。

第八百五十条 非法垄断技术或者侵害他人技术成果的技术合同无效。

第二节　技术开发合同

第八百五十一条　技术开发合同是当事人之间就新技术、新产品、新工艺、新品种或者新材料及其系统的研究开发所订立的合同。

技术开发合同包括委托开发合同和合作开发合同。

技术开发合同应当采用书面形式。

当事人之间就具有实用价值的科技成果实施转化订立的合同，参照适用技术开发合同的有关规定。

第八百五十二条　委托开发合同的委托人应当按照约定支付研究开发经费和报酬，提供技术资料，提出研究开发要求，完成协作事项，接受研究开发成果。

第八百五十三条　委托开发合同的研究开发人应当按照约定制定和实施研究开发计划，合理使用研究开发经费，按期完成研究开发工作，交付研究开发成果，提供有关的技术资料和必要的技术指导，帮助委托人掌握研究开发成果。

第八百五十四条　委托开发合同的当事人违反约定造成研究开发工作停滞、延误或者失败的，应当承担违约责任。

第八百五十五条　合作开发合同的当事人应当按照约定进行投资，包括以技术进行投资，分工参与研究开发工作，协作配合研究开发工作。

第八百五十六条　合作开发合同的当事人违反约定造成研究开发工作停滞、延误或者失败的，应当承担违约责任。

第八百五十七条　作为技术开发合同标的的技术已经由他人公开，致使技术开发合同的履行没有意义的，当事人可以解除合同。

第八百五十八条　技术开发合同履行过程中，因出现无法克服的技术困难，致使研究开发失败或者部分失败的，该风险由当事人约定；没有约定或者约定不明确，依据本法第五百一十条的规定仍不能确定的，风险由当事人合理分担。

当事人一方发现前款规定的可能致使研究开发失败或者部分失败的情形时，应当及时通知另一方并采取适当措施减少损失；没有及时通知并采取适当措施，致使损失扩大的，应当就扩大的损失承担责任。

第八百五十九条　委托开发完成的发明创造，除法律另有规定或者当事人另有约定外，申请专利的权利属于研究开发人。研究开发人取得专利权的，委托人可以依法实施该专利。

研究开发人转让专利申请权的，委托人享有以同等条件优先受让的权利。

第八百六十条 合作开发完成的发明创造，申请专利的权利属于合作开发的当事人共有；当事人一方转让其共有的专利申请权的，其他各方享有以同等条件优先受让的权利。但是，当事人另有约定的除外。

合作开发的当事人一方声明放弃其共有的专利申请权的，除当事人另有约定外，可以由另一方单独申请或者由其他各方共同申请。申请人取得专利权的，放弃专利申请权的一方可以免费实施该专利。

合作开发的当事人一方不同意申请专利的，另一方或者其他各方不得申请专利。

第八百六十一条 委托开发或者合作开发完成的技术秘密成果的使用权、转让权以及收益的分配办法，由当事人约定；没有约定或者约定不明确，依据本法第五百一十条的规定仍不能确定的，在没有相同技术方案被授予专利权前，当事人均有使用和转让的权利。但是，委托开发的研究开发人不得在向委托人交付研究开发成果之前，将研究开发成果转让给第三人。

第三节 技术转让合同和技术许可合同

第八百六十二条 技术转让合同是合法拥有技术的权利人，将现有特定的专利、专利申请、技术秘密的相关权利让与他人所订立的合同。

技术许可合同是合法拥有技术的权利人，将现有特定的专利、技术秘密的相关权利许可他人实施、使用所订立的合同。

技术转让合同和技术许可合同中关于提供实施技术的专用设备、原材料或者提供有关的技术咨询、技术服务的约定，属于合同的组成部分。

第八百六十三条 技术转让合同包括专利权转让、专利申请权转让、技术秘密转让等合同。

技术许可合同包括专利实施许可、技术秘密使用许可等合同。

技术转让合同和技术许可合同应当采用书面形式。

第八百六十四条 技术转让合同和技术许可合同可以约定实施专利或者使用技术秘密的范围，但是不得限制技术竞争和技术发展。

第八百六十五条 专利实施许可合同仅在该专利权的存续期限内有

效。专利权有效期限届满或者专利权被宣告无效的，专利权人不得就该专利与他人订立专利实施许可合同。

第八百六十六条　专利实施许可合同的许可人应当按照约定许可被许可人实施专利，交付实施专利有关的技术资料，提供必要的技术指导。

第八百六十七条　专利实施许可合同的被许可人应当按照约定实施专利，不得许可约定以外的第三人实施该专利，并按照约定支付使用费。

第八百六十八条　技术秘密转让合同的让与人和技术秘密使用许可合同的许可人应当按照约定提供技术资料，进行技术指导，保证技术的实用性、可靠性，承担保密义务。

前款规定的保密义务，不限制许可人申请专利，但是当事人另有约定的除外。

第八百六十九条　技术秘密转让合同的受让人和技术秘密使用许可合同的被许可人应当按照约定使用技术，支付转让费、使用费，承担保密义务。

第八百七十条　技术转让合同的让与人和技术许可合同的许可人应当保证自己是所提供的技术的合法拥有者，并保证所提供的技术完整、无误、有效，能够达到约定的目标。

第八百七十一条　技术转让合同的受让人和技术许可合同的被许可人应当按照约定的范围和期限，对让与人、许可人提供的技术中尚未公开的秘密部分，承担保密义务。

第八百七十二条　许可人未按照约定许可技术的，应当返还部分或者全部使用费，并应当承担违约责任；实施专利或者使用技术秘密超越约定的范围的，违反约定擅自许可第三人实施该项专利或者使用该项技术秘密的，应当停止违约行为，承担违约责任；违反约定的保密义务的，应当承担违约责任。

让与人承担违约责任，参照适用前款规定。

第八百七十三条　被许可人未按照约定支付使用费的，应当补交使用费并按照约定支付违约金；不补交使用费或者支付违约金的，应当停止实施专利或者使用技术秘密，交还技术资料，承担违约责任；实施专利或者使用技术秘密超越约定的范围的，未经许可人同意擅自许可第三人实施该专利或者使用该技术秘密的，应当停止违约行为，承担违约责任；违反约定的保密义务的，应当承担违约责任。

受让人承担违约责任，参照适用前款规定。

第八百七十四条 受让人或者被许可人按照约定实施专利、使用技术秘密侵害他人合法权益的，由让与人或者许可人承担责任，但是当事人另有约定的除外。

第八百七十五条 当事人可以按照互利的原则，在合同中约定实施专利、使用技术秘密后续改进的技术成果的分享办法；没有约定或者约定不明确，依据本法第五百一十条的规定仍不能确定的，一方后续改进的技术成果，其他各方无权分享。

第八百七十六条 集成电路布图设计专有权、植物新品种权、计算机软件著作权等其他知识产权的转让和许可，参照适用本节的有关规定。

第八百七十七条 法律、行政法规对技术进出口合同或者专利、专利申请合同另有规定的，依照其规定。

第四节 技术咨询合同和技术服务合同

第八百七十八条 技术咨询合同是当事人一方以技术知识为对方就特定技术项目提供可行性论证、技术预测、专题技术调查、分析评价报告等所订立的合同。

技术服务合同是当事人一方以技术知识为对方解决特定技术问题所订立的合同，不包括承揽合同和建设工程合同。

第八百七十九条 技术咨询合同的委托人应当按照约定阐明咨询的问题，提供技术背景材料及有关技术资料，接受受托人的工作成果，支付报酬。

第八百八十条 技术咨询合同的受托人应当按照约定的期限完成咨询报告或者解答问题，提出的咨询报告应当达到约定的要求。

第八百八十一条 技术咨询合同的委托人未按照约定提供必要的资料，影响工作进度和质量，不接受或者逾期接受工作成果的，支付的报酬不得追回，未支付的报酬应当支付。

技术咨询合同的受托人未按期提出咨询报告或者提出的咨询报告不符合约定的，应当承担减收或者免收报酬等违约责任。

技术咨询合同的委托人按照受托人符合约定要求的咨询报告和意见作出决策所造成的损失，由委托人承担，但是当事人另有约定的除外。

第八百八十二条　技术服务合同的委托人应当按照约定提供工作条件,完成配合事项,接受工作成果并支付报酬。

第八百八十三条　技术服务合同的受托人应当按照约定完成服务项目,解决技术问题,保证工作质量,并传授解决技术问题的知识。

第八百八十四条　技术服务合同的委托人不履行合同义务或者履行合同义务不符合约定,影响工作进度和质量,不接受或者逾期接受工作成果的,支付的报酬不得追回,未支付的报酬应当支付。

技术服务合同的受托人未按照约定完成服务工作的,应当承担免收报酬等违约责任。

第八百八十五条　技术咨询合同、技术服务合同履行过程中,受托人利用委托人提供的技术资料和工作条件完成的新的技术成果,属于受托人。委托人利用受托人的工作成果完成的新的技术成果,属于委托人。当事人另有约定的,按照其约定。

第八百八十六条　技术咨询合同和技术服务合同对受托人正常开展工作所需费用的负担没有约定或者约定不明确的,由受托人负担。

第八百八十七条　法律、行政法规对技术中介合同、技术培训合同另有规定的,依照其规定。

第二十一章　保管合同

第八百八十八条　保管合同是保管人保管寄存人交付的保管物,并返还该物的合同。

寄存人到保管人处从事购物、就餐、住宿等活动,将物品存放在指定场所的,视为保管,但是当事人另有约定或者另有交易习惯的除外。

第八百八十九条　寄存人应当按照约定向保管人支付保管费。

当事人对保管费没有约定或者约定不明确,依据本法第五百一十条的规定仍不能确定的,视为无偿保管。

第八百九十条　保管合同自保管物交付时成立,但是当事人另有约定的除外。

第八百九十一条　寄存人向保管人交付保管物的,保管人应当出具保管凭证,但是另有交易习惯的除外。

第八百九十二条　保管人应当妥善保管保管物。

当事人可以约定保管场所或者方法。除紧急情况或者为维护寄存人利益外，不得擅自改变保管场所或者方法。

第八百九十三条 寄存人交付的保管物有瑕疵或者根据保管物的性质需要采取特殊保管措施的，寄存人应当将有关情况告知保管人。寄存人未告知，致使保管物受损失的，保管人不承担赔偿责任；保管人因此受损失的，除保管人知道或者应当知道且未采取补救措施外，寄存人应当承担赔偿责任。

第八百九十四条 保管人不得将保管物转交第三人保管，但是当事人另有约定的除外。

保管人违反前款规定，将保管物转交第三人保管，造成保管物损失的，应当承担赔偿责任。

第八百九十五条 保管人不得使用或者许可第三人使用保管物，但是当事人另有约定的除外。

第八百九十六条 第三人对保管物主张权利的，除依法对保管物采取保全或者执行措施外，保管人应当履行向寄存人返还保管物的义务。

第三人对保管人提起诉讼或者对保管物申请扣押的，保管人应当及时通知寄存人。

第八百九十七条 保管期内，因保管人保管不善造成保管物毁损、灭失的，保管人应当承担赔偿责任。但是，无偿保管人证明自己没有故意或者重大过失的，不承担赔偿责任。

第八百九十八条 寄存人寄存货币、有价证券或者其他贵重物品的，应当向保管人声明，由保管人验收或者封存；寄存人未声明的，该物品毁损、灭失后，保管人可以按照一般物品予以赔偿。

第八百九十九条 寄存人可以随时领取保管物。

当事人对保管期限没有约定或者约定不明确的，保管人可以随时请求寄存人领取保管物；约定保管期限的，保管人无特别事由，不得请求寄存人提前领取保管物。

第九百条 保管期限届满或者寄存人提前领取保管物的，保管人应当将原物及其孳息归还寄存人。

第九百零一条 保管人保管货币的，可以返还相同种类、数量的货币；保管其他可替代物的，可以按照约定返还相同种类、品质、数量的物品。

第九百零二条 有偿的保管合同,寄存人应当按照约定的期限向保管人支付保管费。

当事人对支付期限没有约定或者约定不明确,依据本法第五百一十条的规定仍不能确定的,应当在领取保管物的同时支付。

第九百零三条 寄存人未按照约定支付保管费或者其他费用的,保管人对保管物享有留置权,但是当事人另有约定的除外。

第二十二章 仓储合同

第九百零四条 仓储合同是保管人储存存货人交付的仓储物,存货人支付仓储费的合同。

第九百零五条 仓储合同自保管人和存货人意思表示一致时成立。

第九百零六条 储存易燃、易爆、有毒、有腐蚀性、有放射性等危险物品或者易变质物品的,存货人应当说明该物品的性质,提供有关资料。

存货人违反前款规定的,保管人可以拒收仓储物,也可以采取相应措施以避免损失的发生,因此产生的费用由存货人负担。

保管人储存易燃、易爆、有毒、有腐蚀性、有放射性等危险物品的,应当具备相应的保管条件。

第九百零七条 保管人应当按照约定对入库仓储物进行验收。保管人验收时发现入库仓储物与约定不符合的,应当及时通知存货人。保管人验收后,发生仓储物的品种、数量、质量不符合约定的,保管人应当承担赔偿责任。

第九百零八条 存货人交付仓储物的,保管人应当出具仓单、入库单等凭证。

第九百零九条 保管人应当在仓单上签名或者盖章。仓单包括下列事项:

(一)存货人的姓名或者名称和住所;

(二)仓储物的品种、数量、质量、包装及其件数和标记;

(三)仓储物的损耗标准;

(四)储存场所;

(五)储存期限;

(六)仓储费;

（七）仓储物已经办理保险的，其保险金额、期间以及保险人的名称；

（八）填发人、填发地和填发日期。

第九百一十条 仓单是提取仓储物的凭证。存货人或者仓单持有人在仓单上背书并经保管人签名或者盖章的，可以转让提取仓储物的权利。

第九百一十一条 保管人根据存货人或者仓单持有人的要求，应当同意其检查仓储物或者提取样品。

第九百一十二条 保管人发现入库仓储物有变质或者其他损坏的，应当及时通知存货人或者仓单持有人。

第九百一十三条 保管人发现入库仓储物有变质或者其他损坏，危及其他仓储物的安全和正常保管的，应当催告存货人或者仓单持有人作出必要的处置。因情况紧急，保管人可以作出必要的处置；但是，事后应当将该情况及时通知存货人或者仓单持有人。

第九百一十四条 当事人对储存期限没有约定或者约定不明确的，存货人或者仓单持有人可以随时提取仓储物，保管人也可以随时请求存货人或者仓单持有人提取仓储物，但是应当给予必要的准备时间。

第九百一十五条 储存期限届满，存货人或者仓单持有人应当凭仓单、入库单等提取仓储物。存货人或者仓单持有人逾期提取的，应当加收仓储费；提前提取的，不减收仓储费。

第九百一十六条 储存期限届满，存货人或者仓单持有人不提取仓储物的，保管人可以催告其在合理期限内提取；逾期不提取的，保管人可以提存仓储物。

第九百一十七条 储存期内，因保管不善造成仓储物毁损、灭失的，保管人应当承担赔偿责任。因仓储物本身的自然性质、包装不符合约定或者超过有效储存期造成仓储物变质、损坏的，保管人不承担赔偿责任。

第九百一十八条 本章没有规定的，适用保管合同的有关规定。

第二十三章 委托合同

第九百一十九条 委托合同是委托人和受托人约定，由受托人处理委托人事务的合同。

第九百二十条 委托人可以特别委托受托人处理一项或者数项事务，也可以概括委托受托人处理一切事务。

第九百二十一条　委托人应当预付处理委托事务的费用。受托人为处理委托事务垫付的必要费用,委托人应当偿还该费用并支付利息。

第九百二十二条　受托人应当按照委托人的指示处理委托事务。需要变更委托人指示的,应当经委托人同意;因情况紧急,难以和委托人取得联系的,受托人应当妥善处理委托事务,但是事后应当将该情况及时报告委托人。

第九百二十三条　受托人应当亲自处理委托事务。经委托人同意,受托人可以转委托。转委托经同意或者追认的,委托人可以就委托事务直接指示转委托的第三人,受托人仅就第三人的选任及其对第三人的指示承担责任。转委托未经同意或者追认的,受托人应当对转委托的第三人的行为承担责任;但是,在紧急情况下受托人为了维护委托人的利益需要转委托第三人的除外。

第九百二十四条　受托人应当按照委托人的要求,报告委托事务的处理情况。委托合同终止时,受托人应当报告委托事务的结果。

第九百二十五条　受托人以自己的名义,在委托人的授权范围内与第三人订立的合同,第三人在订立合同时知道受托人与委托人之间的代理关系的,该合同直接约束委托人和第三人;但是,有确切证据证明该合同只约束受托人和第三人的除外。

第九百二十六条　受托人以自己的名义与第三人订立合同时,第三人不知道受托人与委托人之间的代理关系的,受托人因第三人的原因对委托人不履行义务,受托人应当向委托人披露第三人,委托人因此可以行使受托人对第三人的权利。但是,第三人与受托人订立合同时如果知道该委托人就不会订立合同的除外。

受托人因委托人的原因对第三人不履行义务,受托人应当向第三人披露委托人,第三人因此可以选择受托人或者委托人作为相对人主张其权利,但是第三人不得变更选定的相对人。

委托人行使受托人对第三人的权利的,第三人可以向委托人主张其对受托人的抗辩。第三人选定委托人作为其相对人的,委托人可以向第三人主张其对受托人的抗辩以及受托人对第三人的抗辩。

第九百二十七条　受托人处理委托事务取得的财产,应当转交给委托人。

第九百二十八条 受托人完成委托事务的，委托人应当按照约定向其支付报酬。

因不可归责于受托人的事由，委托合同解除或者委托事务不能完成的，委托人应当向受托人支付相应的报酬。当事人另有约定的，按照其约定。

第九百二十九条 有偿的委托合同，因受托人的过错造成委托人损失的，委托人可以请求赔偿损失。无偿的委托合同，因受托人的故意或者重大过失造成委托人损失的，委托人可以请求赔偿损失。

受托人超越权限造成委托人损失的，应当赔偿损失。

第九百三十条 受托人处理委托事务时，因不可归责于自己的事由受到损失的，可以向委托人请求赔偿损失。

第九百三十一条 委托人经受托人同意，可以在受托人之外委托第三人处理委托事务。因此造成受托人损失的，受托人可以向委托人请求赔偿损失。

第九百三十二条 两个以上的受托人共同处理委托事务的，对委托人承担连带责任。

第九百三十三条 委托人或者受托人可以随时解除委托合同。因解除合同造成对方损失的，除不可归责于该当事人的事由外，无偿委托合同的解除方应当赔偿因解除时间不当造成的直接损失，有偿委托合同的解除方应当赔偿对方的直接损失和合同履行后可以获得的利益。

第九百三十四条 委托人死亡、终止或者受托人死亡、丧失民事行为能力、终止的，委托合同终止；但是，当事人另有约定或者根据委托事务的性质不宜终止的除外。

第九百三十五条 因委托人死亡或者被宣告破产、解散，致使委托合同终止将损害委托人利益的，在委托人的继承人、遗产管理人或者清算人承受委托事务之前，受托人应当继续处理委托事务。

第九百三十六条 因受托人死亡、丧失民事行为能力或者被宣告破产、解散，致使委托合同终止的，受托人的继承人、遗产管理人、法定代理人或者清算人应当及时通知委托人。因委托合同终止将损害委托人利益的，在委托人作出善后处理之前，受托人的继承人、遗产管理人、法定代理人或者清算人应当采取必要措施。

第二十四章　物业服务合同

第九百三十七条　物业服务合同是物业服务人在物业服务区域内，为业主提供建筑物及其附属设施的维修养护、环境卫生和相关秩序的管理维护等物业服务，业主支付物业费的合同。

物业服务人包括物业服务企业和其他管理人。

第九百三十八条　物业服务合同的内容一般包括服务事项、服务质量、服务费用的标准和收取办法、维修资金的使用、服务用房的管理和使用、服务期限、服务交接等条款。

物业服务人公开作出的有利于业主的服务承诺，为物业服务合同的组成部分。

物业服务合同应当采用书面形式。

第九百三十九条　建设单位依法与物业服务人订立的前期物业服务合同，以及业主委员会与业主大会依法选聘的物业服务人订立的物业服务合同，对业主具有法律约束力。

第九百四十条　建设单位依法与物业服务人订立的前期物业服务合同约定的服务期限届满前，业主委员会或者业主与新物业服务人订立的物业服务合同生效的，前期物业服务合同终止。

第九百四十一条　物业服务人将物业服务区域内的部分专项服务事项委托给专业性服务组织或者其他第三人的，应当就该部分专项服务事项向业主负责。

物业服务人不得将其应当提供的全部物业服务转委托给第三人，或者将全部物业服务支解后分别转委托给第三人。

第九百四十二条　物业服务人应当按照约定和物业的使用性质，妥善维修、养护、清洁、绿化和经营管理物业服务区域内的业主共有部分，维护物业服务区域内的基本秩序，采取合理措施保护业主的人身、财产安全。

对物业服务区域内违反有关治安、环保、消防等法律法规的行为，物业服务人应当及时采取合理措施制止、向有关行政主管部门报告并协助处理。

第九百四十三条　物业服务人应当定期将服务的事项、负责人员、质量要求、收费项目、收费标准、履行情况，以及维修资金使用情况、业主共有部分的经营与收益情况等以合理方式向业主公开并向业主大会、业主委员会报告。

第九百四十四条 业主应当按照约定向物业服务人支付物业费。物业服务人已经按照约定和有关规定提供服务的，业主不得以未接受或者无需接受相关物业服务为由拒绝支付物业费。

业主违反约定逾期不支付物业费的，物业服务人可以催告其在合理期限内支付；合理期限届满仍不支付的，物业服务人可以提起诉讼或者申请仲裁。

物业服务人不得采取停止供电、供水、供热、供燃气等方式催交物业费。

第九百四十五条 业主装饰装修房屋的，应当事先告知物业服务人，遵守物业服务人提示的合理注意事项，并配合其进行必要的现场检查。

业主转让、出租物业专有部分、设立居住权或者依法改变共有部分用途的，应当及时将相关情况告知物业服务人。

第九百四十六条 业主依照法定程序共同决定解聘物业服务人的，可以解除物业服务合同。决定解聘的，应当提前六十日书面通知物业服务人，但是合同对通知期限另有约定的除外。

依据前款规定解除合同造成物业服务人损失的，除不可归责于业主的事由外，业主应当赔偿损失。

第九百四十七条 物业服务期限届满前，业主依法共同决定续聘的，应当与原物业服务人在合同期限届满前续订物业服务合同。

物业服务期限届满前，物业服务人不同意续聘的，应当在合同期限届满前九十日书面通知业主或者业主委员会，但是合同对通知期限另有约定的除外。

第九百四十八条 物业服务期限届满后，业主没有依法作出续聘或者另聘物业服务人的决定，物业服务人继续提供物业服务的，原物业服务合同继续有效，但是服务期限为不定期。

当事人可以随时解除不定期物业服务合同，但是应当提前六十日书面通知对方。

第九百四十九条 物业服务合同终止的，原物业服务人应当在约定期限或者合理期限内退出物业服务区域，将物业服务用房、相关设施、物业服务所必需的相关资料等交还给业主委员会、决定自行管理的业主或者其指定的人，配合新物业服务人做好交接工作，并如实告知物业的使用和管理状况。

原物业服务人违反前款规定的，不得请求业主支付物业服务合同终止后的物业费；造成业主损失的，应当赔偿损失。

第九百五十条 物业服务合同终止后，在业主或者业主大会选聘的新物业服务人或者决定自行管理的业主接管之前，原物业服务人应当继续处理物业服务事项，并可以请求业主支付该期间的物业费。

第二十五章 行纪合同

第九百五十一条 行纪合同是行纪人以自己的名义为委托人从事贸易活动，委托人支付报酬的合同。

第九百五十二条 行纪人处理委托事务支出的费用，由行纪人负担，但是当事人另有约定的除外。

第九百五十三条 行纪人占有委托物的，应当妥善保管委托物。

第九百五十四条 委托物交付给行纪人时有瑕疵或者容易腐烂、变质的，经委托人同意，行纪人可以处分该物；不能与委托人及时取得联系的，行纪人可以合理处分。

第九百五十五条 行纪人低于委托人指定的价格卖出或者高于委托人指定的价格买入的，应当经委托人同意；未经委托人同意，行纪人补偿其差额的，该买卖对委托人发生效力。

行纪人高于委托人指定的价格卖出或者低于委托人指定的价格买入的，可以按照约定增加报酬；没有约定或者约定不明确，依据本法第五百一十条的规定仍不能确定的，该利益属于委托人。

委托人对价格有特别指示的，行纪人不得违背该指示卖出或者买入。

第九百五十六条 行纪人卖出或者买入具有市场定价的商品，除委托人有相反的意思表示外，行纪人自己可以作为买受人或者出卖人。

行纪人有前款规定情形的，仍然可以请求委托人支付报酬。

第九百五十七条 行纪人按照约定买入委托物，委托人应当及时受领。经行纪人催告，委托人无正当理由拒绝受领的，行纪人依法可以提存委托物。

委托物不能卖出或者委托人撤回出卖，经行纪人催告，委托人不取回或者不处分该物的，行纪人依法可以提存委托物。

第九百五十八条 行纪人与第三人订立合同的，行纪人对该合同直接享有权利、承担义务。

第三人不履行义务致使委托人受到损害的，行纪人应当承担赔偿责任，但是行纪人与委托人另有约定的除外。

第九百五十九条 行纪人完成或者部分完成委托事务的，委托人应当向其支付相应的报酬。委托人逾期不支付报酬的，行纪人对委托物享有留置权，但是当事人另有约定的除外。

第九百六十条 本章没有规定的，参照适用委托合同的有关规定。

第二十六章 中介合同

第九百六十一条 中介合同是中介人向委托人报告订立合同的机会或者提供订立合同的媒介服务，委托人支付报酬的合同。

第九百六十二条 中介人应当就有关订立合同的事项向委托人如实报告。

中介人故意隐瞒与订立合同有关的重要事实或者提供虚假情况，损害委托人利益的，不得请求支付报酬并应当承担赔偿责任。

第九百六十三条 中介人促成合同成立的，委托人应当按照约定支付报酬。对中介人的报酬没有约定或者约定不明确，依据本法第五百一十条的规定仍不能确定的，根据中介人的劳务合理确定。因中介人提供订立合同的媒介服务而促成合同成立的，由该合同的当事人平均负担中介人的报酬。

中介人促成合同成立的，中介活动的费用，由中介人负担。

第九百六十四条 中介人未促成合同成立的，不得请求支付报酬；但是，可以按照约定请求委托人支付从事中介活动支出的必要费用。

第九百六十五条 委托人在接受中介人的服务后，利用中介人提供的交易机会或者媒介服务，绕开中介人直接订立合同的，应当向中介人支付报酬。

第九百六十六条 本章没有规定的，参照适用委托合同的有关规定。

第二十七章　合伙合同

第九百六十七条　合伙合同是两个以上合伙人为了共同的事业目的，订立的共享利益、共担风险的协议。

第九百六十八条　合伙人应当按照约定的出资方式、数额和缴付期限，履行出资义务。

第九百六十九条　合伙人的出资、因合伙事务依法取得的收益和其他财产，属于合伙财产。

合伙合同终止前，合伙人不得请求分割合伙财产。

第九百七十条　合伙人就合伙事务作出决定的，除合伙合同另有约定外，应当经全体合伙人一致同意。

合伙事务由全体合伙人共同执行。按照合伙合同的约定或者全体合伙人的决定，可以委托一个或者数个合伙人执行合伙事务；其他合伙人不再执行合伙事务，但是有权监督执行情况。

合伙人分别执行合伙事务的，执行事务合伙人可以对其他合伙人执行的事务提出异议；提出异议后，其他合伙人应当暂停该项事务的执行。

第九百七十一条　合伙人不得因执行合伙事务而请求支付报酬，但是合伙合同另有约定的除外。

第九百七十二条　合伙的利润分配和亏损分担，按照合伙合同的约定办理；合伙合同没有约定或者约定不明确的，由合伙人协商决定；协商不成的，由合伙人按照实缴出资比例分配、分担；无法确定出资比例的，由合伙人平均分配、分担。

第九百七十三条　合伙人对合伙债务承担连带责任。清偿合伙债务超过自己应当承担份额的合伙人，有权向其他合伙人追偿。

第九百七十四条　除合伙合同另有约定外，合伙人向合伙人以外的人转让其全部或者部分财产份额的，须经其他合伙人一致同意。

第九百七十五条　合伙人的债权人不得代位行使合伙人依照本章规定和合伙合同享有的权利，但是合伙人享有的利益分配请求权除外。

第九百七十六条　合伙人对合伙期限没有约定或者约定不明确，依据本法第五百一十条的规定仍不能确定的，视为不定期合伙。

合伙期限届满，合伙人继续执行合伙事务，其他合伙人没有提出异议的，原合伙合同继续有效，但是合伙期限为不定期。

合伙人可以随时解除不定期合伙合同，但是应当在合理期限之前通知其他合伙人。

第九百七十七条　合伙人死亡、丧失民事行为能力或者终止的，合伙合同终止；但是，合伙合同另有约定或者根据合伙事务的性质不宜终止的除外。

第九百七十八条　合伙合同终止后，合伙财产在支付因终止而产生的费用以及清偿合伙债务后有剩余的，依据本法第九百七十二条的规定进行分配。

第三分编　准合同

第二十八章　无因管理

第九百七十九条　管理人没有法定的或者约定的义务，为避免他人利益受损失而管理他人事务的，可以请求受益人偿还因管理事务而支出的必要费用；管理人因管理事务受到损失的，可以请求受益人给予适当补偿。

管理事务不符合受益人真实意思的，管理人不享有前款规定的权利；但是，受益人的真实意思违反法律或者违背公序良俗的除外。

第九百八十条　管理人管理事务不属于前条规定的情形，但是受益人享有管理利益的，受益人应当在其获得的利益范围内向管理人承担前条第一款规定的义务。

第九百八十一条　管理人管理他人事务，应当采取有利于受益人的方法。中断管理对受益人不利的，无正当理由不得中断。

第九百八十二条　管理人管理他人事务，能够通知受益人的，应当及时通知受益人。管理的事务不需要紧急处理的，应当等待受益人的指示。

第九百八十三条　管理结束后，管理人应当向受益人报告管理事务的情况。管理人管理事务取得的财产，应当及时转交给受益人。

第九百八十四条　管理人管理事务经受益人事后追认的，从管理事务开始时起，适用委托合同的有关规定，但是管理人另有意思表示的除外。

第二十九章　不当得利

第九百八十五条　得利人没有法律根据取得不当利益的，受损失的人可以请求得利人返还取得的利益，但是有下列情形之一的除外：

（一）为履行道德义务进行的给付；

（二）债务到期之前的清偿；

（三）明知无给付义务而进行的债务清偿。

第九百八十六条 得利人不知道且不应当知道取得的利益没有法律根据，取得的利益已经不存在的，不承担返还该利益的义务。

第九百八十七条 得利人知道或者应当知道取得的利益没有法律根据的，受损失的人可以请求得利人返还其取得的利益并依法赔偿损失。

第九百八十八条 得利人已经将取得的利益无偿转让给第三人的，受损失的人可以请求第三人在相应范围内承担返还义务。